prometeo
libros

Conflictos globales, voces locales

Movilización y activismo
en clave transnacional

Alejandro Grimson y Sebastián Pereyra
(Editores)

Conflictos globales, voces locales

Movilización y activismo
en clave transnacional

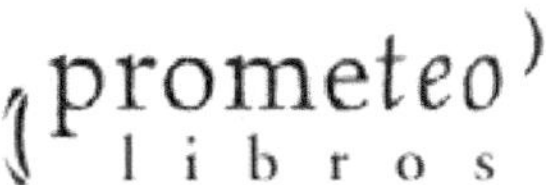

Índice

Agradecimientos

La investigación que dio origen a este libro fue una iniciativa del *Instituto de Investigación de las Naciones Unidas para el Desarrollo Social* (UNRISD). Nuestro agradecimiento especial para esa institución y, en particular, para Kléber Ghimire, coordinador del proyecto, por su apoyo y entusiasmo. Nuestra gratitud, también, para todos los colegas que participaron de este ambicioso proyecto internacional (con los cuales discutimos durante extensas jornadas en los encuentros de Buenos Aires en septiembre 2005 y de Nairobi en enero de 2007) ya que nos permitieron intercambiar ideas y aprovechar las ventajas de la investigación comparada. Un reconocimiento muy especial a Elizabeth Jelin, cuyas líneas de investigación aportaron a este trabajo que fue enriquecido por sugerencias y un diálogo constante.

Este proyecto se desarrolló en dos instituciones que brindaron todo el apoyo necesario. Agradecemos al Instituto de Desarrollo Económico y Social, y al Instituto de Altos Estudios Sociales de la Universidad Nacional de San Martín.

Los textos que componen este volumen fueron originalmente discutidos en un seminario organizado por nuestro proyecto en agosto de 2006. Debemos un especial agradecimiento a los participantes de ese seminario que nos permitieron que nuestro trabajo fuera considerado críticamente por su mirada atenta y aguda. En primer lugar, a Federico L. Schuster, Decano de la Facultad de Ciencias Sociales de la Universidad de Buenos Aires, que discutió con nosotros los resultados generales de la investigación que se presentan en la introducción de este libro; Inés González Bombal (Universidad Nacional de General Sarmiento) y Gerardo Aboy Carlés (Universidad Nacional de San Martín) comentaron el capítulo sobre anticorrupción; Diana Tussie (FLACSO) y José Seoane (OSAL-CLACSO), los capítulos de ATTAC y Autoconvocatoria No al ALCA; Graciela Di Marco (Universidad Nacional de San Martín) y Oscar Natalicio (Universidad Madres de Plaza de Mayo), el texto sobre deuda externa; y Alexandre Roig (Universidad Nacional de San Martín) y Enrique Palmeyro (Instituto Nacional de Tecnología Industrial), el de comercio justo. A todos ellos, muchísimas gracias.

Prefacio

Donatella della Porta*

Así como la protesta, la sociología de los movimientos sociales avanzó por ciclos, desarrollándose en las fases de visibilidad de la movilización y consolidándose, por el contrario, en las fases de latencia. A toda oleada, le correspondió una adaptación de conceptos y teorías a las características de los movimientos en aquel momento activos. De este modo, con el primer surgimiento de los estudios sobre los movimientos –influenciados por movimientos radicales y momentos de protesta violenta– el acercamiento dominante destacaba la irracionalidad de las masas, o por lo menos la anomalía del comportamiento colectivo respecto de las formas normales de la participación política y social. La sociología de los movimientos sociales se enriqueció con los movimientos de fines de los sesenta, volviéndose (sobre todo en los Estados Unidos) una corriente bien visible y exitosa. De todos modos, la imagen de los movimientos cambió, así como el acercamiento dominante que destaca mas bien la racionalidad de la protesta, y la capacidad de las organizaciones de movimiento social de movilizar recursos, aprovechando la apertura de oportunidades políticas. Con el correr del tiempo, los movimientos sociales son vistos como *single issue*, sus formas de acción como más convencionales, sus estructuras organizativas como progresivamente burocratizadas. En los años ochenta, por el contrario, los estudiosos de los movimientos sociales intentaron seguir los movimientos en sus distintos recorridos de institucionalización, poniendo atención en grupos de interés colectivo, empresas activas en el tercer sector, opinión pública, partidos políticos emergentes.

El nuevo ciclo de protesta, que se volvió visible con la protesta del *Millennium Round* de la Organización Mundial del Comercio en Seattle en diciembre de 1999, representó una ocasión (muchas veces bien recibida) para regresar al

*Istituto Universitario Europeo

estudio de "otra política", pero en parte, también, un desafío para las categorías heredadas del pasado. De hecho, la investigación sobre la "tercera oleada" de movimientos confirma la utilidad de algunos conceptos e hipótesis elaboradas en el pasado, pero también la necesidad de perfeccionar el análisis de procesos que quedaron marginados en el acercamiento "racionalista" dominante: la construcción de las identidades colectivas, la movilización de las pasiones, la elaboración de modelos alternativos de democracia. En varias conferencias y volúmenes dedicados al tema, las cuestiones aun abiertas se refieren a la misma naturaleza de un movimiento global – definido de distintas maneras como no-global, *Globalizierungskritiker*, *Alter-mondialist*. La investigación (bastante rica, como da testimonio, por ejemplo, la bibliografía publicada en el sitio http://demos.eui.eu) sobre los movimientos sociales post-Seattle verificó, sin duda alguna, la creciente importancia de la dimensión transnacional de la protesta. Las protestas de Seattle (y luego las que continuarán en Praga, Gothenburg y Génova) no son un momento de encuentro ocasional de una coalición ad hoc, pero se colocan mas bien en un recorrido, iniciado en los años noventa, de crecimiento de la que alguien llamó una sociedad civil global (Bandy y Smith 2005). Quien se haya interrogado sobre el movimiento global destacó poco a poco el multiplicarse de las organizaciones de movimiento sociales *transnacionales*, el surgimiento de la atención a una *justicia global* o a una globalización desde abajo como esquemas de referencia centrales en las protestas actuales, el *cosmopolitismo* relacional de los activistas, las campañas de protesta supranacionales, contra objetivos *internacionales*.

Si distintas investigaciones empíricas ya enriquecen nuestros conocimientos sobre un fenómeno tan reciente, el debate sobre el grado de innovación de los movimientos actuales es vivaz (della Porta y Tarrow 2005), partiendo de la existencia misma de un movimiento global. En paralelo con la definición de movimiento social utilizada en el análisis de los movimientos nacionales, se puede llamar *movimiento social global* a un *retículo* transnacional de actores que definen su *causa* como global y organizan campañas de *protesta* a escala supranacional. Estos tres elementos de la definición representan las tres características mayormente discutidas por la nueva oleada de protesta.

Los movimientos sociales son *retículos informales*, que unen entre ellos una pluralidad de actores. Una característica distintiva de los movimientos sociales es el poder ser parte sin pertenecer a una organización específica. Para ser global, un movimiento debe comprender *retículos organizativos activos en distintos países*. De hecho, el término transnacional siempre se utilizó con mucha más frecuencia en las ciencias sociales para indicar el crecimiento relevante de actores no nacionales – desde las empresas económicas multinacionales hasta las organizaciones no-gubernamentales. Los distintos fenómenos asumidos en el término impreciso de globalización se reflejaron, en efecto, en una creciente visibilidad de una "sociedad civil global", representada por las (ahora miles de) organizaciones transnacionales de movimientos sociales. Pero si el crecimiento de relevancia numérica de estas organizaciones está fuera de duda, las opiniones de los estudiosos varían con relación a la capacidad de estos grupos de ponerse en red, y sobre todo de "hacer red", más allá de ocasiones esporádicas. Una estructura altamente flexible, con manifestaciones organizadas en buena parte a través de Internet, de hecho, es vista por algunos como una adaptación vital a la sociedad global, para otros como señal de incapacidad para construir organizaciones duraderas en el tiempo. Está abierto aún el debate científico sobre las formas que estos retículos tomarán: ¿Ocasionales coaliciones o red de movimiento? ¿Es global, o más bien macro- regional (por ejemplo, en el ámbito europeo), o aún predominantemente nacional (nivel principal de intervención de los movimientos históricos), o quizás también local (predominante dimensión de intervención de los así llamados nuevos movimientos)? Y sobre todo, ¿cuáles son los conceptos de democracia que se acompañan a la imagen de un "movimiento de movimientos"? ¿Cuánto heredan de la tradición participativa de los movimientos del pasado y cuánto importan de las nuevas concepciones de democracia deliberativas discutidas en las teorías normativas o experimentadas en la práctica?

Una segunda característica fundamental de un movimiento social es su capacidad de desarrollar una *identidad colectiva*, con una interpretación de la realidad compartida. Fuera de la rutina, los movimientos desarrollan sistemas de valores alternativos o por lo menos indican el surgimiento de nuevos problemas y nuevas soluciones. La diferencia de género, la defensa del medio ambiente, la cohabitación entre distintas culturas fueron temas centrales, sostenidos por movimientos que se desarrollaron en los últimos decenios. Para ser global, un movimiento debe desarrollar un discurso que identifique *una identidad común (el nosotros) y un objetivo de la protesta (el otro) a nivel global*. También aquí, la investigación empírica individualizó el crecimiento de identificaciones cosmopolitas, tanto en los activistas de los movimientos como en los documentos de sus organizaciones. De todos modos, también aquí quedan interrogantes abiertos. ¿Es la apelación a valores globales expresión de una ampliación real del alcance de interés de los actores colectivos e individuales o una adaptación oportunista (o meramente retórica) a una *governance* territorial multinivel? Pero sobre todo, ¿los temas de la "justicia global" o de la "globalización desde abajo" son verdaderamente capaces de construir identidades, no solo transnacionales, sino también trans-temáticas, uniendo conjuntamente, de manera tendencialmente estable, las identidades colectivas de ecologistas ya existentes, feministas, sindicalistas, etc.? ¿Y qué grado de homogeneidad de valores se le puede pedir a un movimiento que se define como plural y tolerante de la diversidad interna?

Último elemento definitorio: los movimientos sociales están caracterizados por la utilización de formas de participación que, si no pueden definirse a esta altura como no-convencionales, están aún ciertamente no "rutinarizados". De hecho, para muchos estudiosos, una característica de los movimientos sociales es la de actuar mediante la *protesta*, esto es, una acción dotada de suficiente carga innovadora como para captar la atención desde los medios de comunicación de masa, y ser entonces reconocida por la opinión publica, que se quiere sensibilizar acerca de un nuevo tema. Al mismo tiempo, la protesta se presenta de manera tan impetuosa, que desafía la capacidad de quien gobierna de asegurarse el consenso mediante los canales normales de la democracia representativa. Si la mayor parte de las acciones de protesta está aún orientada hacia objetivos nacionales, o también a veces sub-nacionales, y si la acción hacia organizaciones gubernamentales internacionales ha tomado a menudo las formas discretas del *lobbying*, muy visibles fueron de todos modos en los últimos años las acciones de protesta supranacional, que tomaron las formas de los contravértices (como las movilizaciones en Seattle contra l´OMC o en Génova contra el G8), pero también las campañas supranacionales (como *Jubileum 2000* y luego *Jubileum South* para la cancelación de la deuda externa de los estados más pobres), o de los *Global Action Days* (como las manifestaciones pacifistas del 15 de Febrero de 2003). El crecimiento de estas formas de protesta supranacional comienza a ser documentada en la investigación sociológica, que observó las características de las protestas orientadas a temáticas como las desigualdades globales, la tasación de los movimientos de capitales, el consumo crítico, los derechos de ciudadanía más allá de las fronteras, la reforma de las organizaciones gubernamentales internacionales. Entonces, quedan abiertos los interrogantes sobre el mantenimiento de un nivel supranacional de protesta que es seguramente muy costoso de sostener para retículos informales de actores pobres de recursos.

Si estos interrogantes son desarrollados en las investigaciones sobre el movimiento por una justicia global, otros se deben agregar si –como se realizó en este interesante volumen– la investigación se concentra en el (variado) Sur del mundo. De hecho, a pesar de la creciente relevancia de la dimensión transnacional por los movimientos sociales en Europa y la intensificación del flujo de ideas que vienen de movimientos de otros continentes, la investigación sociológica acerca del movimiento por una justicia global quedó predominantemente concentrada en el Norte (della Porta y Tarrow 2005; della Porta 2007). La utilidad de las categorías e hipótesis elaboradas por la sociología de los movimientos sociales debe ser entonces verificada no solamente de manera histórica, respecto de un nuevo ciclo de protesta, sino también en forma geográfica.

Los estudios de caso sobre la sociedad civil global y los movimientos en la Argentina parecen confirmar muchas de las observaciones hechas en otras áreas geográficas. Entre ellas, las mil vueltas de las campañas transnacionales que involucran a los actores más diversos, la radicalización de ONGs y removilización de los sindicatos sobre temáticas sociales, la relevancia (no solo retórica) de un discurso global, la presencia de estrategias múltiples (desde la educación popular hasta las manifestaciones de plaza), la –como se lee en la introducción al volumen– heterogénea transnacionalidad de movimientos contemporáneos. De todos modos, al mismo tiempo, las investigaciones presentadas de aquí en más parecen solicitar una reflexión sobre algunos de los conceptos más relevantes en los estudios sobre movimientos sociales. Sobre todo, las bases sociales de la protesta aparecen mucho más variadas en los casos aquí presentados respecto de Europa. El "regreso de la cuestión social" – aclamado también en Europa– asume en el caso argentino una aún mayor concentración, explicando también la persistencia de una mayor atención a la dimensión de clase que en Europa, donde la investigación sobre los nuevos movimientos sociales ha apartado, en todo caso la atención sobre las nuevas clases medias.

En lo que respecta a la estructura de las oportunidades políticas, de la que viene confirmada ciertamente la relevancia, lo que surge de todos modos como central –y en cambio menospreciado en los estudios sobre el Norte del mundo– es la relevancia de las características de los regímenes autoritarios, así como la de los recorridos de democratización. Como así lo demuestran tanto el estudio del movimiento para la cancelación de la deuda externa, como el de la lucha contra la corrupción y por una política de transparencia, los regímenes autoritarios del pasado ejercitan aún una fuerte influencia sobre la definición de los problemas, no solo de democracia, sino también de justicia. Aun cuando la dimensión nacional de las oportunidades políticas sea decisiva, con mayor (o distinta) relevancia que en Europa surge en estos estudios la presencia de organizaciones no gubernamentales internacionales (como muestra la investigación en ATTAC). La movilización de los recursos –otro concepto central de los estudios sobre los movimientos sociales– se presenta entonces como directamente ligada a la activación de retículos complejos, con estrategias de boomerang (Keck y Sikkink 1998) y alianzas complejas. En el *framing* de la protesta, un elemento que aparece central (y ciertamente descuidado en las investigaciones sobre el Norte del mundo) es la dimensión anti-imperialista/anticolonial de la protesta, entrelazada con la definición de identidades nacionales.

Referencias bibliográficas

Bandy, J. y J. Smith (a cargo de), 2005. *Coalitions across Borders: Transnational Campaigns and the Neo-Liberal Order*, Lanham, Rowman and Littlefield.

della Porta, D. (a cargo de), 2007, *The Global Justice Movement*, Boulder, Paradigm.

della Porta, D. y S. Tarrow (a cargo de), 2005, *Transnational Protest and Global Activism*, Lanham, Rowman and Littlefield.

Keck, M. y K. Sikkink, 1998, *Activists beyond Borders: Advocacy Networks in International Politics*, Ithaca, Cornell University Press.

Introducción: sobre las heterogeneidades de lo transnacional y los marcos interpretativos

Alejandro Grimson

Sebastián Pereyra

En este libro se presentan los resultados de una investigación sobre redes y formas de movilización social en la Argentina vinculadas con temas globales. El objetivo central del proyecto fue evaluar empíricamente las interpretaciones que sostienen que, en los últimos años, puede observarse una progresiva consolidación y difusión de diversos movimientos de la sociedad civil global (Ghimire, 2005).

Como punto de partida, consideramos el surgimiento de una serie de protestas, redes y organizaciones transnacionales comúnmente denominadas movimiento anti-globalización, movimiento alter-globalización, de resistencia global o, simplemente, movimiento de solidaridad global (Bandler et al, 2004). Según sostienen los analistas, el eje común de estos movimientos es el rechazo a los procesos de globalización inspirados en una ideología neoliberal y a sus principales consecuencias.

Más precisamente, nuestro trabajo se orientó a indagar la actualidad y potencialidad de movilización que tienen una serie de temas y organizaciones considerados como ejes centrales de la constitución de movimientos sociales en una escala global o transnacional. Estos temas son: 1) campañas por la reducción o condonación de las deudas externas; 2) movimientos para cambiar las reglas y barreras del comercio internacional; 3) iniciativas de impuestos y tasas globales; 4) movimientos internacionales anticorrupción; y 5) movimientos por el comercio justo.

La constitución de actores y el desarrollo de actividades a nivel internacional para movilizar estos temas han sido objeto de diversos estudios e investigaciones, ya sea explorando las organizaciones, los perfiles militantes, y las formas y dinámicas de movilización como, también, prestando atención a las estructuras intermedias que sirven de conexión y enlace para las distintas organizaciones y movimientos (foros, medios alternativos, etc.)[1]. Esos análisis se refieren, por lo general, a su área específica de influencia, es decir, a la actividad de estos movimientos en los países centrales. A excepción, por supuesto, de los Foros Mundiales y las contra-cumbres[2].

Así, existe poca evidencia sobre la importancia y el impacto que estos movimientos tienen en países periféricos. Es por eso que este proyecto se propuso analizar en qué medida esos temas o conflictos se expresan de manera más o menos articulada en determinados contextos nacionales, en países que no son los que tradicionalmente han dado a luz a este tipo de movimientos y en los que no se encuentran mayoritariamente localizadas las organizaciones ni sus militantes (Sikkink y Smith, 2002: 35-42). En este sentido, analizar la dinámica de movilización vinculada a los cinco ejes propuestos en la Argentina permitió pensar qué impacto tiene este tipo de campañas o temas en un país donde deuda externa, apertura comercial y corrupción han sido y son problemas agudos. Pese a lo que podría suponerse, las campañas internacionales y las organizaciones transnacionales más importantes parecieran no tener una presencia significativa en esos países. En otros casos, algunos de estos temas tienen una fuerte presencia en la agenda pública o gubernamental, pero sin embargo, no son objeto de reclamos ni dan lugar a la formulación de demandas específicas por parte de los movimientos locales. ¿Cómo se explica esta disociación o esta brecha que existe entre la dinámica de los movimientos transnacionales y su impacto relativamente poco significativo en países periféricos? ¿Qué tipo de elementos permiten entender esta relación particular entre la dinámica de los movimientos transnacionales y la actividad de los movimientos nacionales?

Los estudios iniciales desplazaron nuestro foco de atención de los *movimientos* globales a actores sociales y redes locales o nacionales que operan sobre *temas* globales. Esto implicó, evidentemente, retomar desde el análisis empírico un debate conocido acerca de las relaciones entre lo global y lo local, con preguntas específicas: ¿se globalizan los movimientos, los repertorios de acción, los temas, los escenarios?

Los resultados obtenidos en los diferentes análisis que presentamos, sugieren que en la tensión, oposición o articulación entre lo global y lo local muchas veces

---

[1] Véase en particular: della Porta, Kriesi y Rucht (1999); Guidry, Kennedy y Zald (2000); Smith y Johnston (2002); Bandler et al (2004); Rucht (2005); della Porta y Tarrow (2005) y della Porta (2006).

[2] Fillieule y otros (2004); Keraghel y Sen (2004); Aguiton y Cardon (2005).

se presupone equivocadamente la disolución de las escalas intermedias, especialmente de la escala nacional. Sin embargo la nación continúa siendo una escala decisiva en la estructuración de los marcos interpretativos de los movimientos sociales.

Desde nuestra perspectiva, la importancia de la escala nacional como eje de estructuración y como nivel de intervención es variable en el tiempo y en función de los países y en relación con distintos temas. Sugerimos que si se pretende dar cuenta de la sociedad civil, es riesgoso estudiar sólo a los actores que operan de manera transnacional.

Para no generar confusiones, resulta necesario, en este punto, distinguir conceptualmente a los Estados –aparatos institucionales– de las naciones –campos socioculturales y sociopolíticos. Los estados podrán debilitarse o fortalecerse en función de opciones políticas. Pero los campos nacionales se han sedimentado a través de experiencias históricas que no serán borradas de un día para otro y probablemente serán incluidas en un nuevo mapa mundial, más que sustituidas mecánicamente por estructuras supranacionales. Esa sedimentación en muchos países ha generado una configuración nacional, un espacio social donde efectivamente una sociedad comparte concepciones del tiempo, el espacio, las instituciones, formas de relacionarse, de desarrollar y dirimir conflictos, entre muchos otros aspectos. Esas configuraciones nacionales son campos de posibilidad (Grimson, 2007).

En ese sentido, consideramos que está vigente la afirmación de que "los movimientos sociales y las revoluciones adoptan una forma u otra, dependiendo de la amplia gama de oportunidades y constricciones políticas propias del contexto nacional en el que se inscriben" (McAdam, McCarthy y Zald, 1999: 24). Así, la inexistencia de sistemas políticos institucionalizados de carácter global en un sentido estricto (con poder soberano) se traduce en la persistencia de la relevancia de la escala nacional. Ahora, si nos concentramos en los marcos interpretativos (Gamson y Meyer, 1999), resultado de historias y experiencias socioculturales particulares, podemos comprender, también, que es incipiente la posibilidad de procesar experiencias de manera global y que es necesario indagar la forma específica en la que esos elementos se combinan en casos concretos. En definitiva, como sostiene S. Sassen (2007: 25) "…las condicionalidades de un sistema global se insertan en distintos territorios e instituciones y, por lo tanto, atraviesan estructuraciones específicas en cada país."

La organización de los estudios de caso

Dadas las características de nuestro proyecto, decidimos organizar el trabajo en estudios de caso que retomaran cada una de las cinco áreas de investigación establecidas (deuda externa, barreras de comercio, Tasa Tobin, corrupción y comercio justo). En virtud de los objetivos y problemas abordados, este proyecto avanzó considerando tres tipos de objetos principales: actores, campañas de movilización y debates públicos.

En lo que se refiere a los actores, se analizaron las siguientes variables: la historia de la organización o red, las definiciones de sí mismos, la identidad pública (representaciones de los actores analizados por parte de los medios o de otros actores), las formas de organización (desde grados de formalización hasta las características de los militantes y los mecanismos de toma de decisiones, las formas de financiamiento y los vínculos internacionales).

En relación con las campañas de movilización, se analizó la duración de las mismas, las organizaciones que intervinieron, los tipos de acciones desarrolladas y la evaluación del impacto de la campaña (impacto en medios de comunicación, legislación, reunión con funcionarios públicos, redes, etc.).

Por último, de los debates públicos se analizó la génesis del debate (actores que movilizan el tema, acontecimiento desencadenante), la identificación de ámbitos de debate (parlamento, gobierno, opinión pública, organizaciones sociales, etc.), los soportes del debate (revistas especializadas, conferencias de expertos, medios de comunicación, declaraciones públicas, panfletos, etc.) y la amplitud del debate (encuestas de opinión, acción de actores relevantes en relación con el tema).

Con ese punto de partida, se estipularon algunos aspectos o elementos prioritarios para la investigación. El primero, referido a considerar —como ya fue expuesto más arriba— a cada uno de los cinco ejes especificados por el proyecto como *temas*. De esa forma, no se definieron *a priori* esos temas en virtud de la repercusión de ciertas campañas específicas ni sobre la presencia o el impacto de ciertos actores transnacionales, sino que también se prestó atención a las traducciones locales y a los conflictos propios, es decir, a la manera en que las condiciones culturales y políticas de cada país vuelven más sencillo, más difícil o incluso imposible movilizar ciertos temas o concentrarse en otros. El segundo aspecto se vincula con concentrar la atención sobre los actores, frente a otros abordajes posibles. La intención del trabajo fue indagar la existencia de actores específicos y el análisis de sus dimensiones principales. En tercer lugar, otra prioridad del proyecto fueron las acciones de protesta. La manera en que se organizan campañas de movilización, se plantean determinados conflictos y se logra establecer alianzas con otros actores son elementos fundamentales de este tipo de análisis. En cuarto lugar, fue prioritario analizar las formas de impacto de la movilización, tanto en términos de determinación de la agenda pública o gubernamental, la producción o promoción de leyes en relación con cambios en las estrategias de actores en conflictos locales o reclamos sectoriales, constitución de redes, capacidad para iniciar o sostener ciclos de protesta, etc.

El objetivo general, entonces, se centró en la investigación del proceso de formación e institucionalización de movimientos y organizaciones sociales en términos de su capacidad de articulación de demandas, de escenarios de intervención, de capacidad de interconectarse en diferentes niveles y, en definitiva, de producir nuevas legitimidades o "contra-consensos" en la sociedad en la que actúan.

Sobre esa base se definieron algunas de las principales preguntas que guiaron nuestro trabajo. En primer lugar, nos interesa saber cuáles son las escalas y los marcos interpretativos de acción de los movimientos y organizaciones. ¿A quién dirigen sus principales demandas? ¿Qué papel cumplen los gobiernos locales y nacionales respecto de demandas que tienen alcances globales? En segundo lugar, exploramos las relaciones (de articulación y conflicto) que se establecen en el propio país entre los diferentes actores (movimientos sociales, ONG, asociaciones, etc). ¿Cuándo surgen disputas relacionadas con diferencias ideológicas, con formas de acción o con otras dimensiones? En tercer lugar, analizamos las características que tienen las redes internacionales en las cuales se insertan. ¿Cuáles son los principales beneficios suscitados por esos tipos de intercambio? ¿Cuáles son las limitaciones que ellos mismos perciben en los intercambios globales? Buscamos saber en qué casos logran incidir en las políticas públicas, con qué alcances y qué limitaciones. Por otra parte, analizamos cómo se transforman las demandas, las escalas de acción, las redes y los modos de organización a través del tiempo.

Por último, pero no menos importante, dos cuestiones clave. Nos importa intentar comprender hasta qué punto los movimientos y organizaciones consiguen producir nuevos consensos sociales y cuán duraderos son esos consensos. Además, saber cómo se apropian movimientos y organizaciones argentinas de cuestiones que se instalan en la agenda global. ¿Cómo los resignifican o los aplican? ¿De qué manera contribuyen a instalar globalmente nuevos problemas? ¿Hasta qué punto hay asimetrías en las redes globales? ¿Hasta qué punto los sentidos nacionales o locales potencian u obstruyen ciertas articulaciones en el nivel internacional?

El trabajo de campo se realizó a lo largo del año 2005 y consistió en general en la realización de entrevistas semi-estructuradas a los miembros de las organizaciones estudiadas y a informantes clave. Al mismo tiempo, en casi todos los casos, se realizaron observaciones de las reuniones, movilizaciones e iniciativas desarrolladas por las organizaciones y se recolectaron documentos producidos por las mismas, al tiempo que se analizó el material que todas publican en Internet.

Para la reconstrucción de actividades no observadas se utilizaron como fuentes diarios nacionales y locales –además de los testimonios de las entrevistas. Más allá de los cinco estudios de caso, nuestra investigación se apoyó en observaciones llevadas adelante en el Foro Social Mundial (Porto Alegre, en enero de 2005) y durante la III Cumbre de los Pueblos (Mar del Plata, en noviembre de 2005).

Los dilemas de la movilización transnacional: ¿una sociedad civil global?

Existen al menos dos interrogantes principales para pensar el fenómeno de la movilización transnacional. En primer lugar, uno de carácter histórico –y, por qué no, ideológico-político– que se vincula con la posibilidad de caracterizar al movimiento de resistencia global como una nueva ola de movilización que establece un quiebre y una ruptura con etapas anteriores de la movilización. Generalmente, los estudios sobre nuevos movimientos sociales en Europa y EEUU vincularon el cambio de época que significó, desde el punto de vista de la movilización social, la crisis de los estados de bienestar y el surgimiento de nuevos actores de la movilización en los años '60 y '70 con la necesidad de una renovación conceptual. Esos análisis, que también se centraron en una caracterización del escenario de crisis y transformación de las sociedades industriales en los países centrales, consideraron que el surgimiento de importantes movimientos de mujeres, feministas, estudiantes y ecologistas representaba un cambio fundamental de época que dejaba atrás los tiempos de centralidad del movimiento obrero y del conflicto entre capital y trabajo como eje estructurador de la movilización.

Así, la preocupación por la movilización transnacional se inscribe en esa misma problemática que se pregunta por el cierre de una etapa caracterizada por la emergencia de una multiplicidad de movimientos sociales de alcance fundamentalmente nacional y el surgimiento de una nueva época en la cual la movilización adquiere nuevas formas y contenidos. Este tipo de análisis de tono macro sociológico se interroga, entonces, por una tercera ola de movilización en la modernidad, aquella en la cual el Estado nacional pierde centralidad como interlocutor de la movilización en virtud de los resultados y consecuencias de la globalización neoliberal. Desde esta perspectiva, en este contexto, el Estado-nación dejaría de ser el antagonista principal de la movilización para convertirse en el *locus* de un conflicto entre el capital transnacional y diferentes focos de resistencia que se organizan localmente. Un papel fundamental cumplen, en este nuevo escenario del conflicto, las organizaciones de la sociedad civil que son llamadas a recrear ámbitos de integración comunitaria que permiten mantener y ampliar lazos de integración no mercantil entre las personas y operan como complemento de la ciudadanía (estatalmente garantizada) como ámbitos de resistencia[3]. Sociedad civil y Estado son los elementos primordiales de organizaciones políticas más vastas que deberían constituirse para sostener un proyecto de globalización contra-hegemónica que fundamente democracias representativas y participativas que garanticen la vigencia y defensa de algunos bienes públicos centrales frente al despliegue de una forma de "fascismo societal" que es el resultado de la expansión de la lógica actual de globalización (de Sousa Santos, 2005: 87). Autonomía, identidad y derechos continúan siendo –al igual que para los nuevos movimientos sociales– los principales reclamos sostenidos por las experiencias de movilización, pero éstas tienden a concentrarse en espacios y escenarios más difusos, dejan de confrontar con el Estado para tratar de sumarlo como aliado y no adoptan la forma de movimientos de masas, sino que la militancia se organiza en redes descentralizadas que se activan en torno de campañas específicas.

En segundo lugar, una mirada micro sociológica abordó la cuestión desde el punto de vista de la creciente interdependencia que caracteriza los fenómenos

---

[3] Para una discusión general de la relación entre Estado y tercer sector como ámbitos de resistencia global, ver: de Sousa Santos, 2005: 48-97.

de movilización social. Aquí, el problema son los conceptos con los que habitualmente se analizan y estudian los fenómenos de movilización social, ya que éstos surgieron ligados a lo que fue la principal escala en la que tradicionalmente desarrollaron su actividad los movimientos sociales desde mediados del siglo XIX hasta la actualidad: el contexto de sociedades y Estados nacionales. Sin embargo, estas perspectivas analizaron el surgimiento de nuevos fenómenos que comenzaron a delinearse en el terreno del activismo y la militancia. En principio, desde los años '70, se ha intensificado cada vez más la conformación de redes militantes (*advocacy networks*) a nivel internacional y la producción de campañas en una escala transnacional, es decir, que se realizan simultáneamente en varios países, que interpelan a gobiernos de diferentes países o a organizaciones internacionales y que movilizan recursos a su vez en diversos contextos nacionales (Keck y Sikkink, 1998; Khagram, Riker y Sikkink, 2002). Por último, como lo mencionamos anteriormente, la difusión de protestas, eventos y organizaciones de carácter internacional o transnacional ha llevado a los analistas a preguntarse si las herramientas teóricas disponibles son idóneas para pensar esta nueva realidad (Bandler et al, 2004).

Un primer elemento que requiere atención es el del vínculo y la interacción que existe entre las diferentes escalas de acción de los movimientos. "No se trata de elegir una escala (grande o pequeña) para estudiar fenómenos preexistentes, sino de estudiar las interrelaciones e interdependencias, la 'integralidad'" (Jelin, 2003: 50-51). Por ejemplo, es necesario evaluar la interacción entre distintas estructuras de oportunidades políticas[4]. En este sentido, los análisis que reconstruyen el surgimiento de redes transnacionales, muestran que existen algunos factores locales (*push factors*) que expulsan a los militantes hacia el campo internacional (represión, poca permeabilidad del sistema político) y, a su vez, otros factores internacionales (*pull factors*) que atraen a los militantes (instituciones de nivel supranacional, conferencias internacionales, ONGs o fundaciones, etc.) que intervienen decisivamente en esos procesos (Keck y Sikkink, 1998; Sikkink, 2003).

Partiendo de estas consideraciones, nos pareció sensato concentrar los análisis en las dinámicas que vinculan movimientos y que permiten aprehender de

---

[4] "Una estructura de oportunidades internacional no va a desplazar a una estructura doméstica sino que va a interactuar con ella. Para entender la efectividad de la acción colectiva transnacional debemos comprender la interacción dinámica entre la estructura de oportunidades internacional y la doméstica." (Khagram, Riker y Sikkink, 2002: 18 [traducción propia]).

manera multidimensional el problema de la acción colectiva en un nivel transnacional. Las iniciativas a nivel internacional suelen ser sostenidas por redes o coaliciones, es decir, por grupos que perteneciendo a diferentes países mantienen vínculos más o menos estables. Desde el punto de vista de la acción colectiva –como señala Tarrow (1999)– los interrogantes a abordar se refieren, por un lado, al tipo de relación más o menos sostenida que existe entre los movimientos y, por otro lado, al anclaje que tienen, a su vez, esos movimientos en sus respectivos contextos locales. Además, se requiere una exploración sobre los nuevos escenarios en que se produce este tipo de interacción. ¿Aquello que define un movimiento transnacional es el número de países en los cuales actúa o tiene miembros comprometidos? ¿Es acaso el hecho de confrontar con antagonistas situados en distintos países? El problema de los espacios de confrontación es central para el análisis de estos nuevos movimientos. Caben allí los interrogantes tanto en términos de nuevos antagonistas internacionales, cuanto en términos de formas o lugares internacionales de impacto de estas acciones.

En otros términos, algunos trabajos han señalado los principales desafíos que generalmente son abordados a la hora de pensar la cuestión de la movilización transnacional (della Porta y Tarrow, 2005). En primer lugar, las ideas neoliberales que han despertado un fuerte rechazo en diversas latitudes y han sido progresivamente percibidas y definidas como fundamento de la globalización económica. Así, diversos grupos han tendido en las últimas décadas a confluir en su rechazo al neoliberalismo y han intentado sostener que existe una serie de actores (grupos económicos, algunos gobiernos de los países desarrollados, organismos internacionales, etc.) de distinto tipo que movilizan internacionalmente estas ideas y que constituyen un único antagonista en términos globales. En segundo lugar, el desarrollo de instituciones y organismos internacionales que no representan instancias globales de gobierno, aunque sí constituyen arenas y nuevos ámbitos de negociación entre Estados y otro tipo de actores para la definición y la acción sobre problemas globales. Por último, en tercer lugar, la aparición –en los últimos años– de campañas, movimientos y organizaciones cuyos ejes de desarrollo trascienden las fronteras de los Estados nacionales. Ellos comprenden desde movimientos y organizaciones con sedes en distintos países, hasta ONG de expertos que forman parte de negociaciones formales e informales con Estados y organismos internacionales en temas específicos, hasta redes internacionales, foros y contra-cumbres que se realizan con el objetivo de lograr un impacto internacional o transnacional.

Algunos de estos fenómenos son los que favorecieron, de manera general, que varios autores comenzaran a hablar de una sociedad civil global o de movimientos globales aun cuando los estudios específicos se orientaron hacia campos menos ambiciosos. Así, los denominados eventos globales de protesta, al igual que la relación entre ONG, Estados y organismos internacionales como actores centrales de la política internacional, y el desarrollo de un incipiente y nuevo cosmopolitismo o activismo transnacional han sido seguidos por diversos investigadores en los últimos años (della Porta y Tarrow, 2005).

Estos debates llaman la atención sobre el primer desafío de cualquier estudio comparativo: la definición de cuál es la unidad pertinente para comparar. Generalmente se asume que puede compararse cómo funciona o impacta un movimiento en dos países. En ese caso, se asume implícitamente la idea de que el movimiento es el mismo. Sin embargo, conviene convertir esa asunción en una pregunta comparativa: ¿qué tipo de organizaciones, redes o movimientos surgen en relación con un mismo tema en diferentes países?

Por ello, el análisis comparativo debe considerar no sólo similitudes y diferencias, sino también comprender el caso nacional como totalidad heurística, al menos si hay suficientes elementos empíricos para postular la configuración efectiva de una cierta cultura política en esa escala de análisis. Por ello, al definir una estrategia para el análisis de movimientos "globales" en la Argentina, partimos de considerar las características particulares que adquieren en el país o, en otra escala, en ciertos lugares, reclamos o temas globales.

Un caso muy interesante es el de la deuda externa. Desde los años '80 hay organizaciones, redes y movimientos que operan en diferentes países realizando reclamos relacionados con la deuda del tercer mundo. Algunos han solicitado a sus gobiernos que cesen con el pago, que declaren la moratoria, otros han pedido a organismos multilaterales o a los países acreedores que condonen parte o toda la deuda externa. Como es sabido, la Argentina es uno de los pocos países que ha declarado la cesación de pagos de parte de su deuda externa en los últimos años. Sin embargo, ni en los años anteriores ni a partir de haber declarado el *default* ni en su proceso de resolución hubo movilizaciones sociales que tuvieran como cuestión central propuestas o exigencias respecto de la deuda externa. La deuda es un tema global, a la vez fue y es un tema central en la agenda política nacional. La sociedad argentina estuvo especialmente movilizada, antes y durante la cesación de pagos. Sin embargo, aunque en muchas movilizaciones orientadas hacia otras reivindicaciones sociales o políticas, encontramos referencias a la deuda, ni los términos de la negociación ni la salida del *default* ni el último pago que puso fin a la deuda con el FMI fueron incorporados como temas centrales por ninguna organización de peso.

A nuestro entender, comprender la lógica de este sistema de relaciones culturales y políticas es decisivo para que términos como "sociedad civil global" no sean fórmulas vacías de sentido. Ciertamente, "sociedad civil global" es un término ampliamente polémico; algunos se apresuran a adoptar el término con entusiasmo, otros reconocen su ambigüedad. En el *Global Civil Society 2005/6* Glasius, Kaldor y Anheier proponen "una definición simple y productiva de la sociedad civil global como el reino de la acción colectiva no coercitiva vinculada a intereses y valores compartidos que operan más allá de las fronteras de los Estados-nación" (2006: v [traducción propia]).

Si nuestro argumento acerca de la relevancia cultural y política de la escala nacional es correcto, el análisis de cualquier actor que pretenda intervenir más allá de las fronteras nacionales debe considerar necesariamente su legitimidad y peso a la vez a nivel nacional. Aun quienes han focalizado su atención en el aumento y la creciente importancia de las interacciones de redes y grupos más allá de las fronteras encuentran muchos problemas para concebir y definir una sociedad civil a escala mundial (Keck y Sikkink, 1998: 33).

En otras palabras, resulta riesgoso afirmar que un conjunto de actores heterogéneos que actúan colectivamente de manera no coercitiva a escala trasnacional *son* la sociedad civil global. En efecto, sería complicado considerar que la existencia de un conjunto de actores que tienen capacidad de intervenir fuera de sus países nos habilita a caracterizar ese conjunto como sociedad civil global. Según esta definición, por otra parte, un grupo indígena o una sociedad de fomento de un barrio obrero que se moviliza en su propio lugar en contra de un proyecto financiado por el Banco Mundial no sería parte de la sociedad civil global si no opera más allá de las fronteras. Sin embargo, no siempre los actores deciden globalizarse. Los actores con menos recursos, al menos, suelen ser globalizados a la fuerza por circunstancias externas.

Un riesgo de lo que podríamos llamar globalicentrismo es no sopesar qué dimensión de la acción colectiva realmente existente opera en una y otra escala, y cuáles son las relaciones entre ambas. Al analizar sólo acciones más allá de fronteras, es probable que haya una sobrerrepresentación de actores de países centrales o con importantes financiamientos desde esos países. Pero las tendencias globales no son siempre definidas por acciones realizadas más allá de las fronteras.

La movilización social en la Argentina: entre la democratización y el ajuste

Antes de hacer referencias al impacto que tuvieron en la Argentina la serie de protestas transnacionales que se iniciaron en Seattle en 1999 y los procesos vinculados a la resistencia global, es necesario sintetizar algunos elementos de los procesos de movilización colectiva que tuvieron lugar en el país en los últimos años. Esta síntesis es sumamente esquemática y tiene como finalidad solamente ofrecer elementos contextuales que permitan comprender otros fenómenos que se presentan en estas páginas.

Hay dos elementos centrales que permiten organizar los procesos de transformación de la movilización social en la Argentina en los últimos años. El primero, es el fin del ciclo de inestabilidad política que marcó la vida institucional del país a lo largo de prácticamente todo el siglo XX. El segundo, la puesta en práctica de un conjunto de medidas económicas tendientes a modificar la estructura productiva que había caracterizado al país desde al menos la década de 1940.

Fuertes contrastes se presentan en el contexto político dictatorial previo a la guerra de Malvinas en 1982 y el proceso de transición a la democracia que se abrió posteriormente. La agenda centrada en la movilización por los derechos humanos y cuestiones democráticas de los '80, simultáneas con un fuerte protagonismo sindical con trece huelgas generales en menos de seis años, contrasta con el proceso abierto en 1989 a partir de la experiencia hiperinflacionaria. Esa vivencia de desintegración social volvió posible y legítima la implementación de políticas de transformación económica y reforma del Estado inspiradas en las ideas neoliberales. Durante doce años, se vivió una fuerte sensación de apatía política, en un contexto marcado por la escasa oposición pública a las políticas neoliberales y el repliegue de la movilización por los derechos humanos a raíz de la liberación, a través de indultos presidenciales, de los militares condenados en 1985. Al mismo tiempo, uno de los actores protagónicos de la movilización social durante los años '80 –los sindicatos– se retiró de la escena de la protesta con la llegada del peronismo al poder y la movilización sindical se limitó a algunos gremios disconformes con los resultados de las reformas, que comenzaron a formar un incipiente sindicalismo disidente. En ese contexto, donde el "modelo" económico parecía incuestionable se operaron transformaciones muy importantes en las formas de los reclamos. La política económica y la cuestión salarial cedieron frente a nuevos problemas que históricamente no habían tenido gran relevancia pública como el desempleo, la corrupción y la inseguridad. Por último, la crisis de 2001-2003 –que cerró el período de convertibilidad y neoliberalismo "clásico"– produjo nuevamente significativas modificaciones en la agenda pública, en los actores sociales movilizados y en los repertorios de acción colectiva.

En la década del '80, en el contexto de la transición a la democracia, algunos estudios mostraban un fuerte interés por las características de los movimientos sociales en la región. Al igual que en Europa y en Estados Unidos, buena parte de estos interrogantes surgieron a partir de las dificultades que suscitaba la caracterización de la movilización social en términos estrictamente de clases sociales. El panorama latinoamericano mostraba una diversidad importante de formas de participación política por vía de la movilización social así como una multiplicación en las formas de organización y temas y demandas sostenidos por los movimientos (Calderón y Jelin, 1987).

La indagación empírica se orientó hacia los campos de conflicto que definían los espacios sociales en que se situaban estos movimientos. De esta forma, se habían definido los principales centros de atención que caracterizaban la década del '80 en América Latina desde el punto de vista del conflicto social. En primer lugar, la movilización obrera y sindical continuaba siendo de importancia considerando los conflictos típicos que arrastraban sociedades de herencia industrial. La práctica de la movilización obrera era fundamentalmente defensiva y había comenzado a surgir una preocupación por lograr mayor autonomía y democratización interna de las organizaciones sindicales, generando incluso conflictos graves entre algunas seccionales y la dirigencia nacional de los gremios. En segundo lugar, existía toda una serie de conflictos, redes y movilizaciones cuyo núcleo común era la pertenencia a un mismo espacio de desarrollo urbano, y cuyos conflictos centrales se ubicaban en torno a problemas de calidad de vida o de consumos colectivos. Aquí, vecinos y pobladores se constituían en actores de la movilización jerarquizando reclamos reivindicativos que habían sido considerados históricamente como pre-políticos y revitalizando la política como una actividad cotidiana. En tercer lugar, el campo y el campesinado mantenían una serie de conflictos centrados en demandas referidas a la tierra, el mercado y la organización campesina, al tiempo que se detectaban articulaciones muy significativas con otros tipos de demandas étnicas y culturales (que tuvieron una importancia relativamente inferior en el caso argentino). Hasta aquí los conflictos que más tradición tenían en la región hasta los años '80. Sin embargo, existían también una cantidad de demandas y articulaciones identitarias que excedían los conflictos tradicionales y que parecían mostrar la conformación de toda una gama de nuevos movimientos sociales (Jelin, 1985). "Los nuevos eran aquellos para los cuales la identidad era un asunto importante, aquellos que se comprometían en 'nuevas formas de hacer política', y aquellos que contribuían a las nuevas formas [democráticas] de sociabilidad. Los movimientos indígenas, étnicos, ecológicos, de mujeres, de homosexuales y de derechos humanos eran los candidatos elegidos" (Escobar, Alvarez y Dagnino, 2001: 24).

Uno de los casos que concitó mayor atención fue el movimiento de derechos humanos. Las distintas organizaciones que surgieron en el contexto represivo de la dictadura impactaron por su enorme desarrollo y por su improbable capacidad para crear una identidad común, logrando incluso articular prácticas de protesta social. Las distintas organizaciones de derechos humanos habían logrado sostener prácticas expresivas –caracterizadas en su momento como no instrumentales– y mantenían distancia respecto de los partidos políticos y los sindicatos generando, no obstante, amplios consensos (Calderón y Jelin, 1987). También los jóvenes y las mujeres (como movimientos de mujeres y como movimientos feministas) mostraban ser actores capaces de intervenir políticamente y sostener demandas particulares vinculadas con la manera en que se expresan cotidianamente formas de dominación en la sociedad.

En este sentido, los nuevos movimientos mostraban la particularidad de ser formas de participación política que caían por fuera de los canales formales e institucionales y que además –y fundamentalmente– constituían una alternativa al modelo clásico de participación corporativa, organizada en torno de los sindicatos. En todos los casos, además, estas nuevas formas de acción colectiva habían venido a llenar el silencio que había impuesto la dictadura militar y proponían algunos puntos de conflicto susceptibles de constituir ejes de transformación social.

Es innegable que había cierta novedad en la manera en la cual se presentaba la movilización en los años '80 en el contexto de la democratización aun cuando los primeros años de la transición democrática mostraron que, por un lado, el grueso de la actividad de movilización social seguía respondiendo al modelo tradicional de movilización corporativa y, por otro lado, que esos conflictos que potencialmente podían constituir movimientos sociales se fueron fragmentando y dieron lugar a la aparición de una multiplicidad de reclamos de diverso tipo sostenidos por colectivos de protesta de identidad más o menos frágil. La revalorización de la ciudadanía (como base para el reclamo de derechos al Estado) fue uno de los resultados directos de la democratización que otorgó, a su vez, un papel fundamental al poder judicial como agente del resguardo de derechos.

Los años siguientes –en particular la década del '90– han mostrado, como dijimos, que los distintos campos de conflicto, o las identidades que mostraban centros de articulación más o menos definidos terminaron por fragmentarse en una multiplicidad de protestas de distinto carácter (Schuster y Pereyra, 2001). En el contexto latinoamericano, esta complejización del panorama llevó a los analistas a caracterizar a los movimientos como los "pequeños actores" de la política contemporánea y a preguntarse por su capacidad para lograr articulaciones que les permitieran producir resultados políticamente significativos (Calderón y otros, 1992:26).

Esas protestas, motorizadas por colectivos heterogéneos que reclaman para hacer valer sus derechos son una de las características más sobresalientes del panorama de la movilización social en la Argentina en la actualidad. Al mismo tiempo, bajo la visibilidad de esos acontecimientos públicos de protesta también se han conformado redes formales e informales de militantes y activistas que movilizan el debate sobre temas específicos y para los cuales la protesta no es un recurso único ni exclusivo. Así, por lo efímero y difuso de la constitución de colectivos de protesta y por la movilidad, heterogeneidad y diversidad de las redes de militantes, resulta –salvo en contadas excepciones– muy complejo rastrear e identificar movimientos sociales.

Si nos concentramos ahora en nuestro segundo eje de análisis vemos, por otro lado, que las reformas económicas que se iniciaron en los años setenta con un proceso de liberalización y apertura comercial transformaron en los últimos años el panorama social del país y tuvieron un fuerte impacto en los sectores populares y en los sectores medios empobrecidos, es decir, los nuevos pobres.

Cuando se analizan los efectos de la globalización y de los programas neoliberales en la Argentina, se postula que el principal cambio económico-social operó y opera a nivel del trabajo, tanto en términos del aumento en las dimensiones del desempleo y la precarización laboral cuanto en las transformaciones de la informalidad generando una sociedad cada vez más desigual y en la cual el trabajo pierde progresivamente su importancia como factor de integración (Feldman y Murmis, 2002; Cerrutti y Grimson, 2006).

El cambio de modelo productivo minó desde fines de los '70 las bases sociales de las organizaciones sindicales y fortaleció otras lógicas de organización en los sectores populares ligadas no ya a los ámbitos de trabajo –las fábricas– sino a los espacios de residencia –los barrios (Merklen, 2005). Como lo mencionamos anteriormente, desde comienzos de los '80 algunos de los efectos de estas transformaciones se hicieron visibles en movimientos barriales que comenzaron a reclamar por sus condiciones de vida y habitación y en los cuales podían percibirse nuevas lógicas de acción y nuevas formas de liderazgo. Como veremos más adelante, esos movimientos urbanos –los de tomas u ocupación de tierras o las cooperativas barriales– tuvieron una importancia extraordinaria en la amplificación y consolidación de los nuevos actores que fueron surgiendo durante la década del '90.

En ese contexto, el declive sindical tomó más la forma de un cambio de recursos que la de una verdadera pérdida de poder. Como ha sido recurrentemente analizado, durante los procesos de reforma las cúpulas sindicales que colaboraban con las reformas neoliberales obtuvieron condiciones preferenciales para dedicarse a la actividad empresarial en las áreas de previsión social, riesgos del trabajo y salud, transferidas desde el Estado al sector privado (Murillo, 1997 y Martuccelli y Svampa, 1997). En ese contexto, una nueva central sindical, la Central de Trabajadores Argentinos (CTA) –contestataria de los procesos de reforma y desvinculada del partido justicialista– vio la luz y se consolidó durante los años '90 disputando el monopolio de la representación de los intereses de los trabajadores a la Confederación General del Trabajo (CGT). La CTA es una novedad mayor en el panorama sindical pues pese a su relativa debilidad representa un intento importante de democratización e independencia política (Armelino, 2005).

Los sindicatos de servicios públicos (como la educación y la salud), así como aquellos vinculados con la administración pública en sus distintos niveles –que fueron quienes mayor importancia tuvieron en el desarrollo de la CTA– protagonizaron la mayor parte de los episodios de confrontación y protesta en todo el país durante la primera mitad de la década. Sobre todo como consecuencia de la crisis de financiamiento del gasto público que implicó el esquema de reformas neoliberales, estos sectores fueron los más afectados y aquellos donde la oposición al gobierno peronista se hizo sentir con mayor energía (Svampa, 2005 y Schuster y otros, 2006). Sin embargo, un elemento fundamental que caracterizó este proceso de confrontación fue su carácter más bien inorgánico y descentralizado ya que el conflicto se desarrolló fundamentalmente en los escenarios de la política provincial y municipal y sólo esporádicamente tuvo impacto a nivel nacional.

Las provincias con menos recursos o las menos favorecidas por la distribución coparticipada de los recursos fiscales estuvieron sometidas a crisis cíclicas de financiamiento de su gasto público, generando dificultades para el pago de los salarios de empleados públicos. Hay que considerar, además, que en ciertas regiones el empleo público constituye la principal fuente de trabajo y el principal eje dinamizador de la economía. En particular, las huelgas y movilizaciones de trabajadores de la educación (en todos los niveles), la salud y de empleados estatales municipales y provinciales en todo el país reflejan la intensidad que esa confrontación tuvo frente a los intentos de reestructuración del papel y del aparato del Estado.

Por otro lado, desde mediados de los años '90 importantes organizaciones de desocupados fueron adquiriendo visibilidad e importancia hasta convertirse en uno de los actores centrales de la política argentina (Svampa y Pereyra, 2003). El proceso muchas veces designado como "territorialización de la política", en relación con la creciente importancia del barrio respecto de la fábrica, desplazó su centro de la tierra y vivienda a la cuestión de la desocupación (Cerrutti y Grimson, 2006).

Entre 1996 y 2001 surgieron múltiples organizaciones de desocupados que adoptaron el nombre de piqueteros[5] como criterio de identificación para su presentación pública, el corte de ruta como su metodología principal de acción y el trabajo y la asistencia social como el objeto principal de sus demandas (Svampa y Pereyra, 2003: cap. 4). Esos movimientos locales o barriales se fueron organizando progresivamente en federaciones de nivel nacional que tomaron estado público y se convirtieron en actores políticos reconocidos hacia finales de la década[6]. Las organizaciones piqueteras generaron así una importante capacidad de negociación (especialmente en el ámbito de las políticas sociales) y produjeron un recambio en los liderazgos y en las formas de organización de los sectores populares.

---

[5] Este nombre surgió en el primer gran corte de ruta –en la Provincia de Neuquén en 1996– que tuvo repercusión a nivel nacional.

[6] Como fue analizado en otro lado, la llegada de las organizaciones piqueteras a la política nacional estuvo fuertemente ligada a la adopción de esta simbología por militantes y organizaciones del Gran Buenos Aires que tenían una trayectoria más antigua de movilización urbana que comenzó a principios de los años '80. Ver: Merklen (2005). *Sobre las organizaciones piqueteras en el Gran Buenos Aires*: Delamata (2004) y Massetti (2004).

La historia de estas organizaciones se vincula con algunos de los efectos del proceso de transformación que implicó la década menemista. Especialmente en algunas pequeñas ciudades del interior de la Argentina, ese proceso de reestructuración de la economía significó no sólo la pérdida concreta de fuentes de trabajo sino también una particular desarticulación del mundo del trabajo que acompañó, durante varias décadas, a la producción industrial. Las empresas estatales más importantes no sólo se radicaban en zonas poco rentables del territorio sino que constituían allí "polos de desarrollo" que incluían la construcción de barrios, escuelas, clubes, etc. Los procesos de privatización y racionalización de las principales empresas estatales no sólo significaron un aumento importante en la tasa de desempleo sino también la desaparición de todo ese contexto vinculado al mundo de la producción.

Estos cambios impactaron en vastos sectores de la población que, no sólo quedaron desempleados –sin posibilidad de reinserción como consecuencia de su especialización técnica– sino que además fueron víctimas de la ausencia de planes de reconversión local o regional. En algunas de esas "zonas abandonadas" del país comenzaron a surgir nuevas formas de confrontación que constituyen actualmente uno de los ejes más importantes de la protesta social en Argentina: los cortes de ruta[7].

En la actualidad, estos nuevos actores forman parte de la política argentina aunque con sucesivos realineamientos y tomas de posición que siguen la acalorada coyuntura del país. Desde 2001 y hasta aquí esa ha sido, también, una característica en la dinámica política de estos movimientos que se fragmentan y se articulan, que coordinan acciones o se enfrentan pero que constituyen, sin duda, una de las novedosas formas de organización y confrontación de los sectores populares.

El reemplazo de las huelgas por los cortes de ruta y de las demandas típicamente laborales por asistencia social es una buena imagen que sintetiza este otro rasgo central de las transformaciones contemporáneas en las formas de organización y movilización popular en el país (Schuster y otros, 2006).

Por último, la crisis de legitimidad del modelo y la dramática crisis económica avanzaron hasta su estallido en diciembre de 2001. En un contexto rece-

---

[7] Los primeros cortes de ruta multitudinarios fueron organizados por multisectoriales que reunían distintos sectores sociales de ciudades en las cuales la desestructuración económica no sólo afectaba a los desempleados, sino al conjunto de la población y los sectores económicos. Para un análisis de los casos paradigmáticos de Cutral-Có y Plaza Huincul (Neuquén) y Tartagal y General Mosconi (Salta), ver: Svampa y Pereyra, 2003: capítulo 3.

sivo desde fines de 1998, con altos índices de desempleo y ante la inminencia de una crisis bancaria, el gobierno resolvió imponer una drástica restricción de acceso al dinero depositado en los bancos (popularizada como "corralito"). En ese contexto se produjo el cacerolazo del 19 de diciembre y las movilizaciones del 20 de diciembre, que culminaron con la renuncia del presidente. Durante 2002, hubo intensas movilizaciones en todo el país una de cuyas características principales fue la participación de las clases medias urbanas. Es en ese marco que se potenciaron muchas experiencias que ya existían desde hacía varios años (como las redes de trueque, comedores populares y fábricas recuperadas por sus trabajadores) y en el que surgieron nuevas, interesantes y esporádicas formas de participación política como las asambleas barriales (Grimson y Kessler, 2005: cap. 5 y Svampa, 2005: cap. 9).

Globalización y resistencia global en la Argentina

El impacto que tuvieron la serie de protestas transnacionales que se iniciaron en Seattle en 1999 y los sucesivos foros que, desde ese momento, convocaron regularmente a grandes reuniones de militantes de todo el mundo, ha permitido que la discusión sobre la militancia alterglobalización ingresara también en la Argentina. Sin embargo, existe poca evidencia sobre la recepción, el impacto y la trascendencia que las iniciativas globales de movilización han tenido en el país. Sólo unos pocos trabajos se han encargado de difundir críticamente esas experiencias, evaluando sus potenciales políticos y abriendo el debate sobre sus dificultades actuales y perspectivas futuras (Seoane y Taddei, 2001; Bergel, 2001).

Al mismo tiempo, la diversidad de expresiones que contiene lo que algunos autores denominan el movimiento de resistencia global dificulta aún más dicha evaluación. Una cuestión importante a considerar es que mientras que en los países centrales el momento fundacional del movimiento se vincula, sin duda, con las protestas y contra-cumbres que se iniciaron en Seattle en 1999, en la mayor parte de los países de América Latina, ese momento lo representa la constitución del Ejército Zapatista de Liberación Nacional en 1994. Esa fue la expresión más visible y emblemática de una serie de nuevos movimientos que surgieron en la región, cuya actividad progresivamente se fue orientando a confrontar con la aplicación de políticas neoliberales y sus consecuencias inmediatas.

La resistencia a lo global, en América Latina, se concentró específicamente en la confrontación con el modelo neoliberal y con una denuncia de sus consecuencias sociales. Las políticas de privatización y descentralización del Estado, así como la desregulación económica fueron confrontadas a la nueva realidad de las sociedades latinoamericanas marcadas por una creciente desigualdad social. Es por ello que estos nuevos actores, más allá de sus grandes diferencias, comparten el hecho de representar y denunciar la cruda actualidad de la cuestión social en los países de la región. Al mismo tiempo, la confrontación con las políticas neoliberales se encuentra vinculada generalmente con una denuncia de la ideología del libre mercado que está implícita en dicho modelo y que ha fundamentado, en parte, la legitimidad de este tipo de políticas.

Estas expresiones diversas de resistencia al neoliberalismo que fueron surgiendo en los países latinoamericanos han combinado, además, de forma diferente e incluso contradictoria algunos elementos ideológicos que definen sus marcos principales de acción. En primer lugar, en la medida en que las políticas neoliberales han significado la pérdida de derechos sociales para vastos sectores de la población, existe una creciente reivindicación neobienestarista de las conquistas propias del estado social y, más en general, de las virtudes de la intervención del Estado en la economía como motor del desarrollo de los países. En segundo lugar, varios de estos grupos han incorporado un reclamo de autonomía como criterio de diferenciación frente a la clase política y las dirigencias corporativas, en principio, pero cuyo horizonte es la denuncia de toda práctica de representación y mediación política. Por último, en tercer lugar, estas expresiones comparten una creciente recuperación de la tradición anti-imperialista que ha sido tan característica de la izquierda latinoamericana de los años '60. Esta dimensión ha cobrado particular importancia –como lo mencionamos anteriormente- en la medida en que, en primer lugar, la progresiva difusión de los ideales neoliberales ha sido percibida como una suerte de colonialismo económico y cultural y, en segundo lugar, el rechazo a los intentos de integración económica continentales se ha apoyado en la reactivación de un fuerte sentimiento anti-norteamericano.

Sin embargo, esos rasgos comunes y el hecho de que algunos de esos movimientos hayan tenido impacto y visibilidad más allá de las fronteras en las cuales nacieron, manteniendo incluso un intenso intercambio entre sí, no debe llevarnos a creer que han abandonado el espacio nacional como ámbito principal de confrontación y desarrollo de sus actividades. En el mejor de los casos, sus vínculos obedecen a una concepción común del ámbito regional que existe desde hace muchas décadas en nuestros países. Como veremos a continuación, cuando el foco se concentra en la movilización de temas específicos la escala de acción nacional sigue siendo preponderante para la mayoría de los actores y que las formas de implicación transnacional son, en la mayoría de los casos, bastante limitadas.

Por último, una mención particular merece la crisis de 2001, porque es allí donde puede rastrearse con mayor intensidad una fuerte interacción entre oportunidades políticas nacionales y transnacionales. Desde un punto de vista externo, porque la crisis –al igual que las de los países del sudeste asiático en 1997– despertó un fuerte interés internacional por el caso argentino que se constituyó progresivamente en un ejemplo paradigmático de una crisis desatada por la implementación ortodoxa de las políticas neoliberales. Así, activistas y organizaciones anti-globalización de los más diversos se interesaron por el caso argentino. Desde un punto de vista interno, ese interés potenció –como dijimos, en un contexto de creciente movilización social– los lazos con organizaciones y redes internacionales abriendo nuevas oportunidades para la acción (Svampa, 2005: cap. 9). Esa confluencia tuvo su punto más visible en la organización y desarrollo del Foro Social Argentino en agosto de 2002. Ese fue el momento en el cual muchos de los actores movilizados en Argentina (organizaciones piqueteras, de derechos humanos, sindicatos disidentes, estudiantes y docentes universitarios, asambleas barriales, fábricas recuperadas) prestaron mayor atención a la ola internacional alterglobalización haciendo confluir sus reclamos con el de las organizaciones y activistas internacionales[8]. Sin embargo, las consignas que lograron aglutinar a todos los presentes se refirieron al imperialismo norteamericano y al rechazo al ALCA más que a otras de las tantas cuestiones en discusión[9].

---

[8] Es necesario considerar que esta confluencia recibió también duras críticas por parte de otros actores movilizados como, por ejemplo, los partidos de izquierda trotskistas que, en ese momento, señalaban que "...Argentina refuerza definitivamente una conclusión que se veía venir: no es la hora de la 'antiglobalización', sino la hora de la preparación sistemática, o sea política, cultural, organizativa, combativa, de la revolución socialista. El levantamiento revolucionario en la Argentina es el fruto más maduro de las contradicciones históricas del capitalismo mundial", en: "A los manifestantes anti-globalización", *Prensa Obrera* N° 738 (24/1/2002).

[9] Ver, al respecto, "El Foro antiglobalización comenzó con algarabía y declaraciones contra el ALCA", en www.lavaca.org (23/08/2002).

La salida de la crisis en los años posteriores, aunque conllevó una disminución considerable de la movilización y el militantismo, no borró por completo las huellas de esos vínculos e interacciones. Como se verá en muchos casos de los que hemos analizado, siguen siendo un elemento importante en la dinámica de varias experiencias de organización y movilización. Ahora, una parte de los actores movilizados abandonó en estos años sus posiciones militantes para asumir cargos de gobierno o para apoyar a las nuevas coaliciones gobernantes generando nuevas responsabilidades y tensiones dentro de las organizaciones que habían acompañado el proceso de movilización durante 2002.

Cruces entre conflictos globales y voces locales

Como lo mencionamos al comienzo, nuestro trabajo no se limitó a explorar los alcances que las organizaciones o iniciativas de resistencia global han tenido en nuestro país sino que decidimos tomar nuestros ejes de análisis como temas y hemos tratado de observar cuál ha sido su desarrollo en el contexto argentino y de qué manera, en sus historias, se entremezclan diferentes escalas de acción.

Al respecto, un caso muy interesante es el de ATTAC Argentina. Poco después de su creación en Francia (sede original) y como consecuencia del alto impacto y buena recepción de las protestas contra la Organización Mundial de Comercio en Seattle (EEUU), se crea en 1999 la filial argentina de ATTAC (Asociación por una Tasa a las Transacciones financieras para la Ayuda al Ciudadano). En países como Francia y Alemania, su dinámica es la de verdaderos movimientos sociales con capacidad de movilización e incidencia en los debates de la política nacional. En la Argentina, en una primera fase ATTAC centró su acción –con el objetivo de abrir el debate e instalar la cuestión en la agenda pública– en la Tasa Tobin. En este proceso, conceptualizado aquí como "cambio de escala por difusión", el desarrollo de ATTAC en la Argentina conoció rápidamente fuertes límites y restricciones porque no tuvo buena repercusión en el mundo militante local. Después de la crisis de 2001 hubo cambios muy importantes en el desarrollo de la experiencia de ATTAC en el país, ya que la organización decidió cambiar el eje y la orientación de la actividad militante. La oposición al Acuerdo de Libre Comercio de las Américas (ALCA) fue definida como el principal objetivo de la asociación y, a partir de ese momento, todos los esfuerzos se concentraron en la creación de un espacio capaz de motorizar campañas para oponerse a ese proyecto. Esta transformación de ATTAC, no exenta de complicaciones, resultó provechosa en términos del impacto externo de las actividades de la organización pero produjo fuertes tensiones internas y un decidido alejamiento respecto de su plataforma original (la que, todavía hoy, es sostenida por el movimiento a nivel internacional o, al menos por las filiales europeas del mismo). La pregunta que se formula en nuestro trabajo, se vincula con el hecho de que se clausuraran las oportunidades políticas respecto de la Tasa Tobin y se abrieran en relación con el ALCA. Ese proceso, en el contexto de la crisis, tuvo un impacto decisivo que derivó en un cambio básico de la propia organización y sus objetivos. El contexto y la dinámica propia de la política nacional lograron suplantar –por decirlo de alguna manera– el fuerte peso que la escala global o internacional había tenido en los orígenes de esta experiencia.

A diferencia de la cuestión de la Tasa Tobin, que viene digamos "de afuera hacia adentro", la preocupación por la corrupción aumentó simultáneamente en el país y a nivel internacional. La creación de la primera organización especializada en corrupción en la Argentina –la fundación Poder Ciudadano– es anterior al surgimiento de *Transparency International*.

En el caso argentino, la corrupción se convierte en problema en un contexto particular como es el de la consolidación democrática y la instrumentación de una vasto programa de reformas neoliberales. Al mismo tiempo, existen varios puntos de contacto con el trabajo de técnicos y expertos realizado durante los años '80 en términos de derechos humanos y reforma judicial, dominios cuya historia también tuvo un fuerte componente internacional. En ese sentido, tanto uno como otro campo registran una interesante e indisociable tensión entre su dinámica nacional e internacional o global. En ese sentido, algunos procesos y apoyos internacionales fueron clave para el desarrollo de organizaciones especializadas en corrupción, con financiamiento para diversos programas y para que se consolidara el trabajo de activistas y expertos en la materia[10]. Sin embargo, el alcance y las repercusiones que tuvo este problema en el país exceden por completo el marco de trabajo y discusión internacional. De hecho, existen múltiples diferencias entre las discusiones sobre corrupción en el contexto local y en diversos ámbitos internacionales. En Europa o Estados Unidos, la corrup-

---

[10] Éste constituye uno de los casos en los cuales pudimos observar que otras escalas poco atendidas como por ejemplo la escala regional resultan muy importantes para entender y explicar este tipo de procesos.

ción se vincula especialmente con la actividad de empresas transnacionales y con la imposibilidad de los Estados nacionales para regularlas y establecer controles. En el contexto argentino, por el contrario, nuestro trabajo muestra que las preocupaciones sobre corrupción se refieren al problema de la transparencia de los actos de gobierno y a la calidad de la gestión pública, muy en sintonía con los procesos económicos y políticos que tuvieron lugar en el país. Sin embargo, las redes de intercambio y los circuitos internacionales de producción de ideas sobre esta cuestión han sido fundamentales en el proceso de tematización pública de este problema. Así, la idea de un movimiento transnacional en materia de corrupción oscurece la compleja trama de actores interesados de manera diversa y el tipo de acciones y tomas de posición que aquellos han desarrollado en el período analizado.

En el caso de la deuda externa, resulta especialmente relevante la escala latinoamericana. La "crisis de la deuda" de los '80 se vincula con la instalación del tema en la Argentina, situación en la que los gobiernos y Estados de diversos países cumplen un papel relevante, así como algunas organizaciones sociales y partidos políticos. Así, en la Argentina el tema aparece enunciado en la campaña electoral de 1983 y se integra a la movilización de la CGT desde mediados de la década con la idea de la "moratoria". Mientras la Tasa Tobin aparece como una cuestión con fuerte carga técnica, y la corrupción aparece como tema a la vez especializado y político, la deuda se asocia más directamente con partidos políticos y organizaciones sociales. Sin embargo, tal como señalábamos anteriormente, llama la atención el contraste en la Argentina entre la relevancia y presencia pública del tema y la falta de un movimiento social que intervenga específicamente sobre la cuestión en los últimos años. Explicaciones convergentes pueden vincularse con la percepción social de que se trata de un tema extremadamente "macro", sobre el que resulta difícil influir, los temores sociales que generaba el fantasma de una cesación de los pagos y el hecho de que finalmente desde los sucesivos gobiernos haya habido fuertes intervenciones sobre el tema.

También el caso de los bloques regionales y las barreras comerciales es sumamente interesante. La cuestión de las barreras comerciales y la integración no representa en el contexto argentino –por motivos bastante similares a los que pueden encontrarse en las discusiones sobre corrupción– un problema que haya sido abordado por movimientos u organizaciones sociales. Las típicas discusiones proteccionistas del contexto europeo o norteamericano sobre aranceles aduaneros y protección de la producción no han estado en el centro de la movilización social ni en la agenda de los movimientos. Sin embargo, como lo muestra nuestra investigación, la discusión en la región sobre la firma de un tratado de libre comercio con EEUU se convirtió en objeto de interés para ciertas organizaciones y alianzas que fueron cobrando fuerza a comienzos de la década de 2000.

Nuestro trabajo se centró, entonces, en el desarrollo de una experiencia, a la vez local y regional, de confrontación al Acuerdo de Libre Comercio de las Américas (ALCA) y ello nos permitió analizar el tipo de derrotero que siguieron aquellas experiencias de activismo y militancia que más directamente estuvieron ligadas al impacto de las iniciativas de resistencia global en el país –al menos aquellas que fueron inspiradas por las protestas de Seattle. Allí pudimos ver cómo se desarrolló una versión local de las críticas que vincularon expansión del neoliberalismo con acuerdos de libre comercio. Ellas formaban parte, en alguna medida desde mediados de los años noventa, de la agenda de los sindicatos disidentes que se opusieron a las políticas neoliberales en el país y la región pero esas experiencias se amplificaron de manera notable en el contexto de la crisis de 2001 y durante 2002 cuando la atención de la militancia internacional estuvo puesta en el país en tanto modelo ejemplificador de la crisis y resistencia a las políticas neoliberales en todo el mundo. En este sentido, la Autoconvocatoria No al ALCA surge durante el Foro Social Argentino en 2002 cuando la articulación local-global tuvo su momento de esplendor. Pudimos observar, sin embargo, que entre los movimientos que desarrollaron y desarrollan luchas contra políticas neoliberales, es muy diferente la crítica alterglobalización de aquella que encontramos en los movimientos que apelan al antiimperialismo reivindicando ante todo la soberanía nacional. En los años que siguieron a su creación, hemos podido rastrear de qué manera el antiimperialismo y el rechazo a Estados Unidos fue lo que, en definitiva, aglutinó y movilizó a la multiplicidad de actores que convergieron en la Autoconvocatoria. Sostenemos, en este sentido, que los actores sociales que se articulan en la movilización contra el ALCA "no pueden ser definidos como un movimiento o coalición global porque su antagonista sigue definiéndose como nacional". Es importante señalar que para ellos una definición como *"global civil society"* es una alteridad ideológica, ya que lo asocian a un tipo de intervención específica en la arena pública internacional muy distinta de la que ellos mismos pretenden desarrollar. Así, en la Autoconvocatoria No al ALCA la escala global es reinterpretada en clave nacional y el propio movimiento se dirige también –y en algunos momentos principalmente– al gobierno nacional para que no acepte la propuesta estadounidense y el conflicto, en definitiva, se orienta a intervenir o impugnar la política exterior del gobierno argentino.

Por último, el trabajo sobre comercio justo es otro interesante ejemplo que nos permitió analizar esa tensión y articulación entre las dimensiones globales y locales en ámbitos específicos. Este tema, como tal, no tiene prácticamente ninguna tradición en Argentina, que históricamente fue un país con un nivel relativo de desarrollo económico y un mercado interno fuerte en comparación con otros países de la periferia. Así, para las grandes iniciativas internacionales que surgieron en Europa y EEUU desde los años '70 y que comenzaron a interesarse por estos temas, el desarrollo de circuitos de comercio justo estuvo prioritariamente orientado al trabajo en países de muy escaso nivel de desarrollo. Es así que no encontramos filiales en la Argentina de las grandes organizaciones internacionales de comercio justo, tales como Oxfam u otras.

Es recién con la crisis y el colapso de 2001 que la Argentina comienza a despertar la atención de las redes de comercio justo que empiezan a intentar producir alguna intervención en el país. Así, pudimos observar que, en los últimos años, los debates sobre comercio justo comienzan tímidamente a abrirse paso, al tiempo que activistas y organizaciones les prestan cierta atención. Se trata de un fenómeno modesto pero pujante que encontró en la crisis social argentina un contexto que impulsaba a sectores medios y populares a explorar diversas alternativas de trabajo. Sin embargo, si miramos con cierto detenimiento podemos constatar que existe un terreno amplio e importante en el cual las discusiones sobre comercio justo circulan. Diversas experiencias que provienen y se han desarrollado en el ámbito de la economía social o solidaria (expresión que tiene una larga tradición y un fuerte impulso en el contexto local) son tentadas para integrarse a las redes de comercio justo y para obtener los beneficios y potencialidades que ofrecen las redes internacionales. Provenientes de trayectorias e historias diferentes encontramos que varias cooperativas de trabajo, fábricas recuperadas por sus trabajadores, movimientos indígenas y campesinos, organizaciones de desocupados y núcleos de activistas ligados a las redes de trueque han participado de este tipo de discusiones. Pudimos observar, también, que en virtud de esas historias y trayectorias particulares no son pocos los conflictos y desacuerdos que surgieron en algunas de esas experiencias al ser confrontadas a los debates sobre comercio justo. Entre oportunidades y rechazos vemos, una vez más, que la articulación entre iniciativas transnacionales y experiencias locales puede ser múltiple y no resulta siempre exitosa.

La heterogénea transnacionalidad

En los casos analizados, los temas globales son resignificados, vaciados de sentido o reorientados a partir de las oportunidades políticas específicas del contexto nacional. Las redes internacionales que movilizan temas directamente asociados a las discusiones sobre la globalización, no agotan ni mucho menos las fuentes de las que se nutren las organizaciones estudiadas. La reconstrucción de sus trayectorias nos muestra que resulta complejo asir y definir el carácter global de esas experiencias.

Como pudimos observar en nuestra investigación, al rastrear nuestros ejes de análisis y su impacto en el contexto argentino el panorama es sumamente heterogéneo y resulta muy complicado definir nuestro análisis en términos de movimientos globales o transnacionales. Las formas de organización y los tipos de movilización que encontramos vinculadas a nuestras temáticas son variadas e incluso, el marco general del rechazo a la globalización neoliberal no permite dar unidad al conjunto.

La historia y trayectoria nacional que cada uno de los temas tiene –y que persiste en el panorama actual que ellos muestran– es fundamental para entender el tipo de actores y los distintos escenarios en los que aparecen tratados. Así, mientras que hay temas (como es el caso de los acuerdos comerciales o la integración regional) que fueron apropiados, reinterpretados y movilizados por la militancia social y política (con esfuerzos y resultados más o menos exitosos de transnacionalización), en otros, nos encontramos con elites profesionales cuya definición política se encuentra en las antípodas de la alterglobalización.

Sin embargo, existen algunos rasgos generales de los casos que se estudiaron y que atañen a la manera en que se definen y movilizan cada uno de los temas analizados. En todos los casos vemos que –más allá de las diferencias ideológicas– existe una extendida consideración del carácter positivo de la democracia representativa que se manifiesta de diferentes formas: desde la expresa defensa de los valores democráticos hasta la utilización de mecanismos jurídicos como forma de denuncia y de protesta y el recurso a una puesta en escena electoral (como es el caso, por ejemplo, de las consultas populares) para legitimar las propias causas. Esto supone y evidencia que las formas de activismo y militancia –más allá de sus diferencias– tienden a ser en todos los casos menos radicalizadas y proclives al uso de la fuerza y más orientadas a la movilización de la opinión pública y a la generación de consensos.

En otro sentido, vemos que aún para quienes recurren a formas más "tradicionales" de militancia (quienes pueden ser definidos más claramente como movimientos sociales y menos como ONG u organizaciones de *lobby*) la movilización y la protesta son percibidas como una de las formas de la actividad militante pero no la única, ni la principal. Efectivamente, cada vez más, organizaciones y movimientos se sienten impulsados a producir propuestas y no sólo a reclamar o denunciar aquello que consideran injusto. En algún sentido, la difusión de la organización de foros, seminarios y contra-cumbres se vincula con esta dimensión; es necesario trabajar y producir propuestas, no sólo organizar manifestaciones. Al mismo tiempo, en el caso de los movimientos, esos eventos tienen siempre un carácter paradójico puesto que la denuncia y la movilización no desaparecen del horizonte de activación sino que siguen constituyendo un objetivo importante, motivo por el cual, en algunos casos, estas reuniones se reducen a una novedosa y trabajosa forma de protesta.

En suma, pareciera que varias de estas transformaciones indican una pérdida de legitimidad de las formas de acción más típicas de los movimientos sociales y la difusión de nuevas formas más institucionales. Aún quienes son militantes más "clásicos" y tienen posiciones políticas de izquierda más radicales (antineoliberales o anticapitalistas), consideran que la acción colectiva debe remitirse a la movilización de públicos y fijación de agendas (concientización o educación) y que las reuniones, foros y conferencias –tendientes a la elaboración de propuestas de política pública– son más importantes que las manifestaciones y la acción directa. En general, se abandona la vieja idea de generar movimientos de masas relacionados con grandes causas y se prefiere trabajar en pequeños grupos especializados y con capacidad para desarrollar proyectos apoyados y sostenidos por vínculos internacionales. Por lo demás, en eso consiste el grueso del pasaje de una era de predominio de movimientos sociales a otra en la que dominan las redes. Estas se apoyan, cada vez más, en soportes virtuales de intercambio y reducen al mínimo las situaciones de copresencia. En todos los casos, eso permite que se multiplique la capacidad de crear nuevos agrupamientos y coaliciones organizadas temáticamente y habilita a desdoblar el trabajo militante en muchos frentes. La pertenencia múltiple entre diferentes organizaciones crece, entonces, a niveles insospechados porque los costos de participación son bajos cuando las formas de militancia se virtualizan. Sin embargo, eso hace que las organizaciones pierdan progresivamente su carácter de colectivos y se conviertan en sumatorias de activistas cuyo compromiso es más relativo a una campaña específica que a una causa o identidad general. Los activistas se vuelven, en cierta medida, más importantes que los movimientos o las organizaciones a raíz de sus múltiples pertenencias.

Encontramos, entonces, nuevas concepciones sobre la participación y las formas de intervención. Junto con la aceptación general de las reglas de juego democrático se establecen nuevas formas de relación con el Estado (no sólo de antagonismo) sino de colaboración y una visión más compleja del mismo (distintas agencias y estamentos de gobierno con distintas orientaciones políticas). Incluso el parlamento es visto como un lugar deseable para ejercer presión y lograr introducir cambios institucionales, aunque, en muchos casos las evaluaciones y saldos de este tipo de trabajo con el poder legislativo sean negativas.

En términos generales, puede afirmarse que un rasgo bastante generalizado en los movimientos y organizaciones sociales en la Argentina actual es que no se conforman en función de una única demanda, sino que suelen expresar una cierta diversidad de demandas que contienen niveles específicos locales, niveles nacionales y globales. Esas dimensiones globales se encuentran presentes en diferentes movimientos de distintas maneras. Y en las propias interacciones que las organizaciones locales mantienen con organizaciones internacionales se plantean desde resignificaciones locales de cuestiones globales hasta la introducción de nuevas prácticas, valores o repertorios de acción.

Esto establece un panorama complejo para definir a qué nos referimos cuando hablamos de la internacionalización de los movimientos sociales o de su dimensión global en la Argentina actual. Hay organizaciones que nacen como resultado de una iniciativa internacional, otras que nacen para aplicar en el contexto nacional demandas globales, pero hay también movimientos que expresan procesos locales estructurales (desde los movimientos indígenas hasta los de desocupados) y que tienden crecientemente a incorporar dimensiones transnacionales en la escala de su acción (Jelin, 2003).

Como pudimos observar, hay múltiples formas en que estas organizaciones se han "enredado" y transnacionalizado en la actualidad. Muchos han participado del Foro Social Mundial o de alguna de sus actividades específicas. Otros participan en redes indígenas, en federaciones o simplemente se conectan con grupos que tienen propuestas ideológicas similares en otros países.

Muchas veces la vocación por definir problemáticas de escala global o movimientos y organizaciones que trasciendan las fronteras nacionales es un esfuerzo explícito de los propios militantes o activistas. Sin embargo, también pudimos ver que una visión dicotómica que trate a estas experiencias como actores puramente globales o nacionales pierde de vista la manera en que elementos variados van definiendo su desarrollo.

Es innegable que el intercambio de información, la formación de redes de expertos y la multiplicación de foros y eventos académico-profesionales a nivel internacional resulta un elemento muy importante para que movimientos y ONG intenten maximizar el trabajo conjunto y el intercambio como una fuente importante de recursos para la acción. Al mismo tiempo, la diversidad de contextos políticos locales y nacionales en la que estos actores efectivamente siguen actuando cotidianamente produce un hiato que se manifiesta en dificultades para recrear y exportar experiencias de movilización o incluso múltiples problemas para coordinar la acción.

Quizás convenga modificar la mirada y desplazarse de una relación de tensión entre las orientaciones nacional y transnacional a una relación de complementariedad con otro contenido. Ese desplazamiento debe partir de una primera idea y es que lo transnacional tiene carácter diverso, cuestión que la definición de algo como internacional o global tiende a oscurecer[11].

¿En qué se verifica, entonces, la importancia de lo transnacional? En primer lugar, en el peso creciente que tienen otras escalas de acción –diferentes a la escala nacional– en la actividad de los movimientos, organizaciones, iniciativas y campañas que hemos estudiado. De este modo, "...las jerarquías anteriores, constituidas como parte del desarrollo del Estado-nación, siguen funcionando, pero en un campo mucho menos exclusivo que en el pasado reciente. La preeminencia de la escala nacional y de la autoridad exclusiva del Estado sobre su territorio –contexto clave en la etapa actual de la globalización– trae aparejada la participación necesaria de los estados-nación en la formación de los sistemas globales" (Sassen, 2007: 27).

Al mismo tiempo, contrariamente a lo que podría pensarse no es el espacio global el que ha adoptado mayor importancia en este último tiempo sino lo regional y, en particular, aquello que tiene que ver con la particularidad de los países latinoamericanos. Como vimos, esta escala no sólo es importante como ámbito de convergencia para distintos movimientos y como ámbito para la

---

[11] En términos similares es que D. della Porta y S. Tarrow hablan de internacionalismo complejo y proponen considerar en el análisis de las oportunidades otras dimensiones más allá de las que definen los estados nacionales (della Porta y Tarrow, 2005: cap. 10).

formulación de problemas en común sino también porque existe una variada gama de financiamiento internacional (especialmente de parte de agencias de gobierno y fundaciones norteamericanas) que impulsan una agenda regional potenciando aún más dicha convergencia.

En segundo lugar, tal como lo han sostenido ya algunos análisis (della Porta, Kriesi y Rucht, 1999 y della Porta y Tarrow, 2005) la transnacionalización de la actividad militante ha producido una multiplicación de las formas de organización e intervención. Veremos que algunas de las experiencias con mayor nivel de interacción transnacional tienden a acrecentar algunos rasgos característicos de nuevas formas de militancia y activismo: a) primero, en lo que se refiere a las formas de militancia, prevalecen la pertenencia múltiple, la constitución de colectivos de identidad débil y el desarrollo de núcleos de activismo cosmopolita, y b) en cuanto a las formas de organización encontramos una diversificación creciente que incluye desde movimientos y actores políticos (partidarios o no) hasta redes, coaliciones para campañas específicas pasando por ONG más o menos profesionalizadas y activistas individuales. Estas formas de militancia parecen abonar las hipótesis que señalan la constitución de nuevas clases globales compuestas, entre otros, por profesionales y ejecutivos, redes de funcionarios públicos o, en otro orden de cosas, por trabajadores migrantes desfavorecidos (Sassen, 2007).

Por otro lado, dentro de ese conjunto de experiencias que hemos analizado y, en las cuales, la dimensión transnacional ha adquirido una relevancia fundamental, la diversidad ideológica y política es sumamente importante. Así, los actores que movilizan y se interesan por los temas que hemos seleccionado y que generalmente se sostiene que constituyen problemáticas globales no tienen tanta afinidad ideológica y no comparten ni siquiera el mínimo denominador común de rechazo al neoliberalismo o a la globalización económica. Al mismo tiempo, entre quienes sí tienen una perspectiva política más afín a las que han caracterizado a las organizaciones, protestas y eventos antiglobalización, de todas formas la heterogeneidad es considerable y sucede que entre ellos existen también fuertes conflictos internos ligados a sus posiciones en la política nacional. Esas distinciones suelen ser mucho más importantes para los actores –al menos hasta el momento– que las visiones comunes sobre problemas globales.

Referencias bibliográficas

Aguiton, Ch. y Cardon, D. (2005) "Le Forum et le Réseau. Une analyse des modes de gouvernement des forums sociaux", trabajo presentado en el Coloquio "Cultures et pratiques participatives: une perspective comparative", LAIOS/AFSP, Paris.

Bandler, M., Eggert N. y Giugni, M. (2004) "The Global Solidarity Movement: How Far Does the Classic Social Movement Agenda Go in Explaining Transnational Contention?", Ginebra, UNRISD, mimeo.

Bergel, M. (2001) "Seattle como desafío. Condiciones y obstáculos para la emergencia de una subjetividad política neointernacionalista en Argentina", en *Revista El Rodaballo,* Año VII, n° 13, Buenos Aires.

Calderón, F. y Jelin, E. (1987) *Clases y movimientos sociales en América Latina: perspectivas y realidades.* Buenos Aires: CEDES.

Calderón, F., Piscitelli, A. y Reyna, J. L. (1992) "Social Movements: Actors, Theories, Expectations, en Escobar, A. y Alvarez, S. (eds.) *The Making of Social Movements in Latin America.* Boulder: Westview Press.

Cerrutti, M. y Grimson, A. (2006) "Buenos Aires, neoliberalismo y después", en Portes, A., Roberts, B. y Grimson, A. (eds.) *Ciudades latinoamericanas. Un análisis comparativo en el umbral del nuevo siglo,* Buenos Aires: Prometeo.

de Sousa Santos, B. (2005), *Reinventar la democracia, reiventar el Estado.* Buenos Aires: FLACSO.

Delamata, G. (2004) *Los barrios desbordados.* Buenos Aires: Eudeba-Libros del Rojas.

della Porta, D. (2006) "Las bases sociales del movimiento por la justicia social. Algunas reflexiones teóricas y evidencia empírica del Primer Foro Social Europeo", *Conflictos globales, voces locales,* No. 2, mayo, pp. 5-46.

della Porta, D. y Tarrow, S. (2005) "Transnational Processes and Social Activism: An Introduction", della Porta, D. y Tarrow, S. (eds.) *Transnational Protest & Global Activism.* Lanham: Rowman & Littlefield.

della Porta, D. Kriesi, H. y Rucht D. (comps.) (1999) *Social Movements in a Globalizing World.* Londres: MacMillan.

Escobar, A., Alvarez, S.E. y Dagnino, E. (2001) "Introducción: Lo cultural y lo político en los movimientos sociales latinoamericanos", en Escobar et al. (eds.), *Política cultural y cultura política. Una mirada sobre los movimientos sociales latinoamericanos.* Bogotá: Taurus.

Feldman, S. y Murmis, M. (2002) "Las ocupaciones informales y sus formas de sociabilidad: apicultores, albañiles y feriantes" en Feldman, S. y otros, *Sociedad y sociabilidad en la Argentina de los '90.* Buenos Aires: Biblos-UNGS.

Fillieule, O., Blanchard, P., Agrikoliansky, E., Bandier, M., Passy, F., Sommier, I. (2004) "L'altermondialisme en réseaux. Trajectoires militantes, multipositionnalité et formes de rengagement: les participants du contre-sommet du G8 d'Evian", en *Revista Politix,* n° 68, pp. 13-48.

Gamson, W. y Meyer, D. (1999) "Marcos interpretativos de la oportunidad política", en McAdam, Doug, John McCarthy y Mayer Zald (ed.): *Movimientos sociales: perspectivas comparadas*, Madrid: Istmo.

Ghimire, K. (2005): "Los movimientos sociales globales contemporáneos. Propuestas emergentes, implicaciones de desarrollo y conectividad", en *Conflictos globales, voces locales*, n° 1, Buenos Aires, octubre.

Grimson, A. y Kessler, G. (2005) *Argentina and the Southern Cone. Neoliberalism and National Imaginations*, New York: Routledge.

Grimson, (2007)

Guidry, J., Kennedy M., y Zald M. (eds.) (2000) *Globalizations and Social Movements. Culture, Power, and The Transnational Public Sphere*. Michigan: University of Michigan Press.

Jelin, E. (comp.), 1985, *Los nuevos movimientos sociales*. 2 volúmenes, Buenos Aires: CEAL.

Jelin, E. (2003) *Más allá de la Nación: las escalas múltiples de los movimientos sociales*. Buenos Aires: Libros del Zorzal.

Keck, M. y Sikkink, K. (1998) *Activists beyond borders. Advocacy networks in international politics*. Ithaca: Cornell UP.

Keraghel, C. y Sen, J. (2004) "Exploraciones en el espacio abierto. El Foro Social Mundial y las culturas de la política", en *Revista Internacional de Ciencias Sociales - UNESCO*, N° 182, pp. 9-23.

Khagram, S., Riker, J.V. y Sikkink, K. (2002) "From Santiago to Seattle: Transnational Advocacy Groups Restructuring World Politics", in *Restructuring World Politics. Transnational Social Movements, Networks, and Norms*. Minneapolis: University of Minnesota Press.

Martuccelli, D. y Svampa, M. (1997) *La plaza vacía: las transformaciones del peronismo*. Buenos Aires: Losada.

Massetti, A. (2004) *Piqueteros. Protesta social e identidad colectiva*. Buenos Aires: Editorial de las ciencias.

McAdam, D., McCarthy, J. y Zald, M. (1999) *Movimientos sociales: perspectivas comparadas*. Madrid: Istmo.

Merklen, D. (2005) *Pobres ciudadanos. Las clases populares en la era democrática (Argentina, 1983-2003)*. Buenos Aires: Gorla.

——— (2005) Sobre las organizaciones piqueteras en el Gran Buenos Aires.

Murillo, M. V. (1997) "La adaptación del sindicalismo argentino a las reformas de mercado en la primera presidencia de Menem", en *Desarrollo Económico* N° 147, Buenos Aires.

Rucht, D. (2005) "Movimientos transnacionales. El desafío de y la adaptación a un medioambiente cambiante", *Conflictos globales, voces locales*, No. 1, octubre, pp. 42-69.

Sassen, S. (2007) *Una sociología de la globalización*, Buenos Aires: Katz Editores.

Schuster, F. L., Pérez, G. J., Pereyra, S., Armesto, M., Armelino, M., García, A., Natalucci, A., Vázquez, M. y Zipcioglu, P. (2006) Transformaciones de la protesta social en

Argentina 1989-2003. [en línea]. Buenos Aires: Instituto de Investigaciones Gino Germani, Facultad de Ciencias Sociales, Universidad de Buenos Aires (IIGG Documentos de Trabajo, N° 48). Disponible en la WWW: http://www.iigg.fsoc.uba.ar/Publicaciones/DT/DT48.pdf.

Schuster, F. y Pereyra, S. (2001) "La protesta social en la argentina democrática: Balance y perspectivas de una forma de acción política." En Giarracca, N. y colaboradores, *La protesta social en la Argentina: transformaciones económicas y crisis social en el interior del país*, Buenos Aires: Alianza Editorial.

Seoane, J. y E. Taddei (eds.), (2001) *Resistencias Mundiales. De Seattle a Porto Alegre.* Buenos Aires: CLACSO.

Sikkink, K. y Smith, J. (2002) "Infraestructures for Change: Transnational Organizations, 1953-93", en Khagram, S., Riker, J.V. y Sikkink, K. (eds.), *Restructuring World Politics. Transnational Social Movements, Networks, and Norms.* Minneapolis: University of Minnesota Press.

Smith, J. y Johnston, H. (2002) *Globalization and Resistance: Transnational Dimensions of Social Movements.* Lanham: Rowman and Littlefield.

Svampa, M. y Pereyra, S. (2003) *Entre la Ruta y el Barrio. La experiencia de las organizaciones piqueteras.* Buenos Aires: Biblos.

Svampa, M. (2005) *La sociedad excluyente. La Argentina bajo el signo del neoliberalismo.* Buenos Aires: Taurus.

Tarrow, S. (1999) "International Institutions and Contentious Politics: Does Internationalization Makes Agents Freer – or Weaker?", *American Sociological Association Annual Meeting*, 6 de agosto de 1999, Chicago.

Coaliciones nacionales contra procesos continentales de liberalización comercial: la Autoconvocatoria No al ALCA*

Karina Bidaseca y Federico M. Rossi

Introducción

La globalización, entendida como "... la intensificación mundial de las relaciones sociales, lo que vincula a localidades distantes de una manera que los sucesos locales son moldeados por eventos ocurriendo a muchas millas de distancia de allí, y viceversa" (Giddens, 1991: 64), se encuentra asociada a diversos procesos de interdependencia cultural, política y económica. Mientras políticamente se estaría desarrollando un creciente descentramiento del Estado-nación y por tanto la reformulación de los patrones de acción colectiva (Garretón, 2002). Culturalmente, en simultáneo, se produce un importante impacto en la auto-formación identitaria al establecer similitudes y diferencias que trascienden/contradicen las unidades territoriales (Appadurai, 1996). De esta manera, la creciente interdependencia y la presencia de riesgos/conflictos globales, favorece la constitución de *ciudadanías múltiples* (Held, 2000), espacios de identificación en clave nacional en convivencia con una incipiente y reflexiva lectura cosmopolita de la propia biografía.

En referencia a los aspectos económicos de la globalización, en la Argentina, al igual que en otros países de América Latina, los debates sobre comercio internacional han estado fuertemente ligados en los últimos años a las iniciativas de conformación de bloques de libre comercio en la región. En particular desde el año 1994, el principal proyecto en torno al cual se ha desarrollado la coordinación de acciones entre organizaciones sociales, sindicales y

---

* Los autores agradecen los lúcidos comentarios de Sebastián Pereyra, Diana Tussie, José Seoane y los miembros del equipo de investigación que han permitido mejorar este trabajo.

políticas fue el del Área de Libre Comercio de las Américas (ALCA), proyecto continental de liberalización comercial impulsado por los Estados Unidos. Entre los intentos de los movimientos nacionales por enfrentar los imperativos económicos de la globalización se destaca la llamada "Autoconvocatoria No al ALCA, No a la Deuda, No a la Militarización y No a la Pobreza". Diversas organizaciones se aliaron en nombre de la "soberanía nacional" en una coalición nacional articulada continentalmente en defensa de la persistencia de las barreras y controles estatales a los flujos comerciales entre países[1].

Sin embargo, si la globalización como proceso político-cultural-económico de creciente interdependencia presenta la pregunta sobre la reformulación de las identidades y escalas de acción política, no resulta menos problemático el interrogante sobre el abordaje que en la Argentina las organizaciones sociales, sindicales y políticas de izquierda han concretado para enfrentar un conflicto estrechamente relacionado a los aspectos económicos de la globalización. En otras palabras, las iniciativas de promoción de la interdependencia y liberalización económica regional como fuente de un nuevo riesgo/conflicto global nos ubica en la disquisición sobre "... los modos en que la globalización ha transformado los temas y problemas que enfrentamos y el rol de la sociedad civil en su confrontación" (Kaldor, Anheier y Glasius, 2004: 2). En este capítulo, por tanto, nos interrogaremos sobre el impacto en las identidades políticas de los procesos económicos asociados a la globalización. Las preguntas que nos formularemos son: ¿Cuál es el impacto de la globalización en la definición identitaria de los actores involucrados en la Autoconvocatoria? ¿Se han constituido nuevas solidaridades trasnacionales? ¿Es posible definirlos como actores cosmopolitas, y por tanto plausibles de "ubicar" en el campo de los movimientos alter-globalización?, o bien ¿se trata de actores que continúan enmarcados en la definición de los conflictos en clave nacional?

Por último, con referencia a los aspectos metodológicos, creemos que es de importancia destacar que el período de observación fue desarrollado durante una etapa de gran visibilidad. La misma está asociada con la organización de la III Cumbre de los Pueblos, cuya responsabilidad continental

---

[1] Debido a las importantes asimetrías entre las economías latinoamericanas y la de los Estados Unidos, incluso se propugna la acentuación de algunos de estos controles y barreras con el objeto de evitar la completa desnacionalización y desindustrialización.

recayó en la Autoconvocatoria, en el marco de la Campaña Continental de Lucha Contra el ALCA, organizada por la Alianza Social Continental (ASC). El estado de visibilidad y dinamismo de la Autoconvocatoria debe ser tenido en cuenta en el momento de comprender su trayectoria, así como las especulaciones sobre su desarrollo futuro. Por ello, una de nuestras hipótesis se apoya en que la perduración de la Autoconvocatoria en el tiempo está estrechamente ligada a las campañas que ha protagonizado en su corta vida. Asimismo, las sucesivas postergaciones de la firma del ALCA por parte de los Estados pudieron ir sosteniendo la Autoconvocatoria en el tiempo, así como reforzando las articulaciones existentes o creando nuevas en el continente. La dinámica misma de las campañas, que requiere de coordinación de tácticas, reuniones permanentes, movilización de recursos, etc., dota de dinamismo a cualquier tipo de organización y, en este sentido, puede ser tomada como unidad de análisis.

Origen: intervinculación de procesos y redes

La Autoconvocatoria No al ALCA, No a la Deuda, No a la Militarización y No a la Pobreza surge como producto de cuatro procesos paralelos de introducción de agendas, los que finalmente logran articularse en una coalición.

Los caminos que conducirán a la constitución de la Autoconvocatoria pueden ser divididos en aquellos que son *nacionales* y los que se desenvuelven *regionalmente*. Por un lado, los *procesos nacionales* incorporan la experiencia de organizaciones y redes de movilización nacional que permiten la expansión territorial de la coalición. En cambio, los *procesos regionales* son los que favorecen la importación y articulación de los ejes que definen a la Autoconvocatoria. Este último, puede ser considerado un proceso de *difusión* (Tarrow, 1999). Como veremos, la combinación de ambos constituye un mecanismo de *"domestication"* o *localización* (Tarrow, 1999), el cual implica una escala de acción nacional, aunque articulada regionalmente por medio de una coordinación centralizada.

Los dos procesos que analizaremos en esta sección, sobre los que se constituye nuestro sujeto de estudio, son sintetizados en el Gráfico 1, destacando la relación de los actores y sus redes con el origen de cada uno de los cuatro ejes.

Gráfico 1:
Redes constitutivas de la Autoconvocatoria No al ALCA, No a la Deuda, No a la Militarización y No a la Pobreza

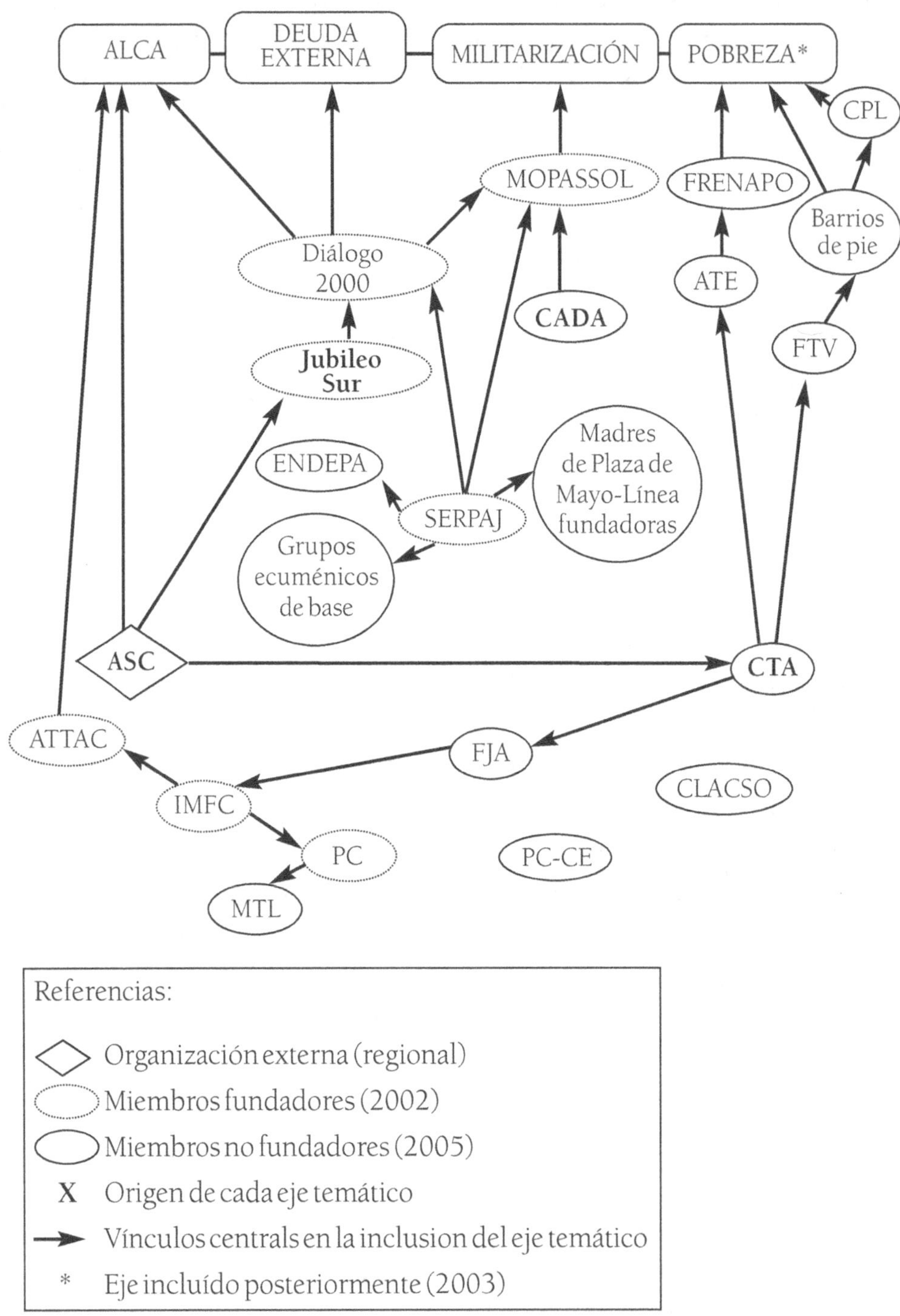

Fuente: observación de campo y entrevistas (marzo a julio de 2005).

Los procesos nacionales: la Central de los Trabajadores Argentinos y el Frente Nacional contra la Pobreza

Previamente a la conformación de la Autoconvocatoria (abril de 2002), no se registran prácticas de coordinación en movilizaciones y campañas que buscaran articular estos cuatro ejes. No obstante, dos experiencias antecedieron nacionalmente a la Autoconvocatoria, conformando sus cimientos.

La primera es la del *Comité de Movilización Contra el ALCA*, creado en el 2001 a instancias del nuevo sindicato fundado en 1992, la Central de los Trabajadores Argentinos (CTA), con apoyo de un sector de la tradicional Confederación General del Trabajo (CGT). Este comité se conforma con el objeto de organizar una marcha de alrededor de 12.000 personas frente al hotel donde se reunían los ministros de economía del continente para negociar acuerdos tendientes al ALCA. Pese a que el comité que se constituyó en Argentina para realizar la primera manifestación se disuelve luego de ésta, el evento fue coordinado con otras centrales sindicales de la región, realizándose simultáneamente en Brasil, Paraguay y Uruguay. La movilización representa la primera acción de lucha en oposición al ALCA en la Argentina.

Paralelamente a este evento, los miembros destacan como otra experiencia relevante (a pesar de no estar directamente vinculada) el aprendizaje que produjo el desarrollo del *Frente Nacional contra la Pobreza* (FRENAPO), una campaña multisectorial y nacional coordinada por medio de redes expandidas territorialmente. Iniciativa de la CTA, esta campaña que finalizó con la realización de una masiva consulta popular los días 16 y 17 de diciembre de 2001, luego del estallido social del 19 y 20 de diciembre[2] no logra rearticularse y todo el capital social que había sido acumulado se diversifica en otras organizaciones y movimientos y en las protestas que se desenvuelven durante el 2002. Sin embargo, esta experiencia de construcción en coalición y con alcance nacional, fundó la red

---

[2] Durante esos días las masivas movilizaciones de diversos sectores sociales condujeron a la renuncia del presidente De la Rúa y, en el contexto de una profunda crisis política, se sucedieron varios presidentes interinos hasta la asunción del presidente Duhalde en enero de 2002 (Rossi, 2005a).

sobre la que la Autoconvocatoria se sostendrá nacionalmente, permitiéndole luego realizar sus campañas en todo el país. Como destaca respecto de lo que significó esta experiencia una de las representantes en la Autoconvocatoria de la organización piquetera Barrios de Pie:

> "La continuidad se ve de hecho en la forma organizativa. Porque, por ejemplo, cuando después vos ibas a un montón de lugares del interior del país -o acá mismo en Capital- mucha de la gente que te encontrabas que estaba aglutinada en torno a la Autoconvocatoria, venían de esta experiencia última [el FRENAPO]" (Miembro de Barrios de Pie, entrevista de los autores, julio de 2005).

En otras palabras, las redes nacionales que pre-existen a la Autoconvocatoria y sobre las que esta se asentará, fueron constituidas en torno al FRENAPO. Estas redes han conformado un cúmulo de experiencia importante en la construcción de una campaña sobre la base de una coalición nacional multisectorial (a pesar de encontrarse desarticuladas durante gran parte del 2002, debido a la diversidad de protestas que se desarrollan hasta el reequilibramiento institucional con la elección presidencial en 2003). Con el lanzamiento de la Autoconvocatoria durante el Foro Social Mundial temático de Argentina en la Ciudad de Buenos Aires, las redes se reactivarán paulatinamente a partir de abril de 2002. Como veremos más adelante, estas redes lograrán ser movilizadas con gran éxito en la primera campaña organizada a fines de 2003 por la Autoconvocatoria: las "Primeras Jornadas de Consulta Popular sobre el ALCA, la Deuda y la Militarización".

Los procesos regionales I: las redes de Jubileo Sur Américas y de la Campaña por la Desmilitarización de las Américas

La inminencia del ALCA[3] llevó a que en diversas organizaciones surgiera el interés por desarrollar una coalición que trabajara con foco en la oposición a este proceso. Las reiteradas dilataciones de las negociaciones entre los Es-

---

[3] En ese momento se creía que el ALCA sería aprobado durante 2003 o, a más tardar, en enero de 2005, y dicha firma sería concretada en la Argentina.

tados, tanto por las resistencias internas en los Estados Unidos[4], como el creciente rechazo en América Latina, pospuso varias veces la IV Cumbre de las Américas. En este evento estaba originalmente planeada la firma del acuerdo definitivo que lanzaría el ALCA y esto parecía un hecho perentorio.

La Autoconvocatoria no es fruto de una idea vernácula, sino que proviene de la adopción local de las ideas que emanaban de la *Alianza Social Continental* (ASC), la que, como veremos más adelante, es producto de una coalición de centrales sindicales. Aunque inicialmente no se constituye a partir de un vínculo formal con la ASC, la inspiración recogida en ésta es un hecho reconocido por sus fundadores, quienes toman conocimiento de su existencia y actividad durante su participación en el Foro Social Mundial (FSM) de 2002. A su vez es el resultado de la estrategia regional de las redes *Jubileo Sur Américas* y la *Campaña por la Desmilitarización de las Américas* (CADA) por expandir y articular sus diferentes ejes de acción en una coalición regional.

Jubileo Sur Américas es una coalición de organizaciones sociales y movimientos constituidos para luchar contra el pago de la deuda externa de los países de América Latina. A diferencia de *Jubileo Norte* es mucho menos institucionalizada y promueve una línea más radical, argumentando que a partir de la "explotación colonial" es el norte el deudor de los países del sur (Rucht, 2005), siendo los acreedores de una deuda que consideran histórica, social y ecológica. En cambio la *CADA* es una coalición similar, pero articulada en torno al rechazo a la creciente intervención militar de los Estados Unidos en los territorios nacionales de la región, así como sus pretensiones de instalar bases militares permanentes en algunos de estos países. Es integrada por la red que conforma Jubileo Sur Américas, así como por grupos ecuménicos y de derechos humanos[5].

El diálogo entre Jubileo Sur Américas y la CADA, ambas ligadas a grupos ecuménicos, permitió la articulación de una campaña regional contra la deuda

---

[4] Los sindicatos norteamericanos en alianza con los canadienses y parte del partido Demócrata de Estados Unidos sostuvieron un rechazo manifiesto al Tratado de Libre Comercio de América del Norte (TLCAN o NAFTA, por sus siglas en inglés) y luego al ALCA. Las manifestaciones de Seattle contra la Organización Mundial del Comercio (OMC) en parte deben ser comprendidas en el marco de las resistencias a los procesos de liberalización del NAFTA y el ALCA.

[5] Por un análisis más detallado sobre Diálogo 2000 – Jubileo Sur Américas y las movilizaciones contra el pago de la deuda externa de la Argentina, véase el capítulo de Rivkin en este volumen.

externa y la militarización, considerándolos dos elementos inescindibles de un mismo proceso de dominación continental de los Estados Unidos.

Los procesos regionales II: la Alianza Social Continental

La *Alianza Social Continental* (ASC) es en su origen una coalición de centrales sindicales vinculadas a la *Organización Regional Interamericana de Trabajadores* (ORIT), la que debido a la imposibilidad para los sindicatos de participar en las negociaciones de las Cumbres de las Américas (1994, Miami; 1998, Santiago de Chile; 2001, Québec; 2005, Mar del Plata), a partir de la segunda, deciden realizar una "cumbre paralela" invitando a todos los sectores excluidos de este proceso de negociaciones secretas. Es así como en 1998 se realiza en Santiago de Chile la I Cumbre de los Pueblos.

Años más tarde, la masiva movilización realizada durante la III Cumbre de las Américas (Québec) impulsó un creciente diálogo entre las centrales sindicales. La emergencia de organizaciones y movimientos sociales activos en el tema, promovió la apertura de la ASC a nuevos actores. Se integraron otras centrales no alineadas en la ORIT (como la CTA o el Plenario Intersindical de Trabajadores – Convención Nacional de Trabajadores [PIT-CNT] de Uruguay), y en particular los movimientos sociales comenzaron a participar en una coalición que previamente sólo integraba centrales sindicales. De esta manera, es constituida en 2002 la *Campaña Continental de Lucha Contra el ALCA*. La misma es vista como *"el brazo de la Alianza Social Continental que contiene a los movimientos sociales y a todas las campañas nacionales del continente"* (Miembro de Jubileo Sur Américas, entrevista de los autores, junio de 2005). Es decir, comienza un proceso de articulación de movilizaciones y campañas (inicialmente no contemplado por la ASC) tendientes a expandir el debate sobre el ALCA más allá de las negociaciones secretas en las que se venía desenvolviendo.

La posterior inclusión en el mismo año de Jubileo Sur Américas y la CADA en el comité de coordinación continental de la ASC, es la que volvió a resignificar los ejes sobre los que se articularía la Campaña, pasando a ser ahora tres: *ALCA, Deuda Externa y Militarización*.

En términos teóricos, podemos decir que lo que hemos visto a escala regional entre estas redes y coaliciones es la articulación en un proceso de *difu-*

sión de los ejes de cada una de ellas, las que se expandirán a todos los países del continente, en una coalición que los reconceptualizará como tres elementos intrínsecamente imbricados en el aparente proyecto de los Estados Unidos de expandir en el continente su dominación. El documento "ALCA – Deuda – Militarización: los desafíos para la emancipación hemisférica", es elocuente al respecto:

"El ALCA, el sobreendeudamiento y la militarización son tres ejes estratégicos complementarios de un solo proyecto de expansión y de consolidación del imperio norteamericano. Los tres están al servicio de objetivos que se resumen en la subordinación monetaria del continente bajo el dólar de Estados Unidos, el saqueo, el control y el usufructo de nuestros recursos naturales y energéticos y de nuestras riquezas por las empresas transnacionales, la anexión productiva y comercial de nuestras economías y el dominio geopolítico del continente que convierta los derechos a la soberanía nacional y popular y la autodeterminación a cosas del pasado" (Jubileo Sur Américas, Quito, 2002).

La combinación de los procesos nacionales con los regionales

La asociación de este desarrollo regional con el nacional es la que favorecerá la importación y articulación de los ejes que definen a la Autoconvocatoria. Por un lado, importará este proceso regional a la Argentina la organización social nacional *Diálogo 2000*, la que ejerce en Buenos Aires la presidencia mundial de Jubileo Sur Américas, y el *Movimiento por la Paz, la Soberanía y la Solidaridad entre los Pueblos* (MOPASSOL) representante de la CADA en el país. Ambas organizaciones son parte de una red de grupos ecuménicos en torno al *Servicio de Paz y Justicia* (SERPAJ) (véase Gráfico 1). Como afirma una de las participantes de ATTAC en la Autoconvocatoria:

"Los ejes que se adoptaron en la Autoconvocatoria] tienen más que ver con los temas que trabajaba específicamente cada una de las organizaciones que estaban en ese primer núcleo formador de la Autoconvocatoria: 'no al ALCA' que juntaba a todos; 'no a la deuda externa' porque es Diálogo 2000, Jubileo, SERPAJ; 'no a la militarización' porque lo incluye también a MOPASSOL" (Miembro de ATTAC, entrevista de los autores, abril de 2005).

En otras palabras, la importación de estos conflictos al ámbito nacional puede ser considerada un proceso de difusión de los ejes de estas coaliciones. Al articularse en el 2003 con la CTA y la organización piquetera Barrios de Pie adoptará un eje más: *Pobreza* (véase Gráfico 1). Cabe destacar que a pesar de las acciones puntuales de movilización sobre el ALCA impulsadas por la CTA, las divisiones internas y, en particular, la participación de la CGT como representante formal en la Argentina de la ASC, dilató la participación de la CTA en la Autoconvocatoria hasta que se produjeron los procesos regionales que tendieron a la apertura de la ORIT a centrales no alineadas y la radicalización de los reclamos y repertorios de acción de la ASC desde la Cumbre de Québec.

El eje "Pobreza", por su parte, tiene un origen vernáculo, no reproduciéndose en las coaliciones equivalentes de los demás países. De esta manera, el decurso regional de los acontecimientos se articula y resignifica con las experiencias nacionales, adoptando –como veremos luego– los repertorios de acción del FRENAPO, así como respaldándose sobre sus redes para la expansión territorial y el sostenimiento de la acción colectiva. La composición de ambos procesos son los que permiten definir al camino de creación de la Autoconvocatoria como uno de *localización* de conflictos regionales. El mismo implicará una escala de acción nacional, aunque articulada regionalmente por medio de una coordinación centralizada (en la ASC), desde que, en 2003, es designada como capítulo argentino de la ASC.

La lógica de funcionamiento de la Autoconvocatoria

La Autoconvocatoria puede ser caracterizada como un colectivo *nacional* de organizaciones, movimientos sociales heterogéneos (políticos, religiosos, piqueteros) y partidos políticos (Partido Comunista-Congreso Extraordinario, Partido Comunista, Frente para el Cambio, y en menor medida, Partido Humanista, Partido Intransigente, Partido Socialista y Movimiento Socialista de Trabajadores [MST]). Todas estas organizaciones coinciden en la necesidad de organizar la resistencia contra lo que consideran que es el principal proyecto de dominación de los Estados Unidos para la región. Según la lectura de los actores, dicho proyecto se sustenta en los cuatro ejes constitutivos que definen la identidad antiimperialista de la Autoconvocatoria con resonancias anticapitalistas y nacionalistas: el *ALCA,* la *Militarización,* la *Deuda Externa* y la *Pobreza,* expresado en términos negativos:

"No a las políticas neoliberales imperialistas norteamericanas en nuestro continente, que van desde las presiones para firmar el ALCA y la exigencia del pago de las deudas externas, hasta la continua militarización de nuestros territorios. En definitiva, son las que condenan a nuestros pueblos a la pobreza y la exclusión" (Documento para el I Encuentro Nacional de Mar del Plata, 3 y 4 de junio 2005).

Aunque sus miembros preexisten a este espacio, el nacimiento de la Autoconvocatoria se fija en el ciclo de protestas que se abre el 19 y 20 de diciembre de 2001, profunda crisis de sentidos que edificó en el país la búsqueda de nuevas articulaciones políticas (Rossi, 2005b). En esos momentos, las organizaciones fundadoras de la Autoconvocatoria percibían que los canales entre ellas y los gobiernos estaban obstaculizados, ya que éstos no daban respuestas a sus demandas que remitían a las negociaciones para detener el proyecto del ALCA. En efecto, una de las características del proceso es la denuncia de los actores de una negociación *secreta, a espaldas del pueblo y del parlamento".* Los activistas creen que el funcionamiento en el espacio de la Autoconvocatoria favorecería sus objetivos al conseguir una mayor presencia y acceso a públicos distintos, multiplicando los canales de acceso institucional, por medio de la realización de campañas.

Por otro lado, la *escala global* se encuentra presente activándose en los encuentros internacionales, como el de los Foros Sociales Mundiales (FSM) de 2001 y 2002. Ambos significaron un escenario propicio para formar y fortalecer redes continentales. En efecto, el espacio generado por el primer FSM fue un terreno favorable para encauzar la demanda de publicidad de las negociaciones gubernamentales y, en el desarrollo del segundo FSM, se conforma la Campaña Continental de Lucha Contra el ALCA.

Movidas por la necesidad de articularse, las organizaciones debieron negociar las diferencias partiendo de lo que definen como el *consenso histórico* basado en los ejes de acción. Un dato interesante al respecto refiere a las tensiones surgidas en uno de los plenarios preparatorios del I Encuentro Nacional de Mar del Plata (3 y 4 de junio de 2005). Las dificultades para consensuar un/a vocero/a encargada/o de relatar la historia de la Autoconvocatoria, pueden ser leídas como un síntoma. En esa instancia uno de los miembros de Barrios de Pie se opuso a que uno de los representantes de la CTA ocupara ese lugar de enunciación por *carecer de un discurso homogéneo sobre el espacio*. Esta tensión es producto de los conflictos entre ambas organizaciones respecto de la interpretación de la situación política en el país desde el estallido social del 19 y 20 de diciembre, como lo manifiesta un integrante de Barrios de Pie:

"La lectura que teníamos del momento político que estaba apareciendo. Nosotros, ahí dijimos, bueno, 'se viene otro momento político'. O sea, no es lo mismo. Si bien era muy difícil tener una idea bien clara de (...) cuál era el cambio, cuál era la profundidad del cambio que se había producido a partir de esos días, ¡pero se olfateaba mucho! Nosotros, en la organización que teníamos en ese momento, que era muy chica todavía en relación a lo que crecimos en todo el 2002, percibían que había un montón de cosas que se habían roto, que se habían quebrado en la memoria de la gente (...) ¡que nos sorprendía! Y a medida que íbamos haciendo una experiencia organizativa nueva, nos iba superando a todos. Nos dábamos cuenta de que empezaba otra etapa, otro proceso distinto a los noventa" (Miembro de Barrios de Pie, entrevista de los autores, junio de 2005).

Para comprender el dispositivo de construcción identitaria sobre la base de la diferencia interna, impera caracterizar a cada una de las organizaciones que definimos como el "núcleo histórico" y las interacciones mantenidas entre ellas, preexistentes a la construcción de la Autoconvocatoria: SERPAJ y sus redes Diálogo 2000-Jubileo Sur Américas y MOPASSOL-CADA; el Instituto Movilizador de Fondos Cooperativos y ATTAC Argentina; la CTA y Barrios de Pie.

Como hemos adelantado en la sección previa, *Jubileo Sur Américas* es una coalición de organizaciones sociales y movimientos constituidos para luchar contra el pago de la deuda externa de los países de América Latina. *Diálogo 2000* es una organización social argentina que ejerce en Buenos Aires la presidencia mundial de Jubileo Sur. Junto al MOPASSOL son parte de una red de grupos ecuménicos en torno al SERPAJ, asociación civil histórica de derechos humanos ligada al Premio Nobel de la paz Adolfo Pérez Esquivel, que funciona como "organización paraguas" en torno a la cual se cobijan algunas de las entidades mencionadas.

El *Instituto Movilizador de Fondos Cooperativos* (IMFC) es una institución que nuclea al cooperativismo argentino. Administradora de diversas entidades y con sedes en todo el país, sus socios son propietarios del Banco Credicoop. Desarrolla actividades políticas y culturales, y su dirigencia está mayormente vinculada al Partido Comunista. ATTAC Argentina, aunque no es formalmente parte del IMFC, es miembro de hecho de las redes de éste, ya que su sede se encuentra en las oficinas de Buenos Aires del IMFC, y sus actividades son apoyadas exclusivamente por el IMFC[6].

La *Central de los Trabajadores Argentinos* (CTA) nace en 1992 en ruptura con el Partido Justicialista como su expresión política y se propone la conformación de un *"movimiento político, social y cultural"* como nuevo sujeto sociopolítico. Los principios de la CTA son la autonomía de las alineaciones sindicales, de los partidos políticos, de los gobiernos y de los patrones, defendiendo la identidad de clase. Fue reconocida oficialmente en 1997 como organización de tercer grado cuando el gobierno le exigió regularizar su situación. Esta particularidad atípica de la CTA (diferente de la CGT) le permite integrar en su seno organizaciones de primer grado como es el caso de la Federación de Tierra, Vivienda y Hábitat (FTV) (Svampa y Pereyra, 2003). La CTA propone una apertura organizativa en aras de la inclusión de prácticas sociales (asociativas) no gremiales. La inclusión en una estructura sindical de comunidades indígenas, experiencias barriales, meretrices, jubilados, ocupantes ilegales de tierras y viviendas, y desocupados, distancia a la CTA de aquellas configuraciones surgidas a partir de conflictos de clase[7].

El *Movimiento Barrios de Pie* es una organización piquetera que reivindica un tipo de nacionalismo de izquierda, vinculada a la agrupación política Corriente Patria Libre, que naciera hacia 1980. Anteriormente se denominaba "CTA de los Barrios" cuando integraba la FTV (2000-2001), la organización territorial de la CTA. Su nombre actual lo toma en enero de 2002, antes de su salida, primero de la FTV y luego de la CTA. La modalidad de acción de Barrios de Pie se inscribe en la línea de la militancia social y universitaria (edu-

---

[6] Para el análisis específico de la red ATTAC en la Argentina, véase el capítulo de Rossi en este volumen.

[7] Esta heterogeneidad se refuerza si observamos los tipos de organización que componen la central de acuerdo a sus propias cifras del año 2003. Las de tipo gremial representan el 63%, mientras que el resto no son sindicales. Alcanzan algún estatus o reconocimiento legal solamente el 46% (Miembro de la CTA, entrevista de los autores, agosto de 2005).

cación popular) y su discurso fundacional se instala entre dos quiebres: el 19 y 20 de diciembre de 2001 y la masacre del Puente Pueyrredón del 26 de junio de 2002 (día en que fueron asesinados por fuerzas policiales dos jóvenes piqueteros). Las diferencias con la FTV-CTA se emplazan en las respuestas de estas organizaciones a aquellos hechos políticos (Svampa y Pereyra, 2003: 65).

Tomando las definiciones de Sikkink (2003) sobre la acción colectiva transnacional, en un primer acercamiento la Autoconvocatoria se presentaba como una "campaña". Sin embargo, de haberlo sido, su desaparición –al igual que en el caso de su único antecedente– hubiese sido inmediata a la finalización de su primera acción: las Primeras Jornadas de Consulta Popular (2003). Aunque su proceso de construcción nos muestra con claridad que las campañas son su razón de ser y existir, su permanencia en el tiempo amerita su caracterización como una "coalición", distinguiéndola de una red o movimiento, pues a diferencia de estos tipos, "la coalición supone un nivel de coordinación de tácticas mayor (…) y elaboración de estrategias coordinadas orientadas a provocar algún tipo de cambio social" (Sikkink, 2003: 304). Dichas estrategias y tácticas son las campañas: las Jornadas de Consulta Popular de 2003 y 2004; y la organización de la III Cumbre de los Pueblos, de 2005[8].

Podemos hablar entonces de una coalición nacional que tematiza cuestiones regionales, a pesar de estar conformada por actores que no se auto-identifican como cosmopolitas, y se encuentran aglutinados en torno a la negatividad. Centralizada en la Ciudad de Buenos Aires, activa núcleos locales que se sostienen en los barrios, las parroquias, o en las organizaciones que funcionan como *estructuras de reserva de los movimientos* (Tarrow, 1997), estas son: CTA, Barrios de Pie, IMFC y las redes ecuménicas vinculadas a SERPAJ. Elaboran estrategias coordinadas, focalizadas en la movilización (campañas) por un objetivo puntual: la lucha contra el ALCA. La estructura de la Autoconvocatoria es informal, abierta a la participación de las organizaciones sociales; no hay membresía, ni estatutos, ni autoridades formales, sino que se basa en un "con-

---

[8] Incluso en el año 2006 ha comenzado a trabajar sobre los Tratados de Libre Comercio (TLC) bilaterales con los Estados Unidos, y desarrolló en la ciudad de Córdoba una Cumbre a escala MERCOSUR. De esta manera parece proseguir la línea de trabajo vinculada a la reglas del comercio regional, más allá de su foco originario, el ALCA.

senso histórico" tácito que resuelve las tensiones resultantes de las cuestiones propositivas. Si bien prima su apertura a la participación informal y coyuntural, sus decisiones y discusiones se difunden sólo entre los integrantes en las listas distribuidas por correo electrónico revelando un intenso y fluido intercambio de información.

Respecto de las características de sus miembros, si bien se trata de militantes profesionales –en su mayoría– rentados, que podemos definir como activistas[9], el perfil de los participantes de la Autoconvocatoria posee una cualidad particular. El tipo de activista se diferencia cuando una organización se compone a partir de un grupo de miembros que participan en organizaciones de *advocacy* y cuyo perfil es más profesional o, como es el caso de la Autoconvocatoria, cuando las organizaciones que la conforman aportan *sus* militantes profesionales. En este segundo caso el interés no es tanto el de la especialización temática sino que radica en la funcionalidad del tema "ALCA" por permitir la activación política de los intereses particulares de las organizaciones participantes. Debido a esto, podemos observar la superposición de identidades previas que hace a las *militancias múltiples*, constituyendo a la Autoconvocatoria como un espacio más, sin presentar una nueva identidad.

Sus modalidades de organización son horizontales, de discusión en asambleas locales y nacionales y plenarios realizados semanalmente o de manera más asidua en tiempos de campaña, en los que no es posible reconocer líderes, aunque sí hay claros referentes que son figuras públicas. Su importancia es producto de los diversos recursos que aportan al colectivo, así como del tiempo que disponen para este. Mientras el representante sindical de la CTA asegura la "base militante", la gran infraestructura y los vínculos con otras centrales sindicales, la coordinación de Diálogo 2000 y Jubileo Sur Américas ofrece una red regional de contactos que permite obtener recursos económicos o articular acciones con actores extranjeros, así como asegurar la presencia de renombrados militantes internacionales en las actividades que se desarrollen.

La agenda es discutida a través de la interacción en encuentros nacionales anuales en los que participan las restantes Autoconvocatorias del Conurbano

---

[9] "... personas que se preocupan por un tema y que están preparados para incurrir en gastos importantes y actuar para conseguir sus objetivos" (Keck y Sikkink, 1999: 28).

Bonaerense y del interior del país (Neuquén, Córdoba, Rosario, Tucumán, Mar del Plata), sin que esta dinámica esté denotando una organización nacional. Su activación es inconstante y sólo por campañas, estando mayormente asentada en las redes de la CTA y las que integraron o integran el FRENAPO, el IMFC, Barrios de Pie y las iglesias de base.

El repertorio de acciones utilizado por la Autoconvocatoria es *convencional*: organización de eventos de protesta, campañas de concientización, consultas populares, foros, publicación de cartas y/o textos en los diarios, adhesiones, recolección de firmas, etcétera. A diferencia de los movimientos llamados alter-globalización no utilizan la acción directa no violenta, y rara vez recurren a la movilización de carácter masiva (se ciñe en general a pequeños actos). Sus acciones de protesta no son espontáneas, sino detenidamente coordinadas, requieren de asidua participación en las reuniones, así como movilización de recursos y a menudo el trabajo de concientización (por ej.: charlas, boletines informativos, encuentros de debate, etc.).

Recursos disponibles: utilización de múltiples tácticas

Respecto de los *recursos,* la experiencia del FRENAPO y las Jornadas de Consulta Popular constituyen el *know-how* que los miembros reconocen como capital social del que partieron para conformar la actual Autoconvocatoria. Sin embargo, cada una de las organizaciones participantes ofrece diferentes tipos de recursos que aseguran el funcionamiento de la coalición. Sobre la base de la tipología de tácticas elaboradas por Keck y Sikkink (1998)[10], analizaremos las similitudes y diferencias que presenta la Autoconvocatoria, teniendo en cuenta que las autoras están estudiando la conformación de redes transnacionales de defensa.

Todas estas tácticas están presentes en mayor o menor grado en la Auto-

---

[10] Éstas son: 1. la *política de la información*, o la capacidad de movilizar políticamente una información, de manera rápida y creíble, hacia el lugar de su mayor impacto; 2. la *política simbólica*, o la capacidad para recurrir a símbolos, acciones o historias que dan un sentido a la situación o reivindicación para un público a menudo distante; 3. la *política de la búsqueda de influencias*, o la capacidad para recurrir a actores poderosos que influyan en una situación en que los miembros más débiles de una red tienen pocas probabilidades de influir; 4. la *política de la rendición de cuentas*, es decir, el esfuerzo de obligar a los actores más poderosos a modificar políticas o principios que formalmente defienden.

convocatoria. Al respecto, la *política de movilizar rápidamente la información* es la que ha presentado más dificultades al predominar las diferencias por sobre el consenso común, obturando a menudo la dinámica. Esto se debe a las profundas diferencias que se han producido principalmente entre Barrios de Pie y el resto de los participantes. El origen de este conflicto radica en las interpretaciones encontradas sobre la actual coyuntura política que ha producido en Barios de Pie (a diferencia del resto) su acercamiento al gobierno de Néstor Kirchner[11].

A modo de ilustración, la elaboración de la carta en respuesta a las declaraciones del canciller argentino Rafael Bielsa a favor del ALCA (publicada en el diario Clarín del 02/05/2005), suscitó borradores de idas y vueltas, discusiones ideológicas, y hasta gramaticales, que retardaron su aparición pública casi tres semanas, y por tanto, carecieron de todo impacto político. Las profundas diferencias han impedido presentar documentos oficiales de la Autoconvocatoria que impliquen un análisis o posicionamiento común frente al gobierno y la realidad actual de la región.

Por su parte, la *táctica de la rendición de cuentas* aparece a primera vista como una acción "exitosa" de la Autoconvocatoria (en el marco de la ASC) ante al fracaso de Estados Unidos, Canadá y México por aprobar el ALCA el 1° de enero de 2005. Obviamente, esto no implica afirmar que este colectivo sea el único actor que ha producido este desenlace, ya que las profundas diferencias entre los Estados y el rechazo del bloque conformado por los países del MERCOSUR han sido muy importantes en la dilatación de la firma del acuerdo. Sin embargo, no es desdeñable el trabajo que han realizado de deslegitimación del proceso y sus modos de toma de decisiones (Rossi, 2006b).

Respecto de la *política de búsqueda de influencias*, las organizaciones se dividen en los "aportes" al proceso de construcción de la Autoconvocatoria. Barrios de Pie ofrece las estructuras de movilización y la militancia barrial en base a la educación popular. La CTA, en igual o incluso mayor medida, puede asegurar dicha estructura, y ofrece la infraestructura material (la ofi-

---

[11] Por ejemplo, luego de su activa participación en las protestas contra el gobierno de Eduardo Duhalde en 2002, su dirigente Isaac "Yuyo" Rudnik, a pesar de haber criticado al gobierno de Kirchner en 2003 porque *"sigue estando dentro de la lógica neoliberal"* (reportaje en *Il Manifesto* en diciembre de 2003, citado por La Nación, 30/05/2005), aceptó el cargo de asesor de la Subsecretaría de Política Latinoamericana de la Cancillería desde fines del 2004, como parte de la decisión del movimiento de *"participar de modo más activo en el gobierno de Néstor Kirchner"* (La Nación, 30/05/2005).

cina y sala de reuniones, la computadora, el teléfono, etc.) –función que anteriormente cumplía el IMFC– así como vínculos políticos de alto nivel (por ej., intendentes). También brinda las redes del FRENAPO, las que fueron clave en las Jornadas de Consulta Popular de 2003 y para la Cumbre de los Pueblos.

El IMFC también continúa ofreciendo la infraestructura material (las reuniones de la Autoconvocatoria en el interior del país a menudo suceden en sus sedes), y tiene la capacidad de activar núcleos locales expandidos nacionalmente. En cambio, SERPAJ y sus redes ponen en acto otro tipo de recursos: redes religiosas, que cumplen el mismo rol de activar núcleos locales en las parroquias y, por otro lado, de tipo simbólicos. Las figuras internacionales del Premio Nobel de la paz, Adolfo Pérez Esquivel, y de la organización Madres de Plaza de Mayo - Línea Fundadora redundan en una visibilidad y repercusión mediática imprescindible. Por último, estos grupos están fuertemente vinculados internacionalmente, lo que permite recibir apoyo político y recursos materiales para el desarrollo de las campañas y encuentros.

Por otro lado, sus miembros, cuyas identidades se han forjado en base a la construcción discursiva de sus organizaciones primarias, comparten ciertos *valores* (la defensa de la vida, la deuda externa considerada "odiosa e ilegítima", el repudio a la militarización, el rechazo al incremento de la pobreza causado por las políticas neoliberales). Estos valores provienen en parte de las redes del SERPAJ, tomando la siguiente referencia recurrente en los documentos:

"Nuestras propuestas alternativas de integración latinoamericana desde los pueblos, basadas en la democracia, la igualdad, la solidaridad y el respeto a la sabiduría de los pueblos originarios, los derechos humanos y el medio ambiente" (Documento I Encuentro Nacional en Mar del Plata, 3 y 4 de junio de 2005).

Respecto de la *política simbólica*, por su parte, la CTA y Barrios de Pie proveen de un componente ideológico que es central en el colectivo: un tipo de *nacionalismo antiimperialista* cercano al que predominó históricamente en gran parte de la izquierda argentina y el peronismo de la década de 1970.

Identidad(es): sumatoria de colectivos

Los movimientos requieren de creencias compartidas a partir de las cuales construyen una identidad. Como argumenta Melucci: "Los actores 'producen' la acción colectiva porque son capaces de definirse a sí mismos y de definir sus relaciones con el ambiente (otros actores, recursos disponibles, oportunidades y obstáculos)" (1994: 158). A su vez, la naturaleza informal es un componente elemental de un movimiento. Las coaliciones políticas son redes informales de diversos grupos y organizaciones en pos de un propósito, pero a diferencia de los movimientos, éstas no poseen una identidad compartida. En otras palabras, no conforman un "nosotros", sino una sumatoria de grupos aliados por un objetivo (Diani, 2003). En el caso de la Autoconvocatoria, la investigación no nos ha permitido inferir la conformación de un "nosotros", sino más bien se trata de un conjunto de grupos preexistentes que no constituyen un nuevo colectivo, y que se agrupan a partir de una lógica estrictamente instrumental. Cada organización preserva sus límites e integra a este como otro espacio de articulación con otros actores.

Según la teoría de los movimientos sociales para que la acción colectiva sea posible es imprescindible que los individuos y grupos delimiten algún tipo de identidad que les permita accionar junto con otros y definir el contenido de las relaciones en conflicto (Melucci, 1989). ¿Qué ocurre, entonces, cuando lo que priman son las diferencias? ¿Cómo explicar los motivos que conducen a que actores tan diversos y, a menudo, ideológicamente contradictorios, puedan desarrollar acciones comunes?

La capacidad de negociar las diferencias podría explicar que a pesar de las crisis que atravesó la Autoconvocatoria no haya perecido. La diversidad de integrantes (religiosas, piqueteros, sindicalistas, intelectuales, etc.) no parece ser un obstáculo insalvable. Los une el interés estratégico de desarrollar campañas conjuntas, compartiendo el marco de acción antiimperialista y nacionalista.

Las campañas constituyen una parte del repertorio de acciones que ha desarrollado la Autoconvocatoria. Entendidas como "conjuntos de actividades vinculadas estratégicamente en las cuales los miembros de una red difusa desarrollan problemas visibles y reconocen roles hacia una meta común y generalmente contra un blanco común" (Keck y Sikkink, 1998: 228), necesariamente deben buscar construir un *marco común de significado*. En este caso es la construcción discursiva de la defensa de la soberanía y el antiimperialismo como la expresión de un sentimiento anticapitalista, el que es claramente excluyente –según los entrevistados– de una posición del tipo alter-globalización, al contener la primera un componente nacionalista. La expresión de ese sentimiento antiimperialista y nacionalista se reproduce en casi todas las entrevistas, a saber:

> "Un movimiento que está bien vinculado a las ideas de soberanía, de defensa del patrimonio nacional… y bueno ¡sobre la base del odio a los yanquis! De expresar el hecho de ser el más claro símbolo de la explotación" (Miembro de Barrios de Pie, entrevista de los autores, junio de 2005).

Todo esto evidencia que un proceso de *localización* en combinación con uno de *difusión* no es lo único que debe producirse para que la escala de acción de un colectivo pueda ser definida como global. Es igualmente necesario el cambio cognitivo de los actores articulados en torno a la coalición (della Porta y Tarrow, 2005: 8). Si consideramos este cambio cognitivo como aquel que permitiría la expansión en la escala de acción de una nacional a otra regional, continental o global, vemos que los actores que se articulan en torno a esta campaña *no* pueden ser definidos como un movimiento o coalición global porque su antagonista sigue definiéndose como *nacional*, los procesos y conflictos que definen sus escisiones internas responden a los alineamientos y características del gobierno de turno, y las acciones que impulsan, a pesar de oponerse a actores externos, son en nombre de la "soberanía nacional" y en oposición a otros actores nacionales, y no a los espacios de articulación transnacional o regional en el que se desarrollan las negociaciones por el ALCA (la Organización de Estados Americanos [OEA]).

En este sentido, la autodefinición de los diferentes actores que constituyen la Autoconvocatoria como un *colectivo antiimperialista y nacionalista* los diferencia del grupo de movimientos alter-globalización o de la "sociedad civil global". Uno de los miembros de Jubileo Sur Américas en la Autoconvocatoria afirma al respecto:

"[En la Autoconvocatoria] predomina una visión antiimperialista. Lo que tiene
también la visión antiglobalización es todo un sustento político (...) de no pensar tanto la situación en los Estados-nación. Como pensarlo como una cuestión
del capital transnacional en el cual tanto lo que pasa en Filipinas, pasa en la Argentina" (Miembro de Jubileo Sur Américas, entrevista de los autores, junio de
2005).

Según el entrevistado, *"Esta cuestión de defender la soberanía nacional"* es la
que distingue y separa a las organizaciones que integran la Autoconvocatoria
de los grupos alter-globalización. Lo que implicaría la definición del conflicto como uno que se produce entre Estados. Disputa entre uno más poderoso que busca imponer a otros intereses extemporáneos, y que por tanto
viola los nacionales del más débil. No son los organismos internacionales
(como la OEA, el FMI o el Banco Mundial) más que herramientas –en este
caso– de los Estados Unidos. Es por ello que el antagonista es el Estado y no
los organismos internacionales.

Recuperando las preguntas que nos hemos formulado en la introducción, ¿cuál es el impacto de la globalización en la definición identitaria de
los actores involucrados en la Autoconvocatoria? ¿Es posible definirlos
como actores cosmopolitas, y por tanto plausibles de "ubicar" en el campo
de los movimientos alter-globalización? En el caso de la Autoconvocatoria,
la globalización, a pesar de haber insertado en la agenda de actores nacionales una problemática regional/global, no ha producido cambios de raíz
en su identidad claramente nacional o –al menos– no la ha impregnado al
punto de transformarla. Se trata, pues, de un tema regional asociado a los
aspectos económicos de la globalización y de un actor que lo enfrenta sin
autodefinirse más allá de los límites de la unidad territorial en la que se encuentra circunscrito.

Uno de los indicadores de este interrogante podría vincularse con la generación o no de transformaciones a partir del momento en que la Autoconvocatoria se convirtió en el capítulo argentino de la ASC:

"En la práctica no cambió mucho. Lo que cambió fue que se oficializó algo que se
venía como dando con conversaciones, con participaciones. Lo que sí cambió
fue que tener esta representatividad en la Argentina implica, por ejemplo, que la

Autoconvocatoria sea la organizadora de la Cumbre de los Pueblos. O que ante tal o cual evento la Autoconvocatoria participe como capítulo de la Alianza… en la cuestión más de representatividad… por ese lado cambió" (Miembro de Jubileo Sur Américas, entrevista de los autores, junio de 2005).

En síntesis, para los actores que integran la coalición, lo político se juega en el espacio nacional. Hay en la Autoconvocatoria una lectura nacionalista de la realidad. Incluso la globalización (y sus riesgos o conflictos) han reforzado la identidad nacional, apartándose de las lecturas cosmopolitas. Las diferencias existentes entre el argumento antiimperialista sustentado por la Autoconvocatoria y el que se presenta en los movimientos alter-globalización en sus distintas versiones no hace posible considerarla parte de este último, aun cuando ambos conformen uno de los tantos modelos de resistencia a los aspectos económicos de la globalización.

Dinámicas políticas (2003-2004)

En esta sección desarrollaremos el análisis de las dinámicas políticas como marco en el cual la Autoconvocatoria realizó sus campañas. Exploraremos la forma en la que las nociones de oportunidades políticas y de escalas de acción permiten iluminar las diferentes campañas realizadas por el colectivo. Nos formularemos las siguientes preguntas específicas: ¿Cómo influyen los cambios en las oportunidades políticas nacionales?; ¿son más influyentes que las oportunidades regionales o continentales?, ¿por qué?; ¿se debe a su escala de acción? ¿Cuál es la importancia de las estrategias desarrolladas desde el Estado? Nos concentraremos en las Primeras y Segundas Jornadas de Consulta Popular sobre el ALCA, la Deuda Externa, la Militarización y la Pobreza (2003 y 2004), y –en la siguiente sección– en la III Cumbre de los Pueblos (2005).

Las Primeras Jornadas de Consulta Popular

Las Primeras Jornadas de Consulta Popular sobre el ALCA, la Deuda Externa y la Militarización, realizadas entre el 20 y 26 de noviembre de 2003 en todo el país, han constituido una herramienta de aglutinación y cohesión de las organizaciones participantes, y asimismo, fue uno de los momentos de mayor movilización en la historia de la Autoconvocatoria. Cabe destacar que este proceso ha convergido a nivel continental con las consultas realizadas en Brasil en 2000 y en Paraguay en 2003.

En la Argentina, las mismas se desarrollaron en el contexto de la asunción de un nuevo gobierno, el de Néstor Kirchner, en el marco de un largo período en que las movilizaciones y protestas alcanzaron un muy alto nivel desde la crisis en el régimen de diciembre de 2001 hasta su reequilibramiento institucional (Rossi, 2005a).

Las Primeras Jornadas de Consulta Popular se llevaron a cabo entre el momento de repliegue de los movimientos que protagonizaron las jornadas de diciembre y la cooptación de algunos sectores, estrategia característica del gobierno desde el comienzo del mandato.

Participaron de las mismas más de 150 organizaciones sociales y políticas y alrededor de 20.000 militantes provenientes de las iglesias de distintos barrios; militantes del Partido Comunista, el partido Afirmación por una República Igualitaria (ARI), el Partido Socialista, el MST, el Partido Humanista, etc. El IMFC prestó apoyo financiero, en tanto la participación de la CTA no fue orgánica, ya que no estuvo legitimada por la decisión de la Mesa Nacional.

La Consulta Popular promovió un acercamiento de la Autoconvocatoria al nuevo gobierno para comunicarle el proyecto de realizar las Jornadas y luego, para concretar la entrega de los resultados que la misma arrojaría[12]. La respuesta del gobierno, como explican parte de los entrevistados, fue baja: *"Ofrecieron un espacio en Canal 7* [canal estatal] *e imprimir boletas y manifestaron que nos apoyaban pero fue una enunciación, nunca nos dieron absolutamente nada"* (Miembro de ATTAC, entrevista de los autores, abril de 2005). Respecto del financiamiento, la Consulta no contó con importante apoyo estatal ni internacional, sino básicamente con el aporte de las organizaciones:

---

[12] La primera audiencia, encabezada por Pérez Esquivel, se llevó a cabo en septiembre del 2003 y la segunda en febrero del 2004.

"Creo que el Gobierno de la Ciudad [de Buenos Aires] un mes antes, porque fue presionado por otros lados, mandó a imprimir, qué se yo, 200.000 boletas. Nuestras boletas estaban hechas en papel bien finito, bien barato y las de cartón las mandó a hacer el Gobierno de la Ciudad. Del interior nos llegó una urna con unas 60 boletas escritas a mano. Una iglesia, porque no tenía boletas las hicieron a mano y había hecho votar a gente de la iglesia" (Miembro de ATTAC, entrevista de los autores, abril de 2005).

En la organización de las Jornadas, además del capital militante que aportaron las organizaciones miembros de la Autoconvocatoria, participó mucha gente sin inscripciones partidarias o militancia social. Sin embargo, los entrevistados coinciden en que uno de los éxitos de la Consulta fue la activación de los núcleos del FRENAPO y su previa experiencia en la realización de este tipo de consultas masivas:

"Lo que se aprovechó también fueron los núcleos del FRENAPO que habían quedado de antes. A M. y a mi nos convocaron porque aparte nos venimos formando académicamente sobre el tema de ALCA y un montón de gente llamaba a ATTAC desde diferentes lugares del país para ir a contar y llevar la experiencia y llevar material. Yo estuve en el partido de Bolívar de la provincia de Buenos Aires. Estuve en Mar del Plata, San Luis, Hurlingham dando pequeñas charlas de qué se iba a hacer. Llamaban de instituciones o uniones de organizaciones, de Henderson llamaron los de un ex núcleo del FRENAPO, pero que era gente que se seguía contactando y estaban los de CTERA [Central de Trabajadores de la Educación de la República Argentina], los judiciales, los agrarios. O sea que lo que era el núcleo del FRENAPO seguía en contacto o sea que cada experiencia nueva se basa también en experiencias anteriores, quizás esto no lo vemos tanto en la Capital" (Miembro de ATTAC, entrevista de los autores, abril de 2005).

La decisión sobre la composición del voto (es decir, quiénes podían votar en la Consulta) llevó a estipular diversos acuerdos, como deja esclarecido el integrante de ATTAC:

"Todos votaban. Hubo una discusión con eso del tema de si se respetaban o no los 18 años, pero se dijo que no porque el ALCA es de todos y entran todos. No había padrones, se tomaban los datos de las personas en una planilla (apellido y nombre, tipo de documento, edad y firma). Nosotros necesitábamos saber cuánta gente votaba. Podían votar extranjeros con pasaporte. No votaron tantos extranjeros. En la mesa de Diagonal Norte y Florida donde estaba yo votaban más extranjeros que en otras mesas del interior del país. Algunos no tenían ni idea pero cuando nos escuchaban decían 'a sí está bueno, sí vamos a participar'. Tratábamos de pedir documentos, pero ya los últimos días si nos decían 'no tengo' les decíamos 'no hay problema pero sé responsable, no votés 20 veces'. (...) La gente que participó era muy variada" (Miembro de ATTAC, entrevista de los autores, abril de 2005).

Las 5.896 mesas electorales que hubo en todo el país, fueron organizadas con el objetivo de:

"... informar a toda la sociedad sobre las consecuencias que traerá el ALCA. Para impulsar un amplio debate participativo acerca del país que queremos. Para hacer oír nuestra voz con relación a las decisiones que marcará nuestro presente y nuestro futuro. Para trabajar juntos por una Argentina soberana con esperanza, capaz de asegurar plenamente la vida y los derechos de nuestro pueblo" (Documento de las Primeras Jornadas de Consulta Popular, noviembre de 2003).

La Consulta por la afirmación o negación sobre los temas aglutinantes (ALCA, Deuda Externa y Militarización) se centró en tres preguntas: 1. "¿Está de acuerdo con que la Argentina ingrese al Área de Libre Comercio de las Américas (ALCA)?"; 2. "¿Está de acuerdo con que la Argentina siga pagando la deuda externa?"; y 3. "¿Está de acuerdo con que la Argentina autorice el ingreso al territorio nacional de militares de Estados Unidos para bases y ejercicios conjuntos?".

El resultado de la Consulta fue exitoso: tuvo un alto grado de participación (votaron 2.552.358 personas), y con un resultado por el *No* muy significativo (para la primera, el 96%; 88% para la segunda y 97% para la tercer pregunta, en base al 96,66% de las mesas escrutadas). El éxito de estas Jornadas ha funcionado como la base de legitimación de la Autoconvocatoria cuando se discute, por ejemplo, sobre la legitimidad del gobierno de Néstor Kirchner elegido por casi la misma proporción de votos.

En una entrevista realizada a un miembro de Barrios de Pie, reflexiona sobre el resultado exitoso relacionándolo con las oportunidades hemisféricas:

"En esos días, el tema de la reunión que se estaba haciendo también en Miami [reunión de ministros] ayudó un poco a darle visibilidad, que lo que nosotros estábamos diciendo más, digamos, así subterráneamente, había trascendido y la gente podía unir esas dos cosas. La simultaneidad fue casual" (Miembro de Barrios de Pie, entrevista de los autores, agosto de 2005).

En efecto, el momento en el cual se llevan adelante las Primeras Jornadas coincidía con el período en que las negociaciones sobre el ALCA se desarrollaban entre los Estados con una total ausencia de información hacia la sociedad:

"Uno de los pilares fuertes de los movimientos y de las campañas nacionales era que se blanquee la información, el derecho a saber qué se negocia, el derecho a consultar al pueblo… fue en base a esa lucha que logramos que se haga pública la negociación. En base a eso llevamos adelante la estrategia de la Consulta (…) si iban a negociar un área de libre comercio que iba a hipotecar el futuro de varias generaciones tienen entonces que consultar a los pueblos, pero como los gobiernos no consultaban a los pueblos, los pueblos llevaban adelante sus propias consultas"[13] (Miembro de Diálogo 2000, entrevista de los autores, julio de 2005).

Los resultados provocaron una discusión al interior de la Autoconvocatoria sobre la pertinencia de los ejes, dado que de los tres el que menos votación negativa tuvo fue el de la "Deuda Externa". En realidad lo que se discutía no eran los ejes en sí mismos. En una entrevista a un representante de la CTA en la Autoconvocatoria, se refiere a ello:

---

[13] Brasil y Paraguay también desarrollaron sus propias consultas. Pero no todos los países incluyeron los tres ejes: mientras Brasil y la Argentina decidieron incorporarlos, Paraguay sólo preguntó sobre el tema ALCA.

"Nosotros pensábamos que había que generar una fuerte movilización de conciencia pero también de capacidad de participación, lograr que no se firmara el ALCA en el 2005 y planteábamos que poner las tres cuestiones, tal como ocurrió no estuvo mal. El plebiscito fue un éxito en ese sentido. Pero, si el ALCA tuvo la mayor votación de los tres es porque había la posibilidad de votar no por uno y sí por otro. De los tres ejes el que menos votación tuvo fue el tema de la deuda externa, un tema muy complicado sobre todo por la campaña que había respecto de las consecuencias que tenía. Nosotros decíamos que poner eso (no por no estar de acuerdo porque en el Congreso de Mar del Plata ratificamos el no pago a la deuda externa, pero en términos estratégicos-políticos perdíamos tiempo y capacidad al complicar el objetivo por hacer una discusión sobre convencer acerca del tema de la deuda externa porque estaba en la agenda política las consecuencias del *default*) era una distracción sobre la gente y la política seguía avanzando con el neoliberalismo. Era una cuestión de fortalecer ese punto, el libre comercio, la dependencia financiera. El objetivo debía ser parar el ALCA porque fueron esas políticas las que generaron la crisis y poner todo ahí. De todas maneras la campaña del plebiscito lo que más fortalecía la convocatoria a la participación de la gente era el no al ALCA, la deuda generaba que haya gente que no esté de acuerdo. La mayoría en la Autoconvocatoria estaba de acuerdo con todos los ejes, por eso ganó esa posición. Había acuerdo inclusive -en los contenidos estábamos de acuerdo- pero para nosotros eso debilitaba. Nosotros no estamos en contra de los ejes, inclusive se incorporó otro eje, el eje nuestro de la pobreza que habíamos plebiscitado en el 2001 [campaña del FRENAPO]. No es que no estamos en contra del pago de la deuda sino que teníamos que fortalecer el movimiento (...) incorporar eso es meternos en la agenda de discusión de ellos mientras eso no ponía en cuestión la política del libre comercio, entonces el peligro era el ALCA y que la militarización es el instrumento de sostenimiento de esa política de apropiación de la riqueza y lo que más generó conciencia y participación fue la discusión de esa política" (Miembro de CTA, entrevista de los autores, agosto de 2005).

Lo que muestran las tensiones es, una vez más, que sólo el "No al ALCA" es el tema que aglutina a la Autoconvocatoria, mientras que el eje "Deuda Externa" es el que suscita mayores problemas para alcanzar el consenso. Ello se manifestó por ejemplo en la falta de apoyo de la Autoconvocatoria a la realización de la Asamblea de los Pueblos Acreedores

(2004)[14]. Uno de los elementos clave es la política exterior implementada desde el gobierno. Un integrante de Diálogo 2000 alude a las oportunidades políticas respecto de la política exterior:

"La postura mayoritaria en la Autoconvocatoria es que no hubo un cambio en la política exterior con la asunción de Kirchner, ni que los gobiernos de centro-izquierda en la región signifiquen que el ALCA o las políticas de integración regional se hayan diluido. Pero hay sectores minoritarios que sí consideran que sí cambió" (Miembro de Diálogo 2000, entrevista de los autores, julio de 2005).

Las Segundas Jornadas de Consulta Popular

La experiencia de las Segundas Jornadas de Consulta (realizadas del 1 al 8 de julio de 2004), fue muy diferente y puede traducirse como un quiebre en la historia de la Autoconvocatoria. Como evidencia el volante elaborado para su difusión, se convocó bajo nuevos términos:

Firmá el Petitorio
En defensa de la Vida y la Soberanía de nuestro pueblos

Porque Sí queremos:
-La vida
-La soberanía de nuestro territorio
-La recuperación de los recursos naturals y las empresas privatizadas
-La integración alternativa y solidaria de los pueblos

Porque No queremos:
-El ALCA ni otros acuerdos que atenten contra nuestra soberanía
-El pago de la deuda externa ilegítima y fraudulenta
-Bases militares de EEUU en nuestro territorio ni ejercicios militares conjuntos
-Ningún hogar pobre en la Argentina

Fuente: volante "Firmá el Petitorio", Autoconvocatoria, 2004.

---

[14] La visión sobre el tema "Deuda Externa" abarca un amplio espectro de posiciones. Desde aquellas más económicas (a saber, el Foro Nacional Argentino de la Deuda Externa), a aquellas que, como Diálogo 2000, fundadas en una postura religiosa entienden el problema en términos de una denuncia ética, o bien las organizaciones más cercanas al gobierno que entienden que la Argentina ha marcado un precedente internacional de gran importancia basado en la afirmación de Kirchner: *"No pagar con el hambre del pueblo"* (Posición de Barrios de Pie sobre el Encuentro Nacional de la Autoconvocatoria, marzo de 2005). Para más detalle sobre el tema, véase el capítulo de Rivkin en este volumen.

Los fines propuestos no eran los mismos que en las Primeras Jornadas:

"El objetivo era juntar firmas para instalar los 'Sí', 'Sí a la vida, sí a la soberanía...'. Se suponía que era más [recaudación de] firmas que armar estructuras con urnas. Se quería presionar al gobierno para que se hiciera una consulta vinculante, un referéndum, algo donde el pueblo argentino decidiera... Obviamente jamás se logró nada de eso. El tema es que se hizo todo muy apurado. No es fácil porque para que te salga bien eso tenés que tener una estructura en todo el país que es lo que se logró de casualidad para la primera. Tenés que mantener a esa estructura y la gente te decía: 'yo no puedo salir a pedirle otra vez a la gente porque te va a decir yo ya firmé'. Los mismos militantes teníamos las dudas. A nosotros no nos cerraba, no lo queríamos hacer. Era una locura volverle a preguntar a la gente siete meses después, era un abuso de la militancia ya" (Miembro de ATTAC, entrevista de los autores, abril de 2005).

Estas Segundas Jornadas se caracterizaron por la participación orgánica de la CTA, y la incorporación del último eje: "Pobreza". La entrevista con el representante de la CTA en la Autoconvocatoria alude a ello:

"En la 3º Asamblea Nacional de marzo de 2004 de Autoconvocatoria se incorpora el cuarto eje: 'No a la pobreza y sí al trabajo y la producción'. Ya en el 2002 era nuestro planteo que no alcanza con resistir sino que parar el proyecto de dominación implica tener un proyecto propio. Ahí había que plantearse no sólo los *contras*" (Miembro de CTA, entrevista de los autores, agosto de 2005).

La organización previa así como los resultados de estas Jornadas produjeron nuevas tensiones y fracturas al interior de la Autoconvocatoria. Ello condujo a la separación de algunas organizaciones miembros, o al aumento de la conflictividad entre las organizaciones que decidieron continuar participando. El conflicto está fundado en la tensión política que es producto –como vimos en las secciones precedentes– de las diferentes interpretaciones sobre la nueva coyuntura política nacional y latinoamericana que instalaba Barrios de Pie y su proximidad al gobierno:

"Ese fue el gran salto. Una [Primera Consulta] fue en noviembre de 2003 la otra fue en julio/agosto de 2004, una locura. El tema fue que se apuró mucho por querer hacer algo. Barrios de Pie apuraba mucho por hacer la Consulta y cuando se hizo la Consulta jugaron muy mal. Nosotros decíamos que era una locura. Quizás apuraron para deslegitimar el espacio, no sé que se les pasó por la cabeza pero ya estaban haciendo su apuesta en otro lado. En el 2004 no pusieron nada de lo que habían puesto en el 2003. Nosotros en la Segunda Consulta militábamos pero sin ganas" (Miembro de Jubileo Sur Américas, entrevista de los autores, junio de 2005).

La reflexión de Barrios de Pie sobre las dos Consultas vincula las posibilidades de éxito y fracaso en torno a las oportunidades políticas nacionales:

'[La Segunda Consulta fracasó] por el momento político nuevo de la Argentina (...) No es lo mismo el marco político-social a nivel conflictividad, volumen, en lo que se pide, en lo que se logra... del 2002-2003, a lo que es posterior al 25 de mayo [asunción del gobierno de Néstor Kirchner]. O sea, hubo un cambio político. Y que en alguna medida también lo del ALCA, en como viene el proceso del ALCA, incide. (...) En ese momento [en el 2003, durante las Primeras Consultas] nosotros pensábamos que el ALCA se firmaba en el 2004 y estábamos fritos. Por eso la necesidad de profundizar rápidamente todo eso [la lucha]. En el 2004, en enero, se hace el Encuentro Continental en La Habana y todo el mundo que participó decía, 'chau, acá en marzo, firman'. Estaba la reunión acá en Buenos Aires, ¡se la veía bastante dura!" (Miembro de Barrios de Pie, entrevista de los autores, junio de 2005).

Una evaluación sintomática de los resultados de estas Segundas Jornadas puede hacerse en base a la lectura de la ausencia de los resultados arrojados. Al respecto, una representante de ATTAC explica: *"Porque el tema es que hubo lugares donde jamás se llegó a recuperar las planillas. En Rosario por ejemplo se borraron"* (Miembro de ATTAC, entrevista de los autores, abril de 2005).

Los cambios en el signo político de los gobiernos, y principalmente cuando éstos pueden ser interpretados por los activistas como de izquierda o progresistas, promueve la disputa sobre la resignificación válida de la nueva relación a establecer entre los movimientos sociales y el Estado. Estos conflictos pueden producir disputas al interior de los movimientos, acentuando el repliegue, la desmovilización y las divisiones internas. Sin embargo, si lo que caracteriza a las coaliciones es la articulación estratégica sin una identidad compartida, las desavenencias –como hemos visto- pueden convivir *en tensión* con la pretensión estratégica de impulsar acciones conjuntas en tanto se comparta la interpretación de que las oportunidades políticas favorecen el éxito al impulsar la acción colectiva.

La III Cumbre de los Pueblos (2005): breve historia de las Cumbres

En el año 1994 en Miami se reunieron los presidentes de todos los países del continente americano, a excepción de Cuba. Esta primera reunión, bautizada "Cumbre de las Américas", buscó sentar las bases sobre las que se negociaría un acuerdo continental de liberalización comercial inspirado en el Tratado de Libre Comercio de América del Norte (TLCAN o NAFTA en inglés). La iniciativa denominada Área de Libre Comercio de las Américas, tenía como horizonte el 1° de enero de 2005.

Debido a los efectos nocivos del TLCAN para el sector trabajo y los campesinos, en Canadá, Estados Unidos y México se constituyó a principios de la década de 1990 una coalición de sindicatos en oposición al TLCAN y los acuerdos de libre comercio. Esta coalición decidió expandir su alcance desde 1997 constituyéndose en una coalición continental en oposición a la liberalización comercial y recibió el nombre de "Alianza Social Continental" en 1999. Durante la II Cumbre de las Américas, organizada en 1998 en Santiago de Chile, los sindicatos de todo el continente agrupados en torno de la ORIT organizan en cooperación con algunas redes de movimientos y ONGs la I Cumbre de los Pueblos. Este evento realizado en la misma ciudad y en simultáneo buscaba por un lado saldar el déficit de participación de los sindicatos y organizaciones sociales[15] en los encuentros oficiales de presidentes, elaborando un documento con propuestas para presentar en la Cumbre de las Américas. A la vez, este encuentro incluía a sectores que no deseaban establecer ningún tipo de diálogo con la cumbre presidencial, presentando una pos-

---

[15] Su participación no estaba contemplada, porque la Cumbre de las Américas era una reunión únicamente de Estados parte de la OEA.

tura más contestataria respecto del proceso del ALCA (Korzeniewicz y Smith, 2004).

En 1999 la reunión de la OMC en Seattle fracasó rotundamente producto de las masivas marchas y oposición que un conjunto de sindicatos y movimientos impulsó en esta ciudad. El gran impacto que estas protestas tuvieron, constituyeron los cimientos del llamado movimiento alter-globalización. En los albores de este ciclo de protesta mundial, la Alianza Social Continental expandió y radicalizó sus objetivos. De los sindicatos originalmente alineados en la ORIT, se dio paso a la apertura a todas las demás internacionales sindicales así como a centrales nacionales independientes. Paralelamente, como hemos analizado en la sección sobre el origen, la ASC abrió un espacio para la participación de los movimientos sociales, fundando la Campaña Continental de Lucha Contra el ALCA, la que impulsaría un proceso de movilización creciente a fin de propagar la oposición al ALCA. Sustentada en una serie de redes[16], promovió a partir de 2001 en Québec, durante la II Cumbre de los Pueblos, y III de las Américas, un proceso de radicalización y confrontación creciente. Mientras Québec se encontraba amurallada para evitar protestas como las de Seattle, los movimientos se concentraron en intentar cruzarlas, desarrollándose –para esta ciudad– una violencia inusitada sostenida en la puja por ocupar y disponer simbólicamente del espacio geográfico donde se desenvolvían los hechos (Rossi, 2006b). En el marco de este proceso de creciente radicalización y confrontación, en noviembre de 2005 en la ciudad de Mar del Plata se desarrolló la IV Cumbre de las Américas y, simultáneamente, la III Cumbre de los Pueblos.

La activación de las redes constitutivas de la Autoconvocatoria

Como capítulo argentino de la ASC, la Autoconvocatoria fue la encargada de organizar la Cumbre de los Pueblos. Ante esta obligación, las organizacio-

---

[16] La Alianza para un Comercio Responsable y *Development Gap* de Estados Unidos, la Red Mexicana de Acción frente al Libre Comercio (REMLAC), *Common Frontiers* y la Red de Québec sobre la Integración Continental (RQIC) de Canadá, la Alianza Chilena por un Comercio Justo (ACJR), la Red Brasileña por la Integración de los Pueblos (REBRIP), la Coordinadora Latinoamericana de Organizaciones del Campo (CLOC) de Ecuador y la Iniciativa Civil por la Integración Centroamericana (ICIC) de Costa Rica. Más adelante (a partir de 2002), por la Argentina se incluirán las redes que mencionamos en el comienzo de este trabajo y que se sintetizan en el Gráfico 1.

nes debieron activar todas sus redes nacionales y regionales con el fin de asegurar el mayor éxito político posible. La participación, estimada en unas 12.000 personas, y entre 35.000 y 40.000 en la movilización, tuvo un fuerte impacto político y mediático. A pesar de ello, y excepto por algunos pocos participantes de Cuba, Venezuela, Brasil, Chile, Paraguay, Bolivia y Uruguay, la/os participantes fueron argentina/os y, principalmente, provenientes de la Ciudad de Buenos Aires y sus alrededores.

Entre las actividades organizadas, se destacaron aquellas de la ASC o de la Autoconvocatoria. Encuentros abiertos, de carácter informativo y de promoción de redes y temáticas en las agendas de los movimientos. Transitaron en ellos los principales promotores del evento y sus redes, así como los miembros más activos de la Autoconvocatoria. Uno de los talleres más concurridos, el de Jubileo Sur Américas junto a SERPAJ y sus redes, fue una charla informativa sobre la intervención militar en Haití, donde proyectaron un film que relataba la misión de observación en este país de Pérez Esquivel. En cambio, las actividades de la ASC reunieron a muy pocas personas, principalmente europeas o de América del Norte. Los pocos militantes del Norte que asisten son expertos en los temas en debate (la OMC y su reunión de Hong Kong, el agua y la privatización de empresas proveedoras del servicio, etc.). La escala de acción de los movimientos participantes se focalizó en lo nacional o en lo regional –en nombre de la "soberanía nacional" y la "autodeterminación de los pueblos"- teniendo poca repercusión los procesos globales.

En el espacio de la Ciudad Universitaria de Mar del Plata se desarrollaron la mayoría de los talleres. Ubicada en una zona residencial de la periferia de la ciudad, el clima fue monocromático, destacándose la presencia de la CTA y Barrios de Pie. Estas organizaciones lograron movilizar –como durante las Consultas de 2003 y 2004– la base social, siendo el sostén organizativo de los talleres y el encuentro. A pesar de existir actividades preparadas por otras organizaciones, entre los talleres se destacaron una enorme cantidad coordinados por Barrios de Pie, donde la asistencia era principalmente de militantes de la propia organización.

La tensión que subsiste al interior de la Autoconvocatoria sobre la interpretación del actual momento político, se expresó en la distancia que se observó entre el tipo de talleres organizados por Barrios de Pie y sus redes, y los de otras organizaciones. Por ejemplo, mientras la organización piquetera preparó el único taller que legitimaba a la Cumbre de las Américas y su espacio de articulación de las organizaciones sociales[17]; en el evento el clima y dirección política eran claramente opuestos. Se destacaron las actividades confrontativas, enfatizando la necesidad de deslegitimar el evento gubernamental, así como la de desarrollar acciones paralelas[18]. Esta tensión irresuelta con la que debió convivir la Autoconvocatoria, muestra nuevamente la carencia de un "nosotros", aunque a la vez evidencia la simultánea capacidad de articular las diferencias en pos de un objetivo estratégico. La convivencia sin diálogo fue posible de todas maneras por lo que dieron en llamar *"el formato Foro"*, en alusión al desarrollo de un espacio de encuentro de talleres y actividades paralelas de diversas organizaciones, tal como sucede en el FSM. La autonomía de cada taller, a pesar de la agenda impuesta por los organizadores (No al ALCA, No a la Deuda Externa, No a la Militarización y No a la Pobreza), permitió el simultáneo desarrollo de encuentros ecuménicos, sindicales, indígenas, campesinos o de partidos políticos.

En este sentido, creemos que es posible definir a la Cumbre de los Pueblos como un foro sectorizado, semiabierto, con ámbitos que conviven pero no dialogan, en agendas propias y unidas estratégicamente por un conflicto específico. Su agenda precisa y expresada en un documento final[19] es clara y no es producto de la convergencia de sus participantes, sino del acuerdo y negociación dentro del grupo organizador. Esto incluso se expresa en la utilización y disputa simbólica del espacio geográfico (Rossi, 2006b).

La marcha como síntesis: elite transnacional - escala de acción nacional

Una vez finalizada la Cumbre de los Pueblos (del 1° al 3 de noviembre), en coincidencia con la reunión de apertura de la Cumbre de las Américas, el

---

[17] Llamado: "Plenario de organizaciones de la sociedad civil para el monitoreo del debate de la IV Cumbre de las Américas".

[18] Por ejemplo, el taller "ALCA y TLCs: las Américas frente al imperialismo y el libre comercio" o el panel "Alternativa para una integración contrahegemónica de los pueblos".

[19] Documento: "Declaración Final de la III Cumbre de los Pueblos de América", disponible en: *http://www.cumbredelospueblos.org* (consultada el 5 de noviembre de 2005).

día 4 a las 7.00 de la mañana llegó el llamado Tren del ALBA[20], organizado por "Argentinos por la Patria Grande". Este convoy proveniente de Buenos Aires, confluyó con alrededor de 700 ómnibus en los que viajaron todos los movimientos piqueteros, partidos de izquierda y agrupaciones políticas y sociales diversas. Una gran parte de estos grupos se encontró con las personas que participaron en la Cumbre de los Pueblos.

Mientras el primer grupo que era organizado por el diputado Miguel Bonasso y el líder piquetero Luis D'Elía, junto con el dirigente boliviano Evo Morales[21] y Hebe de Bonafini de Madres de Plaza de Mayo, entre otros, se agrupaba detrás de una bandera Argentina y la consigna "No a Bush". El segundo grupo, encabezado por Pérez Esquivel, Nora Cortiñas de Madres de Plaza de Mayo- Línea Fundadora, y Víctor De Gennaro de la CTA, se agrupó detrás de una bandera en repudio al ALCA. Durante la mañana ambos colectivos confluyeron y se realizó en la extensa y principal arteria que une la zona céntrica con el estadio una marcha con 35.000 personas al compás de bombos y cánticos como, *"A ver, a ver... quién dirige la batuta... el pueblo unido o el yanqui hijo de puta"*. Organizada en claros bloques por agrupación, abundando las alusiones al presidente de los Estados Unidos como *"Bush, fascista, vos sos el terrorista"*, la guerra y la unidad de los pueblos latinoamericanos, se destacaba la presencia mayoritaria de Barrios de Pie y la FTV. Esta última portaba una gran bandera con las figuras de Luiz Inácio "Lula" da Silva, Tabaré Vázquez, Néstor Kirchner y Fidel Castro, bajo el lema *"Viva la unidad de los pueblos latinoamericanos"*.

Una vez en el estadio, la simbología antiimperialista, nacional y popular primaba en un público que presentaba la expresión de la clásica diversidad de grupos peronistas. Frente a un estadio con casi 40.000 personas, debajo de una gigantografía con la conocida imagen de Ernesto "Che" Guevara, luego de la lectura de frases de José Martí, presentaron un breve show trovadores cubanos y sudamericanos. Al finalizar algunas rápidas exposiciones de varios militantes, toma la palabra Hugo Chávez como orador central del acto. En el discurso la retórica populista y latinoamericanista predominaron junto con la recuperación de su propuesta del ALBA en oposición al ALCA. Una

---

[20] En alusión a la Alternativa Bolivariana para las Américas (ALBA), propuesta por el gobierno venezolano de Hugo Chávez.

[21] Durante la realización de este evento Evo Morales aún no había sido electo presidente de Bolivia.

vez finalizado este discurso, el que duró casi dos horas y media, la multitud comenzó a retirarse y la mayoría emprendió el viaje de regreso a Buenos Aires.

A pesar de confluir en el estadio, la manifestación mostró claras divisiones entre grupos, tanto por el tipo de convocatoria (No a Bush vs. No al ALCA), como por las organizaciones participantes. Mientras el grueso de las organizaciones del grupo Argentinos por la Patria Grande, en franco apoyo al gobierno nacional, presentó un tipo de consiga latinoamericanista y en defensa del ALBA; otros grupos no comulgaban con esta postura. Por un lado, la Autoconvocatoria y sus organizadores –con la excepción de Barrios de Pie– mostraron una postura crítica al gobierno, aunque se movilizaron en conjunto. Por otro lado, los partidos de izquierda –excepto por el MST, el Partido Humanista y algunos otros– no participaron ni legitimaron la Cumbre de los Pueblos y la manifestación posterior, realizando sus propias actividades de carácter confrontativo. De esta manera, las marchas evidenciaron la persistencia de las divisiones políticas argentinas, y en el caso de la Autoconvocatoria la inexistencia de un "nosotros", así como la convivencia estratégica. No sólo la Cumbre no favoreció la constitución de un nuevo sujeto colectivo, sino que los existentes y sus divisiones quedaron en evidencia. Como lo sintetizó un actor clave en la planificación argentina del evento: *"El acto mostró una unidad a un objetivo político puntual, pero a lo interno, no es real"*[22].

También el acaparamiento que hizo del acto Chávez y los sectores kirchneristas puso en el centro de los debates el problema de la autonomía de los movimientos con respecto a los gobiernos. Como dijo uno de los representantes de México en la ASC, *"El problema en todas las Cumbres es la relación con los gobiernos, y en este fue con tres* [Argentina, Cuba y Venezuela]. *Esto muestra que era un buen caballo al que valía la pena subirse"*[23]. En otras palabras, la ambigüedad entre el éxito de la actividad (por concurrencia e impacto) y el consecuente interés producido en algunos gobiernos, reiteró el irresuelto debate sobre el momento político actual, y las diferentes interpretaciones sobre la necesidad de apoyar o confrontar a los gobiernos en el poder considerados de izquierda o progresistas.

---

[22] Comentario durante una reunión privada de evaluación realizada el día posterior a la finalización el evento (Mar del Plata, noviembre de 2005).

[23] Expresado durante la misma reunión privada (Mar del Plata, noviembre de 2005).

Conclusión

En la introducción nos interrogamos sobre: ¿Cuál es el impacto de la globalización en la definición identitaria de los actores involucrados en la Autoconvocatoria? La respuesta que hemos elaborado en el curso de estas páginas es que para la Autoconvocatoria la política se juega en el espacio nacional. No obstante, los actores no mostraron ignorar los conflictos asociados a la escala global, sino reinterpretarla en clave nacional. En otras palabras, la *globalización cultural* (Appadurai, 1996) no impactó en la auto-formación de la identidad de los actores que integran la coalición nacional, ya que preservan una identificación nacionalista y antiimperialista, definiendo los conflictos en el orden nacional. Sin embargo, sí ha provocado una paulatina (y novedosa para el contexto argentino) articulación regional en el marco de la Alianza Social Continental.

En este sentido es de destacar que pese a que, como hemos visto en el apartado anterior, los organizadores de la Cumbre de los Pueblos activaron nacional y regionalmente sus redes, y hubo una enérgica participación de la elite continental que coordina la ASC desde Brasil, la escala de acción de los actores participantes continuó siendo nacional, antiimperialista, no viéndose afectados sus repertorios tradicionales, las divisiones políticas argentinas y el predominio de los grupos peronistas en la escena nacional. Esto último resulta significativo si se considera que las organizaciones que integran la Autoconvocatoria son mayormente de ideologías de izquierda diversas, pero no peronistas, excepto por Barrios de Pie y parte de la CTA. Es decir, pese a ser expresa la identificación nacional sustentada en la tradición política argentina, la presencia de problemas comunes a toda la región favoreció la convergencia multisectorial y la regionalización coordinada de la acción colectiva.

De igual modo que la escala de acción es nacional, las dinámicas que hemos estudiado se mostraron mayormente influenciadas por la dimensión nacional (por ejemplo, los cambios en el gobierno nacional y las divisiones producidas a partir de la interpretación del nuevo momento político en la Autoconvocatoria). En este sentido, es posible comprender el contraste entre el éxito de las Primeras Jornadas de Consulta Popular, en las que participaron más de 2.500.000 personas, frente al fracaso, tan sólo unos meses más tarde, de las Segundas Jornadas. El elemento que parece haber marcado la gran diferencia entre ambas, estaría determinado por la asunción de un nuevo gobierno interpretado desde algunos sectores como "progresista", más que por algún cambio de importancia en el proceso regional de negociaciones del ALCA. Más aún si consideramos que su firma estaba prevista para el 1º de enero de 2005 en Buenos Aires.

En este capítulo observamos la constitución de un colectivo que, pese a no haber conformado un "nosotros", sí ha logrado perdurar en el tiempo definiendo y reformulando objetivos, desarrollando campañas, actuando en la arena pública nacional e interactuando con redes regionales (en particular, la ASC). En base a una identidad antiimperialista y nacionalista, la Autoconvocatoria define al gobierno de Estados Unidos y el que considera su proyecto de dominación continental como el antagonista central, hecho sobre el que todas las organizaciones coinciden. Por esta razón, nunca hubo una mención explícita a la arena en la que se desenvuelve esta negociación, la OEA, ya que consideran que es un mero instrumento del anterior.

Sin embargo, en el ámbito nacional no pudieron consensuar el/ los antagonista/s y cómo definir la forma de acción frente a él/ ellos (negociación/ confrontación). Las diferentes, y por ahora, irreconciliables visiones sobre el gobierno nacional argentino y su política interna y externa, han producido, como vimos, una fuerte división en el seno de la Autoconvocatoria. A pesar de ello, el colectivo no se ha disuelto ya que el objetivo estratégico inmediato resultó suficiente como elemento aglutinador, reforzándose en momentos específicos, como fue el caso de las campañas contra el ALCA estudiadas. Las mismas cobraron intensidad en los últimos años (en parte por las consignas anti-norteamericanas y, en particular, anti-Bush) y comportan una doble orientación. Por un lado, está presente la escala global en sus denuncias del estado actual de las relaciones internacionales, la apertura de los mercados y el "imperialismo norteamericano". Y, por otro lado, la escala local: las denuncias y demandas reclaman por la recuperación de la soberanía nacional y se orientan a producir cambios en la política exterior del gobierno, pero sin la utilización del lenguaje alter-globalización. Esta revitalización de la tradición antiimperialista en base a temas globales tiene, sin embargo, su propia tradición en el contexto local y en las traducciones que los actores elaboran en torno de las luchas trans-escalares y los riesgos y conflictos contemporáneos de la globalización.

Siglas en Gráfico 1:

- ASC: Alianza Social Continental
- ATE: Asociación de Trabajadores del Estado
- ATTAC: Asociación por una Tasa a las Transacciones financieras para la Ayuda al Ciudadano
- CADA: Campaña por la Desmilitarización de las Américas
- CLACSO: Consejo Latinoamericano de Ciencias Sociales
- CPL: Corriente Patria Libre
- CTA: Central de los Trabajadores Argentinos
- ENDEPA: Equipo Nacional de Pastoral Aborigen
- FJA: Federación Judicial Argentina
- FRENAPO: Frente Nacional contra la Pobreza
- FTV: Federación de Tierra, Vivienda y Hábitat
- IMFC: Instituto Movilizador de Fondos Cooperativos
- MOPASSOL: Movimiento por la Paz, la Soberanía y la Solidaridad entre los Pueblos
- MTL: Movimiento Territorial de Liberación
- PC: Partido Comunista
- PC-CE : Partido Comunista – Congreso Extraordinario
- SERPAJ: Servicio de Paz y Justicia

La lucha contra la corrupción y las políticas de transparencia: un programa global, un problema local*

Sebastián Pereyra

Introducción

La corrupción es un tema que ha despertado interés en los últimos años en diversos países y que ha generado, incluso, organizaciones de alcance internacional. Sin embargo, ¿esta constatación alcanza para definir un movimiento global anti-corrupción?

Este trabajo analiza la manera en la cual la corrupción se convirtió en un tema de interés en distintos ámbitos de la política argentina en los últimos años. Para ello nos concentraremos especialmente en el surgimiento de organizaciones especializadas en esos temas y reconstruiremos la historia que las llevó a adquirir una importante legitimidad y visibilidad pública.

A diferencia de otros casos, el aumento de la preocupación internacional y nacional por cuestiones de corrupción política son procesos simultáneos, paralelos y convergentes. Eso imposibilita plantear el análisis en términos de un proceso de exportación de una organización o un problema. La creación de la primera organización argentina especializada en temas de corrupción política es anterior a la puesta en funcionamiento de la importante red transnacional que se ocupa de estos temas, es decir, Transparencia Internacional. Sin embargo, la preocupación contemporánea por la lucha contra la corrupción y la promoción de políticas de transparencia tampoco son un invento argentino que se globalizó a mediados de los '90. El acento puesto en el carácter global y homogéneo de los problemas y las organizaciones obscurece el

---

* Agradezco especialmente a Inés González Bombal y Gerardo Aboy Carlés quienes realizaron importantes aportes en la discusión de una primera versión de este texto.

complejo e imbricado proceso que permitió que la corrupción se convirtiera legítimamente en un problema tanto en la Argentina como en otros países e incluso en ámbitos de deliberación y decisión internacionales. En ese contexto, las preguntas por un movimiento global o transnacional se vuelven poco pertinentes para entender nuestro caso y parece mucho más sensato seguir el trabajo de diversos actores que interesados por el problema contribuyen a darle forma y a legitimarlo moviéndose entre, por un lado, el espacio nacional (o subnacional) y el internacional y, por otro lado, entre la sociedad civil, el estado y el mercado.

Quienes se han preocupado recientemente por las nuevas formas de interacción entre los contextos nacionales e internacionales de acción lo han hecho desde al menos dos grandes puntos de vista. En primer lugar, una visión optimista que hace hincapié en la creación y progresiva consolidación de redes transnacionales de *advocacy*, temáticamente orientadas, que consiguen multiplicar sus recursos y sus formas de intervención logrando mayor eficacia en las distintas contiendas locales (Keck y Sikkink, 1998). En segundo lugar, una visión pesimista da cuenta de la interacción de los contextos nacionales e internacional a partir de la conformación de *comunidades epistémicas* que producen y reproducen un conocimiento experto que luego es utilizado en contextos locales para alcanzar posiciones de poder y producir reformas institucionales (Dezalay y Garth, 2002). En este caso, el acento está puesto en la manera en la cual estrategias internacionales han permitido a elites locales maximizar sus oportunidades de intervención en la lucha por el poder del Estado y en el mejoramiento de sus condiciones materiales como consecuencia del desarrollo profesional. Para este trabajo nos hemos servido de ambos puntos de vista como modelos para entender, en forma dinámica, las estrategias y decisiones llevadas adelante por los actores y el tipo de combinaciones que fueron produciendo en sus diferentes itinerarios.

De la transición a la consolidación democrática: los orígenes de la Fundación Poder Ciudadano

La primera organización que comenzó a interesarse por cuestiones de corrupción en la Argentina fue una fundación, denominada Poder Ciudadano, creada en 1989 por un grupo de profesionales que decidieron desarrollar un ámbito de trabajo que no estuviera cruzado por la política partidaria y orientado a promover la participación de la ciudadanía en el desarrollo de instituciones democráticas[1]. En ese momento, el escenario de las organizaciones no gubernamentales en la Argentina mostraba una importante vitalidad ligada al proceso de transición a la democracia pero casi exclusivamente vinculada a las organizaciones de derechos humanos[2].

Los miembros fundadores de Poder Ciudadano se encontraban fuertemente marcados por la experiencia de la lucha de los derechos humanos y la importancia que ésta había tenido en la transición democrática. Uno de sus principales impulsores era ya un reconocido abogado con un alto perfil público. Su experiencia profesional durante la transición, en primer lugar, le había permitido adquirir notoriedad como fiscal adjunto en el juicio a las juntas militares y, en segundo lugar, lo había puesto en contacto con las dificultades que los mecanismos tradicionales de funcionamiento del Poder Judicial tenían para enfrentar situaciones de corrupción generalizada.

---

[1] En sus orígenes Poder Ciudadano se definía como una organización apartidaria y sin fines de lucro. La composición del grupo de miembros fundadores, Teresa Anchorena, Víctor García Laredo, Manuel Mora y Araujo, Mona Moncalvillo, Luis Moreno Ocampo y Marta Oyhanarte intentaba reflejar el espíritu pluralista de la organización. Ese núcleo originario, según relatan varios testimonios, intentaba lograr una suerte de entendimiento democrático mínimo basado en una noción general de los derechos ciudadanos. El intento era potenciar las coincidencias que habían surgido en la ciudadanía para el control del Estado. Sus miembros reflejaban los principales intereses político-partidarios de la época. En su momento, tenía particular importancia la idea de que el cambio institucional de 1983 debía ser acompañado con un cambio cultural de largo plazo que permitiera conjurar una cultura autoritaria instalada y arraigada en la sociedad argentina.

[2] A excepción de las asociaciones y fundaciones vinculadas a partidos políticos, sólo existía la asociación Conciencia, creada en 1982 con el objeto de promover la cultura democrática mediante herramientas fundamentalmente educativas y sin vocación de incidencia política, y, por otro lado, un incipiente grupo de organizaciones de consumidores. Un estudio de Andrés Thompson mostraba, en 1994, que existían dos tipos de organizaciones no gubernamentales productoras de ideas (*think thanks*) en la Argentina. Aquellas vinculadas al campo empresario y otras de carácter cívico. "Pero como señalamos, más allá de las actividades concretas, los estilos son diferentes. Aquellas más ligadas a sectores empresarios (Carlos Pellegrini, Acción para la Iniciativa Privada) se mueven fundamentalmente en el terreno de 'crear clima' a favor de la liberalización económica, el respeto a la propiedad privada y a todos aquellos aspectos que ligan los principios liberales con la actividad económica, tales como la libertad de comercio, de inversión y acumulación de capital, etc. Las originadas desde el campo de líderes cívicos o intelectuales (Poder Ciudadano y Conciencia), en cambio, intentan ser vigías de algunos actos de gobierno mediante la presión o el sometimiento al debate de la clase política, o bien trabajando 'desde abajo' en la concientización de los deberes y derechos ciudadanos y la formación para la participación" (Thompson, 1994: 50-52).

Este abogado, luego del juicio a las juntas, había asumido como Fiscal de la Cámara Nacional de Apelaciones en lo Criminal y Correccional de la ciudad de Buenos Aires y desde allí coordinó la actividad de un equipo de fiscales que se interesaron por casos que, en general, involucraban fraudes contra el Estado y que permitían suponer una complicidad entre funcionarios y empresarios para enriquecerse a costa del erario público[3]. "Cuando asumí el cargo, en diciembre de 1987, pensaba que la Justicia era el órgano clave de control. [...] Había participado en los juicios a las juntas y al Gral. Camps y creía que podíamos repetir el impacto de la acción de la Justicia en otras áreas" (Moreno Ocampo, 1993: 141).

Sin embargo, esa experiencia le indicó al fiscal que la estrategia judicial para enfrentar ese tipo de fenómenos era insuficiente dado que las investigaciones se ocupaban sólo de algunos casos puntuales y, por ende, no podían suplir la ausencia de controles que permite el accionar discrecional de los funcionarios públicos.

Por otro lado, otra de sus impulsoras más importantes también había adquirido una alta notoriedad cuando tuvo que enfrentarse a una vasta red de encubrimiento que trababa la investigación del secuestro y asesinato de su marido.

"Y sí influyó decididamente en Marta Oyhanarte el tema impunidad. Ella siempre relata que una vez, cuando era asesora en la Casa Rosada, a poco de ganar las elecciones Alfonsín, se vivía cruzando con gente que estaba vinculada con el secuestro y posterior asesinato de su marido porque eran servicios de inteligencia. Y ahí se dio cuenta de que había algo que no funcionaba" (Entrevista del autor a J.[4], un ex integrante de Poder Ciudadano)[5].

Ideológicamente, Poder Ciudadano fue concebida a distancia de, por un lado, los partidos políticos y, por otro, del movimiento de derechos huma-

---

[3] Los tipos de fraude que identifica el propio Moreno Ocampo son: en las compras del Estado, en el sistema de cobro de impuestos, aprovechando las políticas económicas del Estado, en el sistema financiero contra el Banco Central, en la importación y exportación de mercaderías. Moreno Ocampo, 1993: p. 141.

[4] Excepto en los libros y documentos públicos, los nombres de los entrevistados y las fuentes han sido alterados para preservar su identidad.

[5] Sobre la relación entre el asesinato de su marido y la fundación de Poder Ciudadano, ver también, Oyhanarte (1992).

nos. En lo que respecta al primer punto, Poder Ciudadano –como modelo de organización de un nuevo tipo– debía mostrar más independencia y eficiencia que las estructuras partidarias tradicionales.

"Para nada despreciábamos ni subestimábamos la actividad de los partidos políticos pero entendíamos que era necesario… no olvidemos que era una década en la que estaban empezando a surgir, en distintos lugares del mundo, organizaciones que Peter Druker llamaba, en ese momento, organizaciones para el cambio humano. Entendíamos que Argentina no tenía nada de eso, salvo Conciencia" (Entrevista a T., miembro fundador de Poder Ciudadano).

Por otro lado, en relación con las organizaciones de derechos humanos, los fundadores imaginaban un proyecto de trabajo más profesional y orientado hacia otras temáticas.

"Queríamos justamente hacer algo distinto. Las organizaciones de derechos humanos estaban muy focalizadas en todo lo que había sido, las violaciones a los derechos humanos en la época de la dictadura militar. Nosotros queríamos ir un paso más allá; empezar a construir, desde una institución, todo aquello que tuviera que ver con derechos cívicos" (Entrevista a T., miembro fundador de Poder Ciudadano).

Para los miembros fundadores, las organizaciones de derechos humanos, por un lado, como dijimos no manifestaban –en esa época– demasiado interés en el desarrollo de nuevas problemáticas y, por otro lado, más allá de sus importantes diferencias internas, las organizaciones mostraban una orientación ideológica más radicalizada y ligada a posiciones de izquierda (incluso de la izquierda partidaria) contraria al perfil más profesional y reformista que debía encarnar la fundación.

En los primeros años de la década del noventa, las preocupaciones más bien prácticas de estos personajes que gozaban de una importante popularidad y exposición mediática se cruzaron con el interés teórico que un grupo de jóvenes abogados había comenzado a desarrollar en ámbitos académicos respecto de algunas temáticas generales vinculadas al Estado y la democracia en el marco de las discusiones institucionales de la transición democrática. Ese grupo se había formado con renombrados constitucionalistas que habían participado de instancias de discusión política sobre la calidad institucional de la Argentina en los primeros años de la democratización[6].

La mayoría de ellos habían trabajado en el Consejo para la Consolidación de la Democracia y eran denominados los "Nino Boys"[7]. Allí habían participado en la definición de los grandes problemas que debía enfrentar el país en materia de consolidación democrática e institucional. El Consejo produjo a partir de un trabajo en comisiones una serie de documentos que se orientaban a mostrar la necesidad de consolidar reformas institucionales en distintos ámbitos a través de un proceso de reforma de la Constitución Nacional[8]. Allí se definió una verdadera agenda de reformas para actualizar las formas de funcionamiento institucional de la Argentina y evitar, que esas disfuncionalidades, produjeran nuevamente crisis irreversibles del régimen democrático. En particular, resultaba problemática la alta concentración de poder en la figura del presidente y la ausencia de mecanismos de control (entre poderes) a lo que se sumaba cierta atrofia y falta de eficacia del Poder Judicial[9].

Nutrido de esas fuentes diversas, Poder Ciudadano tomó forma entre 1989 y 1991, intentando ser, en esa época, un modelo de organización de la sociedad civil no comprometida y no involucrada con ningún partido político o, más bien, definiendo un núcleo de preocupaciones comunes compartidas por un grupo profesional, políticamente heterogéneo. El interés principal era difundir y trabajar sobre lo que debían ser ejes comunes y transversales de la vida democrática.

---

[6] Sobre el importante rol político de este grupo de abogados y filósofos de procedencia académica en la transición democrática en la Argentina, ver: Nino (1997); Basombrío (2004); Dezalay y Garth (2002).

[7] En referencia a Carlos Santiago Nino, un constitucionalista argentino formado en la Universidad de Oxford, fue uno de los principales asesores del gobierno de Raúl Alfonsín en temas de justicia y derechos humanos. Presidió, desde su creación en 1985 y hasta su disolución en 1989, el Consejo para la Consolidación de la Democracia, un espacio plural de reflexión creado por el gobierno para producir las grandes líneas de trabajo para la consolidación institucional del país. Ver: Basombrío (2004).

[8] Ver: *Consejo para la Consolidación de la Democracia* (1986 y 1987) y *Nino* (1992: capítulo 6).

[9] Nino, junto con otro constitucionalista asesor de Alfonsín, llamado Jaime Malamud Goti habían trabajado y producido ya varias leyes sobre la reforma del sistema judicial aún antes de que comenzara a funcionar el Consejo (Basombrío, 2004). Ver también Nino (1992: capítulo 6).

"Y un poco la filosofía de la fundación era: las instituciones democráticas no funcionan si los ciudadanos no las hacen funcionar; por lo tanto, en la medida que los ciudadanos no reclamen por control de corrupción, no reclamen por controles específicos, formas específicas de control, etc., no va a funcionar la democracia. Entonces, el trabajo ahí era sobre todo de generación… de trabajar conciencia" (Entrevista del autor a R., ex integrante de Poder Ciudadano). "La idea era crear una organización no gubernamental que involucrara a los ciudadanos más allá del voto en la participación de la vida democrática. Y se define un temario en el año '89 que, a hoy, cada vez cobra más vigencia, lejos de desactualizarse" (Entrevista del autor a N., ex integrante de Poder Ciudadano).

La fundación debía ser el espacio para que ciertos temas pudieran ser sustraídos de la contienda electoral y partidaria y se beneficiaran de un tratamiento experto para la identificación de problemas y la producción de grandes líneas de acción.

El cambio de gobierno en 1989 favoreció en varios sentidos la creación y el desarrollo de la Fundación. En primer lugar, la crisis y caída del gobierno radical obligó a que quienes habían trabajado en el gobierno o se habían mostrado afines a la política alfonsinista –varios de los primeros miembros importantes de poder ciudadano reunían alguna o ambas de estas dos condiciones– buscaran nuevos espacios de desarrollo profesional y político por fuera del Estado. Al mismo tiempo, la crisis del gobierno de R. Alfonsín comenzaba a ser percibida también como la crisis de la Unión Cívica Radical y, por ello, las estructuras partidarias no parecían ser el lugar indicado para el desarrollo de una política de oposición.

Al mismo tiempo, la coalición menemista que llegó al poder en 1989 también generó condiciones para que la cuestión de la corrupción fuera uno de los primeros y principales temas abordados por Poder Ciudadano. En los primeros años de la década del noventa la política de privatizaciones y reforma de la administración pública fue justificada por el nuevo gobierno –y en particular por su equipo económico– echando mano a un discurso centrado en el carácter estructural de la corrupción en la Argentina. El Estado debía ser reformado (especialmente a través de políticas de desregulación y privatización) para controlar las prácticas corruptas que se veían favorecidas por una regulación desmedida de la actividad económica y un sobredimensionamiento de la función de provisión de servicios públicos por parte del Estado.

Las políticas gubernamentales y la llamada ala "técnica" que llegó al gobierno en 1991 se interesaban por las cuestiones de corrupción dado que la transparencia en la gestión pública era, en primer lugar, una condición de posibilidad para la promoción de las reglas de competitividad y apertura económica por las que el equipo económico propugnaba y, en segundo lugar, una forma de ganar espacio dentro de la interna política del gobierno frente a los sectores del peronismo tradicional[10]. Esa orientación generó buenas condiciones para el desarrollo de la actividad profesional en temas de corrupción de una parte de los miembros de Poder Ciudadano que también se dedicaban al ejercicio privado de su profesión.

El contexto del desarrollo de políticas neoliberales fue importante para que el estudio jurídico que había montado uno de los miembros más importantes de la fundación comenzara a desarrollar nuevas líneas de trabajo. En primer lugar, el estudio participó en diversas intervenciones que realizó el Ministerio de Economía en algunos organismos públicos.

> "Nunca trabajamos dentro del Ministerio pero sí… por ejemplo, la intervención de… una vieja caja política. Ahí, por ejemplo, [Domingo] Cavallo metió a un salteño que se llamaba Guzmán. Un economista de centro-derecha, o derecha, pero recontra honesto. Un poquito 'mano dura' para mi gusto. Un buen tipo. Nosotros entramos en el la intervención. Yo era abogado, me sentaron en un despacho y me dijeron empezá con estas carpetas y fijate qué encontrás. Una especie de auditoría legal. Y encontramos disparates…" (Entrevista del autor a L., abogado del estudio Bormen, Jofré, Isola).

Generalmente las intervenciones se limitaban a detectar irregularidades, dictar nuevos reglamentos e iniciar causas contra algunos funcionarios, sorteando las trabas para la remoción y tratando de evitar posibles respuestas judiciales de los empleados. Estas estrategias permitían al Ministerio reducir los presupuestos de las agencias y ordenar las cuentas públicas y a los abogados del estudio —más allá del rédito profesional— profundizar su conocimiento experto sobre el problema de la corrupción administrativa a partir del trabajo en casos concretos. En segundo lugar, el

---

[10] Sobre las características e ideología del ala técnica del gobierno de Menem, ver: Dezalay y Garth, 2002: capítulo 2.

estudio obtuvo contratos con las empresas de servicios públicos privatizadas para modificar las reglas de funcionamiento interno y atacar algunas prácticas corruptas que hacían perder eficacia y rentabilidad a las empresas y que quizá ni siquiera eran percibidas como tales por los propios autores.

El presidente de Poder Ciudadano era, por esos años, el socio mayoritario del estudio lo cual facilitaba un contacto fluido entre las actividades de las dos organizaciones que, sin embargo, no tenían vínculo formal. Esa relación aseguraba que la fundación dispusiera del recurso a un equipo profesional bien preparado para resolver consultas o llevar adelante acciones judiciales y para el estudio, la actividad sin fines de lucro suponía un respaldo para generalizar y expandir la problemática de la corrupción y, eventualmente, complementar las actividades profesionales.

Al mismo tiempo, el propio gobierno que encaró el proceso de reformas lo hizo alterando, transformando y neutralizando todos los sistemas de control administrativos existentes en el país y avanzando sobre la independencia del Poder Judicial. Las privatizaciones, que representaban una gran transferencia de recursos, realizadas en el marco de una modificación de los sistemas de control se constituían en el contexto perfecto para una multiplicación de prácticas corruptas en la administración.

En ese contexto, surgieron una serie de escándalos en los medios de comunicación nacionales que se iniciaron en 1991 involucrando a altos funcionarios del nuevo gobierno en complejas tramas de corrupción política y administrativa. "…desde el día de Reyes de 1991, cuando se supo que el embajador de los Estados Unidos había presentado una protesta escrita por el pedido de una coima a una empresa de su país, la corrupción persiguió al gobierno como el trueno al relámpago" (Verbitsky, 1997: 45). Los escándalos[11] comenzaron a tener, desde ese momento, un fuerte impacto y cobertura en la prensa gráfica nacional y se fue generando una especialización periodística en estos temas que adquirían cada vez mayor interés y que ofrecían, cada vez, mejores oportunidades profesionales[12]. A su vez, en la opinión pública co

---

[11] Sobre los escándalos mediáticos en Argentina, ver Waisbord (2002).

[12] El periodismo de investigación se convirtió en una rama prestigiosa de la actividad periodística durante los años '90. Se ampliaron notablemente los espacios de producción en los medios de comunicación en particular prensa gráfica pero también televisión y comenzaron a editarse colecciones en importantes editoriales con los resultados de las investigaciones. Para un análisis del crecimiento del periodismo de investigación en Argentina, ver: Muraro (1997).

menzó a instalarse la percepción de un estado de corrupción generalizada[13] y en la oposición política al gobierno la posibilidad de desarrollar un nuevo eje de campaña.

La prensa era, para Poder Ciudadano, uno de los primeros aliados natu-rales dada la voluntad de crear conciencia sobre la cuestión de la participación ciudadana. Por otro lado, existían, desde el comienzo, canales de comunicación fluidos con los medios y siempre fue una preocupación, para la organización, mantener una estrategia de prensa coherente:

"Ehm, al principio porque hizo uso debido, no indebido, hizo uso debido, del nombre de sus fundadores. Una vez que se construyó la marca Poder Ciudadano se generó una estrategia, obviamente, de despersonalizar la institución; Poder Ciudadano comenzó a ser referente en determinados temas, por lo tanto ya no tenías que ser vos el proactivo, sino que los medios te empiezan a consultar. Se abre una revista propia de Poder Ciudadano, que se mantiene durante un tiempo; y en el año '98, cuando me ofrecen hacerme de manera *part-time* cargo del área de comunicaciones, ahí se intenta reflotar la revista y yo les contra-propongo que no, que si nosotros aspirábamos a ser una organización de impacto masivo teníamos que llegar a los medios masivos, no con una revista propia que la leían 2000 personas, mi mamá y se ponía contenta. Entonces, lo que empezamos a armar es una agencia de noticias, que es *Infocívica,* y que sin dudas es una herramienta que ha sido un golazo poder desarrollarla" (Entrevista del autor a N., ex miembro de Poder Ciudadano).

Al mismo tiempo, para los abogados que, desde el estudio, se dedicaban jurídicamente a abordar casos de corrupción, la prensa representaba también un aliado indispensable:

"En los casos anticorrupción vos necesitás a la prensa para que te ayude porque gran parte del caso es hacerlo público. Nosotros jugamos en paralelo… la estrategia mediática era, en algunos casos, parte del caso porque, si no, el caso se cae. Si vos vas con un caso de un alto funcionario político a un juez que lo nombró ese alto funcionario político… y no decís nada y vas a mesa de entradas y presentás la denuncia por ahí en quince días terminás preso y no te diste cuenta" (Entrevista del autor a L., abogado del estudio Bormen, Jofré, Isola).

---

[13] Durante los años noventa, la corrupción aparecía como uno de los principales problemas del país en las encuestas de opinión pública. En las mediciones nacionales del Latino barómetro, por ejemplo,

Todo esto multiplicó, en pocos años, los incentivos para que el problema fuera adquiriendo estado público.

Como hemos visto hasta aquí, las trayectorias y problemas que llevaron a la creación de Poder Ciudadano se vinculan, en buena medida, con cuestiones que se ubican en una escala nacional de la política y, en particular, con la impronta que dejaron ciertos procesos ligados a la transición democrática y, posteriormente, a la implementación de las políticas neoliberales de apertura económica y reforma del Estado. Sin embargo, rastreando la actividad de los primeros años de Poder Ciudadano, nos encontramos con que son también procesos de carácter internacional los que permitieron el desarrollo efectivo de la organización.

En primer lugar, las políticas de reforma del Estado y el progresivo financiamiento internacional de las políticas públicas en el país crearon un clima que favoreció el desarrollo de organizaciones no gubernamentales. Todos los programas de reforma con financiamiento internacional (especialmente la descentralización y focalización de las políticas sociales) incluían cláusulas que requerían la presencia de ONG como contrapartes de la gestión de las políticas. Aunque PC no se benefició directamente de estas nuevas fuentes de financiamiento para el desarrollo de organizaciones del tercer sector, es innegable que su creación se produce en ese contexto mayor de expansión del sector favorecido por las políticas de reforma y los organismos internacionales que las impulsaban y financiaban[14].

En segundo lugar, tal como fue analizado, el ámbito de desarrollo profesional que genéricamente se vinculaba con los derechos humanos y del que, por diferentes carriles, provenían algunos de los primeros integrantes de la fundación era un espacio altamente internacionalizado en virtud del interés que dicha problemática había suscitado fuera de la Argentina y el tipo de redes de intercambio a que había dado lugar ese interés (Keck y Sikkink, 1998: capítulo 3). Varios de los jóvenes miembros

---

la corrupción se mantiene cerca del 10% como principal problema del país y, en 1997, un 88% respondía que la corrupción era un problema muy serio y un 91,9% consideraba que la corrupción había aumentado mucho durante el año precedente.

[14] Sobre la relación entre las políticas sociales, el financiamiento internacional y el surgimiento de organizaciones no gubernamentales, ver: González Bombal y Villar (2003).

de la fundación podían, en este sentido, echar mano a los recursos ofrecidos por las estrategias internacionales de las que disponían y que se habían generado en espacios abiertos por el interés de los temas de derechos humanos y democratización en el exterior[15].

Por último, en tercer lugar y como corolario del punto anterior, al calor de las políticas de reforma del Estado, las discusiones sobre la consolidación democrática tomaron un tono administrativista. En este giro, la progresiva difusión de la literatura existente sobre el tema específico de la corrupción acaparó el interés de los miembros de Poder Ciudadano. En particular, tuvo fuerte impacto la producción de un economista de Harvard y consultor internacional llamado Robert Klitgaard que junto con otras obras fue materia particular de lectura en los Master que varios de los colaboradores de la fundación realizaron durante los años '90 en EEUU[16]. Esas ideas habían surgido en su mayoría de la experiencia norteamericana de discusión de la corrupción política que estuvo ligada al escándalo que se popularizó con el nombre de *Watergate*.

Las décadas posteriores al escándalo en EEUU no sólo fueron propicias para la producción de ideas relacionadas con el tema sino que el desarrollo legal y político de los acontecimientos produjo un interés importante (especialmente entre las empresas norteamericanas con actividades comerciales y productivas instaladas fuera de ese país) en que esas discusiones trascendieran las fronteras y llegaran a otros países desarrollados. La *Foreign Corrupt Practices Act* (FCPA) de 1977 impuso a las

---

[15] Sobre la definición de las estrategias internacionales de actores que utilizan cierto capital acumulado fuera del país para construir poder en sus países, ver: Dezalay y Garth, 2002: 7-8.

[16] *Controlling Corruption* (1988) es uno de los libros más famosos de Robert Klitgaard quien ha tenido una impresionante trayectoria como consultor en temas de desarrollo del tercer mundo en organismos como: Asia Foundation, the Asian Development Bank, the Development Bank of Southern Africa, the Interamerican Development Bank, the IMF, the OECD, the Organization of American States, the White House, the United Nations, USAID, the World Bank, and the Rockefeller and Ford Foundations y varios gobiernos del mundo. Otras fuentes de inspiración fueron: la producción de un juez conservador y profesor de leyes en la Universidad de California, Berkeley llamado John T. Noonan Jr. Su libro *Bribes* (1984) es el único que se vincula estrictamente al tema de la corrupción aunque la moral y la ética han sido abordados por el juez Noonan en sus diversos libros sobre el análisis de la relación entre Estado y religión. También puede verse: de W. Michael Reisman, *Remedios contra la corrupción* (1981) y, fundamentalmente, *Corruption: a study in political economy* (1978) de Susan Rose-Ackerman.

empresas norteamericanas que actúan en el exterior importantes sanciones para aquellas que realicen o fomenten prácticas corruptas. Estas nuevas restricciones generaron una desventaja estratégica importante respecto de empresas de otros países desarrollados que podían recurrir a este tipo de prácticas en su relación con los gobiernos de países del tercer mundo para mejorar sus oportunidades comerciales.

El interés por internacionalizar las discusiones sobre corrupción cobró un nuevo impulso a fines de los ochenta. En ese momento, la Agencia de los Estados Unidos para el Desarrollo Internacional (USAID), comenzó a impulsar el proyecto "Rendición de Cuentas (Respondabilidad)/Anti-Corrupción en las Américas" (Proyecto AAA)[17]. Sus actividades comenzaron en 1989 con un doble propósito de: "formar conciencia en los ciudadanos sobre los efectos perversos de la corrupción y fomentar la transparencia gubernamental y la rendición de cuentas en América Latina y el Caribe".

Ese proyecto se basó en una consideración de los vínculos entre corrupción y problemas de desarrollo en el contexto político generado por la caída del muro de Berlín[18]. Desarrolló una serie de actividades de distinto tipo pero con dos objetivos muy claros en la primera etapa de trabajo: apoyar la reforma de los sistemas fiscales y aduaneros de los países latinoamericanos y financiar organizaciones civiles que comenzaran a interesarse seriamente y a desarrollar estrategias internas vinculadas a la lucha contra la corrupción[19].

Poder Ciudadano se benefició de este tipo de apoyo que permitió financiar las primeras actividades de la organización. Más en detalle, los aportes de USAID y la Fundación Ford permitieron que, en los primeros

---

[17] Para más datos generales sobre el proyecto, ver: www.respondanet.com

[18] En un libro publicado en 1993, uno de los principales activistas de Poder Ciudadano expone esta cuestión de la manera siguiente: "El derrumbe de los gobiernos comunistas y las dictaduras militares latinoamericanas parecen marcar un cierre de esa discusión. Queda un único sistema mítico en pie. Sin embargo, lo que resta no es el fin de la historia sino una disputa diferente, más compleja y difusa. No se trata de luchar contra un enemigo externo que francamente propone otros principios, sino de que dentro de las democracias republicanas el sistema mítico se desplace a los códigos prácticos basados en la fuerza o en la corrupción." (Moreno Ocampo, 1993: 165).

[19] Éstas han sido las áreas principales de financiamiento del programa desde su creación hasta la fecha. Ver: USAID, 2005: 33.

años de la década del '90, la fundación pudiera consolidar una pequeña estructura administrativa y comenzara a desarrollar programas específicos[20]. En 1991 se iniciaron los dos primeros programas: "Iniciativa privada para el control de la corrupción" y "Justicia en Argentina" a los que luego se agregaron en 1993, un programa sobre "Representatividad política" y uno llamado "Educación para la participación"[21]. El contenido de esos cuatro programas iniciales representan bien los temas centrales por los que la fundación continuó demostrando interés a los largo de estos años aunque las formas de organización de las actividades y su denominación fue variando con el tiempo (ver cuadro 1).

---

[21] El programa "Representatividad Política" fue financiado por una fundación con sede en Washington DC, denominada National Endowment for Democracy (NED); ver más adelante la nota 46. El programa "Educación para la participación", a su vez, por la Embajada de Canadá. Algunos testimonios señalan que, en los primeros años, existía también un programa sobre seguridad ciudadana que luego fue abandonado porque se superponía con el tipo de trabajo que habían encarado algunas organizaciones de derechos humanos. Buena parte de los datos sobre los programas, las actividades y el financiamiento de las actividades de Poder Ciudadano fueron cedidos al autor por Irène Hors a quien debo un profundo agradecimiento por su generosidad.

[20] Para un panorama general y algunos datos sobre el financiamiento norteamericano de ONG en la Argentina, ver: Marsal (2005).

Cuadro 1: Programas de Poder Ciudadano 1989-2001

1989	Sin programas específicos funcionando
1990	Sin programas específicos funcionando
1991	Sin programas específicos funcionando
1992	- Justicia en la Argentina (Ford Foundation) - Iniciativa Privada para el Control de la Corrupción (USAID)
1993	- Justicia en la Argentina (Ford Foundation) - Iniciativa Privada para el Control de la Corrupción (USAID)
1994	- Justicia en la Argentina (Ford Foundation) - Iniciativa Privada para el Control de la Corrupción (USAID) - Representatividad política (NED) - Educación para la participacion (Embassy of Canada)
1995	- Justicia en la Argentina (Ford Foundation) - Iniciativa Privada para el Control de la Corrupción (USAID) - Representatividad política (NED) - Educación para la participacion (Embassy of Canada)
1996	- Representividad Política (NED) - Fiscalización Ciudadana - Iniciativa Privada para el Control de la Corrupción (USAID) - Control Ciudadano de Gestión - Justicia en la Argentina (Ford Foundation) - Red Lationamericana y del Caribe para la Democracia - Proyectos Interinstitucionales
1997	- Representividad Política (NED) - Participación y Fiscalización Ciudadana - Foros de Interés Ciudadano - Educación para la Participación - Red Lationamericana y del Caribe para la Democracia
1998	- Representividad Política (NED) - Participación y Fiscalización Ciudadana - Foros de Interés Ciudadano - Educación para la Participación - Red Lationamericana y del Caribe para la Democracia

1999	- Representividad Política (NED)
	- Participación y Fiscalización Ciudadana
	- Foros de Interés Ciudadano
	- Educación para la Participación
	- Red Lationamericana y del Caribe para la Democracia
2000	- Participación y Fiscalización Ciudadana (Ford Foundation y US Embassy)
	- Elecciones Transparentes (Tinker Foundation)
	- Ciudadanos por la Justicia
	- Aulas sin Fronteras
	- Jóvenes Negociadores
	- Contrataciones Transparentes
	- Red Interamericana para la Democracia
	- Comunicaciones (desde el mes de agosto)
	- Día nacional de la lucha contra la corrupción
2001	- Programa de Acción Colectiva por la Justicia
	- Elecciones Transparentes (Tinker Foundation)
	- Ciudadanos por la Justicia
	- Contrataciones Transparentes – Pacto de integridad
	- Presupuesto participativo
	- Indices de Transparencia del Presupuesto Nacional
	- Transparencia y participación en el Gasto Social
	- Ciudadanos por el Senado
	- Jóvenes Negociadores
	- Aulas sin Fronteras
	- Poder Ciudadano Joven
	- Productora de noticias cívicas - Infocívica
	- Relaciones Institucionales

Fuente: Hors (2000), memorias y documentos internos de Poder Ciudadano.

Las tareas se orientaron, en esa primera etapa, a tratar de difundir y crear conciencia en la ciudadanía sobre las cuestiones ya más específicas de la corrupción y los problemas de la justicia multiplicando los espacios de discusión y produciendo información que apoyara y diera un carácter más técnico al trabajo. Las actividades de la fundación tenían como objetivo general la instalación de un tema y su movilización pública para lo cual el problema central fue la producción de los insumos principales que le permitieran elaborar diagnósticos y definir algunas líneas de acción que constituyeran un programa para los próximos años[22].

La legitimación de la lucha anticorrupción durante los años '90

En este apartado nos dedicaremos a analizar el tipo de transformaciones que hicieron posible que, aquellos problemas y diagnósticos elaborados por la fundación a principios de los años '90 se fueran orientando a una tematización de la corrupción política y que ésta haya adquirido, a su vez, una importante trascendencia a nivel nacional. Para ello nos concentraremos en el tipo de actividades y campañas desarrolladas por Poder Ciudadano –así como por otras ONG que se fueron sumando a esta tarea en los últimos años– e intentaremos ver cuánto y de qué manera han influido, interactuando con la política institucional y los medios de comunicación, para que se produjera este resultado.

En el cuadro 2 se presenta una tipología de las actividades de Poder Ciudadano en el período 1989-2001[23]. Esos años permitieron definir y consolidar el trabajo de la fundación y, más allá de las vicisitudes, mostraron un afianzamiento de su imagen pública. Efectivamente, Poder Ciudadano se convirtió entre 1989 y 2001 en una fuente de referencia para periodistas, políticos, activistas y público interesado en temas de corrupción. A su vez, las actividades de Poder Ciudadano durante los primeros años de la década de 1990 se fueron orientando decisivamente hacia temas de corrupción circunscribiendo y organizando sus intereses originarios más vinculados a las cuestiones generales de la institucionalidad y la participación ciudadana.

---

[22] Ambos aspectos son abordados y desarrollados en el libro de Luis Moreno Ocampo (1993).

[23] I. Hors (2000: 4) sostiene que las actividades de la Poder Ciudadano desde su creación hasta la actualidad se han orientado a partir de cuatro grandes líneas de acción: generar conciencia en los ciudadanos sobre un determinado problema y fomentar una discusión alrededor de soluciones posibles (sin defender ninguna postura en particular); hacer lobby con funcionarios públicos para lograr que se adopten ciertas medidas de gobierno; producir información técnica específica, con el propósito de influenciar -brindando herramientas para ser utilizadas- en el comportamiento de ciudadanos y de funcionarios; implementar mecanismos de control o gerenciamiento relacionados con asuntos públicos, que impliquen la participación de organizaciones no gubernamentales así como el monitoreo, seguimiento y transformación de mecanismos u organismos ya existentes. Pude compararse esta caracterización con la que realizan Keck y Sikkink (1998: 16) respecto de las redes de *advocacy*. A los fines de este trabajo preferimos utilizar una tipología un poco más detallada.

Cuadro 2
Tipología de actividades 1989-2001

1) Difusión
      1.1. Público general (alcance medio)
      1.2. Público general (masivo)
      1.3. Públicos más específicos
      1.4. Públicos experto y académico

2) Educación e investigación

3) Encuestas, producción de datos estadísticos e información técnica (libros)

4) Recepción de denuncias

5) Actividades novedosas (alto impacto)

6) Trabajo en y para redes y coaliciones
      6.1. Nacional
      6.2. Internacional

7) Intervención (aplicación de herramientas)
      7.1. Participación en la producción de normas y reformas institucionales
      7.2. Monitoreos
            7.2.1. Promesas de candidatos y campañas electorales en general
            7.2.2. Financiamiento de partidos políticos
            7.2.3. Sistemas de Integridad para gobiernos locales
            7.2.4. Acceso a la información pública - específicos
      7.3. Bancos de datos

8) Litigio en casos de interés público

Fuente: Hors (2000), memorias y documentos internos de Poder Ciudadano.

Los tipos de actividades que encontramos y analizaremos a continuación tienen que ser puestos en perspectiva dado que Poder Ciudadano, al igual que otras organizaciones no gubernamentales en la Argentina sufrieron una serie de cambios que suelen ser evocados en las visiones retrospectivas que los entrevistados tienen del período. En primer lugar, algunos testimonios –en coincidencia con quienes han analizado con detalle la actividad de este tipo de organizaciones– sostienen que existió durante la década de los noventa una transformación sustancial que llevó desde una primacía original de las actividades orientadas a la denuncia y el sostenimiento de valores a otras cuya orientación es menos general y más vinculada a la intervención técnica y a la producción de resultados más concretos y específicos (Hors, 2000 y Saba, 2002).

> "Al principio vos tenés, principio es… fines de los 80, principios de los 90, vos lo que tenés son organizaciones con demandas de valores, ¿no?, en transparencia, responsabilidad política, *accountability*… vos tenés en esas organizaciones muy poco… eh… muy poco trabajo técnico e intelectual; tenés acción, concientización, ¿sí? Pero yo creo que si vos nos preguntabas… preguntaban en Poder Ciudadano, ¿qué están haciendo concretamente para controlar la corrupción? Te decíamos: generando conciencia. Eso fue evolucionando… Y hoy, bajo las condiciones que trabajan (…) tienen tiene una preocupación por ser… técnicamente buenos como para poder discutir con el Congreso, con los políticos sobre cambios concretos. Ahí yo noto una evolución" (Entrevista del autor a R., ex miembro de Poder Ciudadano).

"En el primer período [1989-1995], Poder Ciudadano confía en las estructuras oficiales y sólo trata de hacer funcionar las instituciones democráticas existentes. Hay confianza en la habilidad de los ciudadanos para ejercer presión y lograr las soluciones adecuadas. En el segundo período [1995-2001], Poder Ciudadano confía más en mecanismos triangulares de control (mecanismos de control que involucran a un tercero –los ciudadanos interesados en la preservación de un bien público–), que permiten acelerar los cambios institucionales en el nivel oficial" (Hors, 2000: 4)[24]. Como veremos luego con más detalle, esa evolución se nota en el tipo de actividades desarro-

---

[24] Traducción propia.

lladas y, cada vez más, en los requerimientos de las fuentes de financiamiento y de las alianzas internacionales.

En segundo lugar, entre comienzos de los '90 y los primeros años de la década de 2000, se produjo un importante recambio generacional así como un cambio del perfil de los integrantes de las organizaciones que, en el caso de Poder Ciudadano, es evaluado en estos términos:

"Te diría que en la década del 90 la gente era gente de perfil clase media alta... con su vida económica resuelta, digamos, o por lo menos sin apremios económicos, que permitían destinar tiempo; y te diría que edad iría de 45 años, 50 años para arriba. Digamos, gente ya consolidada en su... en su vida" (Entrevista del autor a N., ex miembro de Poder Ciudadano).

Ese perfil, fue reemplazado años más tarde por otro compuesto por jóvenes profesionales en busca del desarrollo de una carrera y, en algunos casos, exigidos por la progresiva degradación del mercado laboral argentino.

"Te mentiría si te digo que me acerqué desde el lado 'Voy a cambiar el mundo' entrando a Poder Ciudadano. Había tres ofertas laborales en ese momento y yo me pude dar el lujo de elegir y elegí ideológicamente pero… pero también defendí mucho el tema de… todo bien pero para mí esto es un laburo" (Entrevista del autor a A., miembro de Poder Ciudadano).

Ese cambio se verifica también en la diversificación profesional de los miembros. Así, mientras que al principio la abrumadora mayoría eran abogados, a comienzos de siglo es más frecuente encontrar politólogos, sociólogos, comunicólogos y periodistas; diplomas todos con menor capacidad de inserción profesional que abogacía. En cualquier caso, el cambio generacional implicó que la composición de las ONG se fuera orientando de manera cada vez más marcada a un perfil de egresados universitarios con un alto nivel de credenciales y de calificación laboral.

En tercer lugar, el cambio de perfil generacional, socio-económico y profesional de los miembros de las organizaciones produjo una tensión irresoluble y variable entre lo que podríamos denominar un componente militante y uno técnico en las formas de relacionarse y definir la propia participación en las actividades del grupo.

"Aunque yo siempre digo que Poder Ciudadano hizo las mejores cosas casi sin plata. Porque finalmente si no… vamos a ser un poco más empleados y menos militantes. Y eso es grave. Soy una gran luchadora para que… Poder Ciudadano no es venir a trabajar de ocho a doce y de dos a cuatro porque no es eso. Poder Ciudadano es una actitud de vida" (Entrevista a C., miembro de Poder Ciudadano).

"Yo venía de años de militancia radical, tanto en el partido -vengo de familia radical- como en la Franja, no en la Facultad, sino en el [Colegio Nacional de] Buenos Aires. Así que venía de una militancia más en lo partidario… y al principio, de hecho, yo me acerqué a acá adentro más desde lo técnico que desde la cosa de la militancia. Y hay de hecho un quiebre interno todavía hoy en Poder. Gran parte del *staff* que se acerca hace muchos años como voluntarios… que se acercan mucho más por la cosa más… lo que ellos llaman… la mística de la institución, y nosotros que nos acercamos más (…) como técnicos, pero no como técnicos, que se yo, como te podrías acercar a otro… como técnico de computación. No, no, no… con compromiso" (Entrevista del autor a A., miembro de Poder Ciudadano).

En cuarto lugar, el pluralismo político que caracterizó el período de fines de los años '80 donde la coexistencia pacífica y la competencia leal eran valores importantes sostenidos en los ideales democráticos fue progresivamente reemplazado por una distancia y crítica crecientes respecto de la actividad de los partidos políticos en general. Así, por ejemplo, si en la época de su creación, Poder Ciudadano podía reclamarse un espacio políticamente heterogéneo, en virtud de la militancia o simpatía partidaria de sus miembros, a comienzos del nuevo siglo, la fundación es eminentemente apolítica o apartidaria. Esa distancia se ejemplifica bien en la percepción de las diferencias fundamentales que existen entre la militancia y el trabajo técnico-profesional evocadas en el punto anterior.

En quinto y último lugar, hay diferencias muy grandes en la concepción de la relación de las ONG con el Estado. Así, mientras que durante los años '80 era impensable un trabajo de colaboración o en conjunto con agencias estatales hacia fines de siglo esa perspectiva no sólo es concebible sino incluso, en algunos casos, deseable:

"…el trabajo tradicional en derechos humanos, por ejemplo, nace en la dictadura. Ve al estado como un enemigo, el estado militar es un enemigo… y te diría que eso también fue, se trasladó hacia el trabajo de algunas organizaciones en democracia; y yo creo que parte de la nueva generación de organizaciones o de la nueva dirección de las viejas organizaciones es… el estado ya no es más el enemigo. O sea, puede ser un lugar en el que sientas que no… pero a veces el trabajo constructivo con el estado… vos tenés que construir estado… (…) Hay cierta izquierda del sector de derechos humanos que ve el estado enemigo porque viene, obviamente, con la memoria institucional del estado que te mataba. Después está cierta derecha que también ve el estado enemigo porque el estado te saca la propiedad, te cobra impuestos y qué sé yo." (Entrevista del autor a R., ex miembro de Poder Ciudadano).

Es cierto que, a diferencia de las organizaciones de derechos humanos, Poder Ciudadano desde el momento de su creación contaba entre sus filas a muchos profesionales que habían tenido ya bastante experiencia de trabajo en y con el Estado. Sin embargo, la actividad de los primeros años de los '90 se mantuvo a una distancia considerable respecto de las políticas gubernamentales y las agencias estatales lo que reforzó, en principio, la percepción de la distancia.

Estas transformaciones generales se verifican en el peso relativo que tuvieron, a lo largo de los años, los distintos tipos de actividades desarrollados por Poder Ciudadano. Así, mientras que en sus primeros años los tipos (1), (2) y (3) tuvieron más importancia, hacia el año 2000 comienza a adquirir mucha relevancia un trabajo típicamente de intervención. Algunas de estas actividades como, por ejemplo, los bancos de datos, permitieron alimentar la tarea de difusión e impacto mediático junto con otros instrumentos. Al mismo tiempo, la puesta en marcha de herramientas específicas de monitoreo abrieron la posibilidad de extender los ámbitos de trabajo de la fundación y llevar la problemática, por ejemplo, a la escala local donde la capacidad de producir transformaciones se vuelve mucho más factible.

De todas formas, como veremos a continuación, la fundación siempre tuvo una labor diversificada e intentó continuamente diferentes modos de lograr presencia pública, producción interna de materiales y trabajo de incidencia. Esa diversidad de actividades resulta muy útil para entender los modos en los cuales el problema fue adoptando un carácter cada vez más legítimo.

Las estrategias de difusión: creación y explotación de públicos

En la primera etapa, el trabajo de la fundación se orientó decididamente por una estrategia de concientización sobre las cuestiones más generales de la participación ciudadana y la corrupción. Desde 1991 las tareas de difusión comienzan de manera sistemática y asociadas, en particular, a la puesta en marcha del programa sobre corrupción antes mencionado. El principal mecanismo de difusión de ideas fue una revista que comenzó a editarse en 1992 y que llegó a contar con unos 600 suscriptores, más unos 100 ejemplares enviados de cortesía (Hors, 2000). Además de publicitar las actividades de la fundación, la revista funcionaba como un espacio de intercambio de ideas. Allí se publicaron artículos de expertos sobre las diferentes temáticas abordadas por Poder Ciudadano y, además, servía como herramienta para la movilización de campañas y convocatorias. La revista salió sistemáticamente hasta 1997 (se publicaron unos 60 número en total) cuando debió suspenderse su publicación por problemas de financiamiento. Hasta el año 2000, ese había sido el principal mecanismo de comunicación de la fundación. En ese momento, se creó Infocívica[25], una página *web* y un servicio de distribución de *e-mails*, destinados a la publicación de información específica de Poder Ciudadano pero también de otras organizaciones afines. En realidad, Infocívica es un ambicioso proyecto que continúa actualmente y que hace las veces de una agencia de noticias.

Más allá de los medios utilizados, la estrategia de difusión de Poder Ciudadano puede ser segmentada de acuerdo al tipo de público al que se encuentra dirigida. A lo largo de los años, la fundación combinó, de manera diferente, estrategias dirigidas a cuatro tipos de públicos según se detalla en el cuadro 2.

En lo que se refiere a un público general, la fundación tuvo desde los primeros años un perfil relativamente alto –vinculado a la celebridad y las conexiones de sus fundadores– lo cual les permitió lograr cierta masividad. Sobre todo L. Moreno Ocampo y M. Oyhanarte tenían en los tempranos años '90 una presencia en los medios masivos de comunicación a través de reportajes, entrevistas y consultas esporádicas en radio y televisión. También dirigidas

---

[25] Ver: www.infocívica.org.

a un público general, Poder Ciudadano desarrolló estrategias de comunicación de alcance medio características de este tipo de organizaciones (como la distribución de folletos o campañas con carteles en la vía pública) pero, algunas de las cuales, no tenían demasiada tradición en el contexto argentino (en particular, la organización sistemática de *meetings* y reuniones de reflexión y discusión)[26]. En los primeros años, la fundación dedicó también bastante energía a actividades de difusión para públicos más específicos para lo cual algunos de sus miembros participaban sistemáticamente en reuniones, coloquios, charlas y espacios de discusión fundamentalmente de asociaciones profesionales (abogados y psicólogos en particular) pero también en algunos de los ámbitos típicos de discusión empresarial (como es el caso del coloquio anual realizado por el Instituto para el Desarrollo Empresario en la Argentina - IDEA).

Por último, siempre existió para Poder Ciudadano un interés específico en la llegada a un público experto y/o académico que, en definitiva, era el lugar donde muchos de sus miembros se sentían más a gusto. Además del vínculo que ligaba a esos miembros con diversos espacios universitarios, una tarea fundamental de la asociación se orientó a hacer conocer la producción específica que ya existía fuera del país sobre temas de corrupción. Los vínculos con la actividad universitaria además de reforzar la circulación de un saber experto se orientaron a generar ámbitos de formación e investigación

---

[26] Esas reuniones son un ejemplo de las posibilidades que ofrecía, a los miembros de la fundación, la movilización de todos las redes informales que los unían a políticos, jueces, abogados, artistas y profesionales de distintos ámbitos. El mejor ejemplo fueron las reuniones mensuales organizadas entre 1992 y 1994 en la sede de la Fundación Banco Patricios. Allí se desarrollaban desde debates y paneles con un perfil más bien académico hasta actividades culturales y artísticas de distinto tipo. Un ejemplo: "En el marco de estas reuniones públicas, el 6 de julio de 1992, la Fundación Poder Ciudadano convocó a la ciudadanía a participar de la obra 'Psicodrama del Corrupto'. El objetivo de esta obra de teatro era demostrar que la corrupción está instalada en todos los niveles de nuestra sociedad. Bajo las preguntas, ¿Sabemos qué le pasa al corrupto?; ¿conocemos los mecanismos internos y externos que lo llevan a corromper?; ¿condenamos con rigor los pequeños actos ilícitos con que nos enfrentamos cada día o nos parece irrelevante cometerlos?, etc. se invitó a los ciudadanos a debatir sobre el problema de la corrupción (Ver Revista N° 15). La idea original de la obra es del Dr. Jorge Torlasco y el guión es de Jacobo Langsner. Para realizar un análisis de los hechos representados, Poder Ciudadano invitó en esa oportunidad, a dos conocidos psicoanalistas, al autor de la obra, a un economista y a un juez de la Cámara Federal" (Poder Ciudadano, 2000a: 2).

en temas de corrupción[27]. Desde el comienzo, además, la cuestión educativa no sólo se restringió al ámbito universitario. Poder Ciudadano dedicó buena parte de sus esfuerzos a desarrollar charlas en escuelas primarias y secundarias cuestión que permitió, tiempo después, expandir ese trabajo desarrollando otro tipo de actividades creativas[28].

La producción de normas y la creciente receptividad del sistema político

Durante toda la década del '90, la actividad de Poder Ciudadano estuvo estrechamente vinculada –quizá por el perfil mayoritario de sus integrantes– a la producción de normas y reformas institucionales. Es verdad, sin embargo, que sólo en contados casos hubo miembros o ex-miembros trabajando de una manera directa. En 1996, Marta Oyhanarte presentó en la Convención Constituyente de la Ciudad de Buenos Aires un proyecto de artículo denominado "Cláusula de garantía de Transparencia". Luego de varias gestiones, finalmente se logró que se aprobara como artículo 132 del Estatuto de la Ciudad Autónoma de Buenos Aires[29]. Durante el gobierno radical

---

[27] En 1992 se elaboró el programa de un seminario denominado "El problema de la corrupción y sus soluciones" que fue dictado en la Universidad de Buenos Aires, en el Instituto Nacional de la Administración Pública (INAP) y en una Maestría de administración pública de la Facultad Latinoamericana de Ciencias Sociales (FLACSO). Al mismo tiempo, los miembros de la fundación mantuvieron sus vínculos con universidades nacionales y extranjeras para desarrollar proyectos de investigación.

[28] Una de las características que presenta Poder Ciudadano es el desarrollo de iniciativas que, en virtud de su novedad, generaron un importante impacto y una muy buena recepción. Entre 1992 y 1996 se realizaron varios concursos que se orientaban a estimular la producción en ámbitos educativos y que se realizaban, a su vez, con el apoyo de medios de comunicación, editoriales y las propias entidades educativas. De entre las diversas actividades que pueden rastrearse a lo largo de los últimos quince años, resulta particularmente interesante la experiencia de los Foros de interés público. Estos retomaron el modelo de los "Foros de Asuntos Nacionales" desarrollados por la *Kettering Foundation* desde 1981. La *Kettering* ofreció un entrenamiento a los miembros de la fundación y, desde 1993, comenzó a desarrollarse un material específico para la realización de los foros en Buenos Aires. El objetivo principal era confrontar a los participantes a una situación hipotética de toma de decisión para que pudiera pensarse y reflexionarse sobre la complejidad de los problemas y la diversidad de alternativas disponibles para llegar a una resolución.

[29] El contenido del artículo es el siguiente: "*Todo acto de contenido patrimonial de monto relevante, será registrado en una base de datos, bajo pena de nulidad. Se asegura el acceso libre y gratuito a la misma*". Marta Oyhanarte fue elegida Constituyente por la UCR en esa oportunidad.

de Fernando de la Rúa en la Ciudad entre 1996 y 1999, M. Oyhanarte tuvo contacto con la vice-jefatura de gobierno desde donde se impulsaron varios proyectos.

En este mismo sentido también fue importante la participación de miembros de Poder Ciudadano en la creación de la Oficina Anti-corrupción que se produjo luego del cambio del gobierno nacional en 1999 (ley N° 25.233)[30]. Esa oficina tuvo como antecedente directo a la Oficina Nacional de Ética Pública creada en 1997 a instancias de la Ley de Ética Pública (1995). Todo ese primer proceso de producción legislativa en materia de transparencia que se inició, en realidad, con la Reforma Constitucional de 1994 fue ajeno al trabajo de la fundación y, de hecho, representó para sus miembros una suerte de apropiación gubernamental de las ideas y proyectos que habían comenzado a discutirse y desarrollarse[31]. La propia reforma de 1994 posibilitó que años más tarde, en 1998, se creara el Consejo de la Magistratura donde Poder Ciudadano sí pudo ejercer presión y participar de las discusiones[32].

---

[30] Las principales actividades que realiza la OA son: recepción de denuncias; investigación preliminar; denunciar ante la justicia; constituirse en querellante; llevar registro de declaraciones juradas (agentes públicos); producción de políticas y asesoramiento y realización de informes y participación en foros y congresos. Su estructura incluye a un Fiscal de control administrativo, una Dirección de Investigaciones y una Dirección de Planificación de Políticas de Transparencia.

[31] En febrero de 1997, a través de un decreto firmado por el entonces Presidente de la Nación, Carlos Menem, se creó la Oficina Nacional de Ética Pública. Esta Oficina se encargaría básicamente de redactar un Código de Ética para funcionarios (decreto 41/99, Código de Ética de la Función Pública). En general, todos los testimonios aseguran que la iniciativa de la ONEP fue una respuesta del gobierno a las crecientes presiones internacionales pero que implicó un proyecto prácticamente intrascendente en términos de lucha contra la corrupción.

[32] En referencia a las actividades relacionadas con este organismo, nos relataba un entrevistado: "Se reunieron 5000 firmas que se le entregaron a [Carlos] Ruckauf, en su carácter de Presidente del Senado, dado que el proyecto estaba frenado en el Senado de la Nación. Después se hicieron entrevistas con senadores para pedirles que den sanción a la ley." Además, "el proyecto que se quería aprobar… [contemplaba] un artículo que decía que para presentar denuncias contra los consejeros era obligatorio contar con patrocinio letrado, es decir, que te acompañe un abogado. (…) Nosotros nos opusimos, dado que qué abogado se iba a enfrentar al Consejo de la Magistratura que tal vez lo tenía que elegir juez mañana. Entonces presentamos una nota el día martes al Consejo; el día miércoles se votaba… ehm la presentamos obviamente a la secretaría general paro también se la mandamos a algunos consejeros que nosotros sabíamos que podían tomar esta bandera, y efectivamente, en el debate del plenario se presenta la nota de Poder Ciudadano, un consejero la lee, y se termina bajando ese artículo. Así que… ahí no solamente fuimos… ehm los que activamos la… el reglamento en general, sino que también incidimos frente a un artículo que nosotros considerábamos que iba a prácticamente alterar el espíritu de ese reglamento" (Entrevista del autor a N., ex miembro de PC).

Hacia fines 1999 la situación cambió radicalmente. El gobierno de la Alianza encabezado por el propio Fernando de la Rúa había ganado las elecciones sosteniendo como uno de sus ejes principales de campaña la cuestión de la corrupción. En esa oportunidad, si bien los miembros de Poder Ciudadano no participaron directamente en la realización del proyecto, varios de sus miembros históricos dejaron la fundación para formar parte de un equipo asesor del futuro Ministro de Justicia –el radical Ricardo Gil Lavedra– y luego se incorporaron como funcionarios públicos en la flamante oficina[33].

El plan de la OA fue una oportunidad para que varios de los miembros de la fundación hicieran un pasaje del tercer sector a la función pública creyendo que, en el nuevo gobierno, se generarían posibilidades de implementar varios de los proyectos que se habían desarrollado durante los últimos años. Para la Alianza, el discurso anti-corrupción había sido un eje de campaña importante en las elecciones que llevaron a esta coalición al gobierno y, sobre todo desde algunos sectores, se sostenía que éste podía ser el gran eje de producción de políticas por parte del nuevo gobierno que no implementaría cambios en materia económica. En particular, los sectores afines al vicepresidente de la Nación –Carlos Chacho Álvarez– impulsaban la idea de producir una CONADEP[34] de la corrupción para lograr una depuración de

---

[33] Roberto de Michele, en particular, dirigió el programa de Control de la Corrupción del Instituto Programático de la Alianza, una organización que diseñó la plataforma electoral de la coalición. Luego, en 1999, se incorporó como Director de Planificación de Políticas de Transparencia de la Oficina Anticorrupción hasta octubre del año 2002. Al mismo tiempo, Marta Oyhanarte que ya había dejado la fundación tiempo atrás para incorporarse al mandato de Fernando de la Rúa como Jefe de Gobierno de la Ciudad de Buenos Aires 1995-1999, fue nombrada Subsecretaria para la Reforma Institucional y Fortalecimiento de la Democracia, cargo que detenta actualmente y desde el cual promociona e implementa varios de los proyectos y líneas de trabajo desarrolladas por Poder Ciudadano. Sobre el proceso que lleva de la campaña electoral a la puesta en marcha de la Oficina Anticorrupción, ver: Charosky, 2002.

[34] Por la Comisión creada por el presidente Raúl Alfonsín en 1984 para investigar los casos de desaparición forzada de personas durante la última dictadura militar. Esa comisión produjo un informe, publicado en 1985 bajo el título *Nunca Más* que tuvo una enorme repercusión pública y que se convirtió en un símbolo de la actividad institucional en favor de los derechos humanos durante los primeros años de la democratización. Ese mismo sector cercano al vicepresidente impulsó los decretos 103/2001 de reforma del Estado y el decreto 229/2000 "Carta compromiso" desde la Subsecretaría de la Función Pública que no llegaron a tener nunca una verdadera implementación.

la clase dirigente argentina. También fue uno de los ejes de trabajo de los equipos del futuro Ministro de Economía de la Alianza –José Luis Machinea– para el cual, –de la misma manera en la que había sido pensado el problema por el equipo económico de Domingo Cavallo–, los temas de corrupción representaban, potencialmente, una forma de contribuir a la reducción del gasto público.

La Oficina Anticorrupción fue el lugar elegido para investigar y denunciar los casos de corrupción que habían producido grandes escándalos durante el gobierno de Carlos Menem. Sin embargo, el proyecto encontró límites claros cuando la oficina comenzó a interesarse por irregularidades producidas por funcionarios del propio gobierno de la Alianza. Finalmente, en octubre de 2000 el Vicepresidente de la Nación presentó su renuncia mediante una conferencia de prensa en la cual denunció que había tomado conocimiento del hecho de que varios senadores habían recibido dinero del Ministerio de Trabajo para votar una ley de flexibilización laboral. Previsiblemente, eso desató un nuevo escándalo del que la malograda coalición no logró salir indemne. En cualquier caso, la oficina produjo una serie de proyectos de ley que todavía hoy continúan siendo las políticas que se impulsan y se reclaman desde las organizaciones de la sociedad civil en materia de transparencia[35].

Pero fue, sin duda alguna, la crisis de 2001 la que produjo una atención renovada sobre el trabajo que se había hecho en temas de corrupción política que fue, efectivamente, una de las formas de sintetizar los diversos tipos de problemas de representación que aparecieron durante la crisis. Súbitamente, la capacidad de distintas ONG de reconocerse como parte de un mismo espacio se potenció y, al mismo tiempo y por razones diversas, la crisis abrió numerosas grietas en la dirigencia política y permitió que el trabajo conjunto fuera extremadamente eficaz.

---

[35] La oficina preparó el texto de un decreto que finalmente fue firmado en diciembre de 2003 (1172/03) por el presidente Néstor Kirchner.

"Me acuerdo perfecto la frase de un diputado que no sabía si pertenecía al duhaldismo, al menemismo… que no sabía, porque el 2002 estaba todo… 'y yo la verdad que no sé, si firmo esta ley de acceso a la información, ¿va a ser a favor mío o en contra mío?' Porque viste con esa impunidad que tienen algunos eh… y finalmente la firmó porque no se sabía si hacía daño, si no hacía daño… En general, las corporaciones, cuando vos pisas el hormiguero es un muy buen momento para colar estos temas. En realidad, todo el mundo lo firma porque no quiere quedar mal como individuo; ya cuando se transforman de nuevo en corporación es más difícil colarle estos temas. Porque ahí ya se oponen en bloque" (Entrevista del autor a J., ex miembro de Poder Ciudadano).

Durante 2002 el trabajo en común fue consolidando los lazos entre un grupo de ONG que se afirmaron como una voz legítima representando a la sociedad civil. Ese trabajo había comenzado –como veremos a continuación– ya en 1999 con el desarrollo de diversos foros sociales pero no había producido iniciativas conjuntas ni resultados concretos como fue el caso en el momento de la crisis.

Durante los primeros meses del año, en el marco del Foro Social de la Transparencia, se elaboraron un conjunto de proyectos de reforma política e institucional tendientes a "transparentar la forma de hacer política" y que se popularizaron con el nombre de Leyes de Mayo. Ese espíritu refundacional también acompañó la producción durante enero y febrero de dos documentos titulados "Una Corte para la democracia I y II" donde se plantearon una serie de propuestas para definir el perfil de la futura Corte Suprema de Justicia de la Nación. En particular, las propuestas buscaban incidir sobre el mecanismo de selección los miembros de la corte y –nuevamente– aportar mayor transparencia y apertura al funcionamiento del máximo órgano judicial del país[36].

Otro escenario interesante de discusión durante la crisis se constituyó gracias a una iniciativa de la Conferencia Episcopal (máxima autoridad de la Iglesia Católica) y el Programa de las Naciones Unidas para el Desarrollo

---

[36] Junto con Poder Ciudadano trabajaron en ese entonces: la Asociación por los Derechos Civiles (www.adc.org.ar), el Centro de Estudios Legales y Sociales (www.cels.org.ar), la Fundación Ambiente y Recursos Naturales (www.farn.org.ar), el Instituto de Estudios Comparados en Ciencias Penales y Sociales (www.inecip.org) y La Unión de Usuarios y Consumidores (www.usuarios.org.ar).

(PNUD): esa experiencia se denominó Mesa del Diálogo Argentino[37]. Este proyecto venía siendo impulsado por el PNUD desde comienzos de 2001 pero, luego del desencadenamiento de la crisis, adquirió una envergadura muy importante cuando una ronda de discusiones sectoriales fue oficialmente lanzada por la Comisión Episcopal, la dirección del PNUD en Argentina y el presidente provisional Eduardo Duhalde[38]. A partir de ese momento se constituyó la Mesa del Diálogo Argentino con representantes de las tres instituciones y un equipo de apoyo que comenzó a organizar reuniones bilaterales con distinto tipo de actores sociales. Entre el 16 de enero y el 8 de febrero se llevaron adelante estas rondas de consultas como consecuencia de las cuales se elaboró un documento programático para lograr consenso sobre algunas prioridades de política pública en distintas materias[39]. El documento identificaba algunas áreas de trabajo que sentaron las bases para el desarrollo de Mesas Sectoriales que comenzaron a funcionar durante el mes de febrero. Esas mesas trabajaron en la elaboración de un nuevo documento más específico que estuvo terminado hacia fines de mes[40].

La reconstrucción institucional del país fue uno de los grandes objetivos del proyecto y el mecanismo principal de funcionamiento era lograr acuerdos sobre principios generales que incluyeran a la mayor cantidad de actores posibles. En este sentido, el resultado fue bastante exitoso pues, a excepción de las organizaciones de derechos humanos, los partidos de izquierda y los grupos y movi-

---

[37] "El Diálogo Argentino constituye un espacio que mediante la amplia participación de la sociedad busca contribuir a la reconstrucción de las bases de la convivencia social frente a la profunda crisis político-institucional, económica y social que sufre la República Argentina. La líneas de acción de la Mesa de Dialogo Argentino tienen una clara y decidida orientación: el esfuerzo para lograr la reducción de los niveles actuales de desigualdad. El desafío del Dialogo Argentino es que la democracia madura que hoy la inmensa mayoría reclama requiere de la impostergable "construcción de ciudadanía" y de la elaboración de una agenda pública de acuerdos que contemple una "nueva cultura política" que termine con las conductas que hasta ahora han prevalecido y que lleve a una concepción distinta del manejo del poder." Ver: www.dialogo-argentino.org.ar

[38] "El 14 de enero de 2002, en un acto desarrollado en el Convento de Santa Catalina de Siena, el Presidente de la Nación, Eduardo Duhalde, acompañado por el Presidente de la Conferencia Episcopal Argentina, Monseñor Estanislao Karlic, y el Coordinador Residente de las Naciones Unidas en Argentina, Embajador Carmelo Angulo Barturen, convocó a un 'Foro para la Concertación' con el objetivo de "ir asentando las bases del indispensable proyecto que la Nación y la ciudadanía exigen", para 'trabajar en la definición de un proyecto nacional sustentable'." (Noto, 2002: 6-7).

[39] Diálogo Argentino, *Bases para el Diálogo Argentino*, 30 de enero de 2002 (www.dialogo-argentino.org.ar).

[40] Diálogo Argentino, *Construir la Transición*, 28 de febrero de 2002 (www.dialogo-argentino.org.ar).

mientos que se encontraban en una fase ascendente de movilización, sectores de los más diversos participaron del diálogo y de la elaboración de los documentos y las recomendaciones de política[41]. Un rol protagónico tuvieron las organizaciones de la sociedad civil que, en virtud de su "apoliticidad", constituían un espacio de representación sumamente legítimo para incorporarse a las negociaciones. En particular, algunas fundaciones que habían comenzado a trabajar durante la segunda mitad de los años '90 –como CIPPEC[42] o el grupo Sofía[43]– brindaron su apoyo e intervinieron de manera importante en el trabajo de varias comisiones o mesas de trabajo[44].

---

[41] Funcionarios públicos, sindicatos, organizaciones profesionales, organizaciones empresariales, organizaciones de desocupados y políticos nucleados en grupos no partidarios fueron quienes mayoritariamente componían las comisiones de trabajo. Durante el mes de febrero comenzaron a funcionar las primeras mesas sectoriales (Socio-Laboral-Productiva, Salud, Educación, Reforma Judicial, Reforma Política) de las que participaron más de 750 personas representantes de unas 500 entidades de todo el país (Noto, 2002: 13).

[42] El Centro de Implementación de Políticas Públicas para la Equidad y el Crecimiento (CIPPEC) fue fundado a principios del año 2000 por once jóvenes profesionales con distintas especialidades y preferencias partidarias. Sus objetivos principales son: "trabajar para que el Estado sea capaz de responder a las necesidades de los ciudadanos, promoviendo el desarrollo de profesionales con vocación por lo público y la implementación de mejores prácticas en el sector estatal; desarrollar y difundir herramientas que le permitan a la sociedad civil incrementar su capacidad de control y evaluación de las políticas del Estado; servir como fuente permanente de consulta sobre políticas públicas y contribuir al debate público con propuestas innovadoras para mejorar el accionar del Estado y el bienestar de la sociedad; llevar a cabo proyectos de investigación que complementen el trabajo de otros centros de estudio y que se propongan comprender y solucionar los problemas fundamentales de la realidad Argentina." Ver: www.cippec.org.ar

[43] La Fundación Grupo Sofía, presidida por Horacio Rodríguez Larreta, fue fundada en 1994 con el objetivo de "Mejorar el país a partir de la conformación de un equipo con capacidad y vocación para asumir responsabilidades públicas". Las principales áreas de interés de la fundación son: Reforma del Estado y Gestión Pública, Educación, Política Social, Seguridad y Justicia, Drogadicción y Narcotráfico. Actualmente, trabaja en consonancia con el partido PRO, presidido por el empresario Mauricio Macri. Ver: http://www.gruposophia.org.ar.

[44] La crisis potenció y multiplicó el trabajo sobre cuestiones de corrupción política pero en ámbitos diferentes y con actores de lo más diversos. Así, una mirada demasiado lejana podría dar la impresión de un conjunto de actores interesados por un mismo tipo de problema y, sin embargo, una revisión más atenta nos muestra conflictos y puntos de vista divergentes. Limitándonos sólo al ámbito de las ONG orientadas al trabajo profesional, las nuevas fundaciones como CIPPEC o Sofía forman técnicos para la función pública y desarrollan líneas de política pública para su implementación pero el compromiso político no cruza a toda la organización sino que se define a nivel de la dirección. A diferencia de éstas, en aquellas organizaciones más complejas como el CELS o Poder Ciudadano estos aspectos aparecen explícitamente tematizados pero permanecen como tensiones no resueltas más allá de que sus orientaciones definan, en un caso, un perfil más militantes y, en el otro, un perfil más profesional.

Por otro lado, algunos de los ejes de trabajo de las dos primeras etapas de la Mesa del Diálogo Argentino estuvieron particularmente nutridos por las iniciativas que se habían elaborado durante los noventa en materia de corrupción. La Mesa sobre Reforma Política, por ejemplo, fue una expresión que condensó los debates sobre corrupción en esta última etapa postcrisis. Entre las agendas de discusión de la transición de 1983 y la de 2001, sin embargo, había bastantes diferencias. El núcleo de coincidencias para elaborar una plataforma de reformas en esta última oportunidad estaba mucho más concentrado en el control de la corrupción y la transparencia. El Acta Federal firmada entre el presidente y los gobernadores de casi todas las provincias del país fue el primer gran producto que esta línea de trabajo desarrolló[45] aunque no llegaron a producirse resultados concretos en materia de reforma política.

La producción de datos

Debemos considerar que, desde los primeros años, la fundación se dedicó a un trabajo de producción de datos e información técnica (3) para dar forma y legitimar el diagnóstico sobre la corrupción como problema público en Argentina. A este tipo de actividades pertenecen la encuesta de la consultora Gallup y el estudio cualitativo exploratorio del estudio Mora y Araujo, Noguera y Asociados, realizados en 1992 que fueron dados a conocer por

---

[45] Allí se sostenía lo siguiente: "DECLARAN: Que en coincidencia con el trabajo del Equipo de Análisis de la Mesa de Diálogo Argentino se ha arribado a los consensos necesarios para adoptar medidas urgentes que lleven alivio a los sacrificios que enfrenta la sociedad Argentina y para la construcción social de un Proyecto de Nación con un Estado transparente y eficiente en su funcionamiento y equitativo en la distribución de sus recursos. POR LO TANTO, los Estados que integran la Nación Argentina se proponen con el presente Acuerdo, alcanzar los siguientes OBJETIVOS: I) Perfeccionar el funcionamiento del sistema político argentino. II) Reducir sustancialmente la estructura actual de costos del sistema político argentino sin vulnerar las funciones indelegables del Estado Nacional, los Estados Provinciales y los Gobiernos Municipales. III) Dotar de mayor eficiencia interna y transparencia al Estado Nacional, los Estados Provinciales y Gobiernos Municipales, sin desconocer la heterogeneidad de la situación fiscal de las Provincias Argentinas que obliga a adecuar las medidas a adoptar para evitar desequilibrios. IV) Lograr mayor y mejor participación de la sociedad en los mecanismos de contralor del ámbito público" Texto del "Acuerdo federal para la reforma del sistema político argentino", 6 de febrero de 2002.

distintos medios y que funcionaron como verdaderos instrumentos para mostrar: a) que existía real interés en la opinión pública sobre temas vinculados a la corrupción y b) que existían tendencias a la reproducción o a la aceptación de prácticas corruptas difundidas en toda la sociedad[46]. Estos materiales fueron de gran importancia para convencer a distintos actores sociales sobre la pertinencia e importancia que tenía el problema de la corrupción. Como lo muestra el siguiente testimonio, las encuestas de opinión ya eran, en ese entonces, indiscutiblemente consideradas como un mecanismo idóneo para establecer y dimensionar un problema público. "Discutía con un diputado el problema de la corrupción. Me aseguraba que no era un problema que preocupara demasiado a la sociedad. Tomé la encuesta de Gallup y le mostré el siguiente cuadro..." (Moreno Ocampo, 1993: 71)[47].

El estudio Mora y Araujo continuó creciendo en importancia a lo largo de la década del '90 y brindó a la fundación, en diferentes momentos, información sobre resultados de encuestas de opinión que fueron utilizados, en este mismo sentido, para defender la existencia y legitimidad del problema. Al mismo tiempo, la preparación y publicación de libros fue una constante sobre todo en los primeros años brindando materiales para justificar y difundir el trabajo realizado. Más allá de aquellos publicados por los fundadores en 1992[48], la fundación editó otros textos resumiendo algunas de sus actividades principales[49] a los que se sumaron varios más sobre la temática de la corrupción realizados por personas cercanas a Poder Ciudadano[50]. Todo ese tipo de materiales que hemos asociado a un tipo de actividad particular representa un elemento indispensable para entender la manera en la cual la corrupción se volvió legítimamente un problema en la Argentina.

---

[46] Ambos estudios comprendían el área de la Ciudad de Buenos Aires y el Gran Buenos Aires. En ese momento, un 16% de los encuestados optó por la corrupción como principal problema del país ubicándose en primer lugar, junto con la educación. Los resultados de la encuesta fueron publicados en Moreno Ocampo, 1993: primera parte, capítulo 6.

[47] Sobre la relación entre encuestas de opinión y problemas públicos, ver: Blondiaux, 1998. Para un estudio de la incorporación de las encuestas de opinión como herramienta fundamental para la actividad política electoral en la Argentina ver: Vommaro, 2004.

[48] Ver: Oyhanarte, 1992 y Moreno Ocampo, 1993.

[49] Ver, entre otros: Poder Ciudadano, 1993, 1996, 1997, 2000.

[50] Ver, entre otros: García Hamilton, 1990 y Nino, 1992.

Más allá de las transformaciones en determinadas prácticas sociales, lo fundamental para que un problema se estabilice –supere el nivel de la pura controversia– es que existan ese tipo de materiales tales como los instrumentos de medición, los símbolos y los relatos que le den forma. Esos materiales, cuya productividad es relativa al carácter autorizado de la palabra que los produce es un elemento indispensable para la legitimación de un problema público. En este sentido, no es lo mismo enunciar o hacer referencia a un malestar en la opinión pública que brindar datos sobre un estado de opinión. No es lo mismo debatir en abstracto sobre causas y consecuencias de un determinado problema que remitirse a libros firmados por académicos, periodistas o personalidades reconocidas. En fin, no es lo mismo debatir con las manos vacías que poder fundamentar los propios argumentos en un trabajo experto acumulado durante años. A lo largo de los últimos quince años, Poder Ciudadano –así como algunos de sus miembros y ex miembros de manera particular– se convirtieron en voces legítimas y autorizadas, en verdaderas fuentes para hablar y ser consultadas en temas vinculados con la corrupción que, por otro lado, se volvió una cuestión mucho más específica y tratable en virtud de los análisis disponibles.

En un eje similar también conviene inscribir otro tipo de actividad que, aunque con otros objetivos, contribuyó a producir una definición más asible del problema. Éste es el tipo de subproducto que podemos atribuirle, por ejemplo, a ciertos tipos de actividad de intervención como los monitoreos (7.2) y los bancos de datos (7.3). En el primer caso, sobre todo los relevamientos vinculados a campañas electorales permitieron elaborar cifras (en temas de financiamiento de los partidos) o sistematizar información (como en el caso de las promesas de campaña), generando así una mayor capacidad de juicio en el público respecto de esos procesos. Luego, en lo que se refiere a los bancos de datos, este es un tipo de actividad que comenzó tempranamente en la fundación. El *Citizens Advocacy Programme* financiado por la NED[51] entre 1993 y 1996 permitió que Poder Ciudadano desarrollara una *expertise* importante en la materia. La idea principal consistía en reunir datos

---

[51] Fundada en 1983, esta organización estuvo dedicada a la producción de ideas en temas de derechos humanos y política exterior para la administración Reagan. Sus actividades se vinculan con las posiciones políticas del partido republicano. Se dedica, actualmente, al fortalecimiento de las instituciones democráticas en todo el mundo (www.ned.org). Ver: Dezalay y Garth, 2002: 135 y 282.

curriculares y patrimoniales de candidatos para formar una base de datos que pudiera estar disponible para consulta de los electores. Este proyecto intentaba subsanar el problema de la falta de información sobre los candidatos al momento del voto[52]. Todas estas herramientas cumplen, por decirlo de alguna manera, una doble función. Además de su objetivo específico son formas de simplificación y materialización del problema.

La construcción de alianzas

Desde su creación en 1989, Poder Ciudadano se orientó explícitamente a la constitución de redes, es decir, al establecimiento y la movilización de vínculos entre instituciones y personas. Como pudimos ver anteriormente, gran parte de la vitalidad de la fundación en los primeros años se debió al alto perfil y las "buenas relaciones" de que disponían sus miembros fundadores. Pueden distinguirse dos grandes tipos de redes y coaliciones desarrolladas por Poder Ciudadano en estos años. En primer lugar, se encuentran aquellas que se relacionan con actores nacionales o subnacionales (6.1). Este tipo de redes son eminentemente redes de acción pues son las que se activan y se orientan a la realización de campañas o a la producción de otras actividades planificadas por la fundación. Este hecho se comprende por la importancia que tiene la escala nacional para la fundación. Mencionamos anteriormente las actividades de reunión sistemática con periodistas, empresarios, políticos y sindicalistas realizadas durante los primeros años de vida de la fundación. Esas reuniones fueron afianzando vínculos con personas de esos distintos ámbitos sensibles al problema. En particular fue muy importante el trabajo

---

[52] La primera experiencia se realizó con los candidatos a diputados nacionales por la Capital Federal que compitieron en las elecciones generales de mayo de 1993 y luego, a partir del año siguiente, comenzaron a ingresarse progresivamente los datos de los candidatos electos para poder, también, generar una herramienta de control patrimonial de los representantes. Esta misma idea se replicó en el caso de la justicia, también desde 1993, primero con la información de los jueces en proceso de selección y luego también, de aquellos en funciones. Todas estas herramientas de intervención fueron sistematizadas en una publicación realizada por Transaparencia Internacional en 2002 denominada Caja de Herramientas para el Control de la Corrupción. En febrero de 2003 fue publicada una versión en español para América Latina en cuya edición participó Poder Ciudadano. Ver: Transparency International (2003).

con periodistas pues una característica de la década de los noventa es –como dijimos– la progresiva importancia que tuvo la cobertura de escándalos de corrupción. Al mismo tiempo, como se mencionó anteriormente, se fue generando un espacio editorial importante para el trabajo de periodismo de investigación y muchos de los periodistas que encararon este tipo de trabajo tuvieron un contacto asiduo con la fundación.

Menos exitosos fueron los intentos por generar aliados en las provincias argentinas. En este sentido, Poder Ciudadano ha sido y continua siendo una experiencias más bien porteña pues la fundación no ha logrado ni abrir filiales en otros puntos del país ni desarrollar relaciones estables con un número considerable de ONG[53].

Más adelante, en el año 2000, se comenzó un trabajo sistemático para generar una gran coalición de organizaciones de la sociedad civil que fue llevado adelante por Poder Ciudadano con la organización de Foros Sociales lo cual permitió, en el contexto de la crisis, el desarrollo de un intenso trabajo conjunto.

El tipo de vínculos y actividades de Poder Ciudadano reflejan bien el interés prioritario de la fundación por la política nacional y por la realidad del país. Sin embargo, como veremos a continuación Poder Ciudadano fue, desde el comienzo, una organización muy bien conectada a nivel internacional y muchos de sus miembros forman parte de los círculos de expertos a nivel internacional sobre temas de corrupción. Esto nos lleva a explorar la segunda dimensión de construcción de redes y coaliciones, es decir, la internacional (6.2). Este aspecto se vincula con dos elementos principales: el financiamiento y los recursos de legitimación de la propia actividad. En el apartado anterior mostramos que la mayor parte del financiamiento que permitió y permite funcionar a Poder Ciudadano proviene de fuentes internacionales. Fundaciones norteamericanas, pero también Estados y organismos internacionales de distinto tipo han brindado apoyo financiero y logístico para las actividades de la fundación, en general –salvo el caso de la Fundación Ford– a partir del desarrollo de proyectos específicos y por

---

[53] Este hecho también se verifica en la percepción del problema de la corrupción en la opinión pública que ha sido, a lo largo de la década del '90, más importante en las grandes ciudades del país -y, en particular, Buenos Aires- que en el resto del territorio.

plazos determinados de antemano. Esta particularidad vuelve a este tipo de organizaciones de la sociedad civil en la Argentina un espacio eminentemente autónomo respecto del estado, los partidos políticos, los sindicatos y los grupos empresarios. Sin embargo, también implica que el financiamiento de las actividades está sujeto, por un lado, a la manera en la cual los donantes definen sus agendas de trabajo y, en todo caso, negocian con las agendas de las organizaciones y, por otro lado, está sujeta a la percepción que tienen esos organismos de la realidad del país. Este último punto ha sido, particularmente importante en la experiencia de la fundación pues los vaivenes del financiamiento han estado directamente vinculados a las grandes crisis del país que son las que tuvieron proyección internacional. Así, como lo señalan varios testimonios, los años posteriores a la hiper-inflación en 1989 y a la crisis de diciembre de 2001 han sido satisfactorios en términos de financiamiento pero el país se vuelve menos interesante durante los períodos de calma que son, paradójicamente, aquellos en los cuales una organización como Poder Ciudadano puede trabajar de manera más efectiva.

Más allá del financiamiento, las redes y relaciones internacionales han sido una característica permanente del trabajo de la fundación. En este sentido, podemos distinguir las redes e intercambios académicos y/o profesionales de aquellos que tienen más bien un carácter orgánico e institucional. En el primer caso, se trata de vínculos que incluyen la posibilidad de mejorar la formación profesional de los miembros de la organización vía la realización de cursos o postgrados en el exterior, la participación y realización de eventos de carácter académico o experto y el intercambio de ideas en general[54]. El segundo, se refiere a la posibilidad de disponer o invocar el nombre de una organización internacional para hacerlo valer internamente.

Hay dos tipos de redes que convendría mencionar aquí en relación con la experiencia de Poder Ciudadano. La primera, la inscripción en redes inter-

---

[54] Este tipo de vínculo internacional es más bien de tipo personal y se vincula con aquellas personas que se dedican al menos parcialmente a mantener un perfil de trabajo académico. Sin duda, el mejor ejemplo de este tipo de relación es el de Carlos S. Nino con la Universidad de Yale. Ver: Basombrío, 2004 Sobre la productividad de las redes académicas y profesionales, ver: Keck y Sikkink, 1998 y Dezalay y Garth, 2002.

nacionales de organizaciones que tienen un mismo interés temático (como es el caso de la Red Interamericana para la Democracia[55] o *Transparency International*[56]). El segundo tipo, está marcado por el trabajo de organismos internacionales que brindan marcos normativos o líneas de trabajo que pueden ser movilizadas para producir políticas en el país (como es el caso de las con-

---

[55] La Red Interamericana para la Democracia (RID) se creó en 1995. Las seis organizaciones fundadoras fueron: Compañeros de las Américas (Estados Unidos); Asociación Conciencia y Fundación Poder Ciudadano (Argentina); Corporación Participa (Chile); Instituto de Investigación y Autoformación Política (Guatemala) y Departamento de Ciencias Políticas de la Universidad de los Andes (Colombia). Actualmente, la red cuenta con más de 350 miembros en 24 países que promueven la participación ciudadana en la región por medio de la cooperación, la capacitación y la divulgación de información. La RID está asociada a Civicus, "una alianza internacional dedicada a estrechar la acción ciudadana y la sociedad civil a través del mundo, cuyos miembros incluyen OSCs, organizaciones voluntarias, fundaciones filantrópicas e individuos".
Ver: http://www.redinter.org/ y www.poderciudadano.org.

[56] *Transparency International* fue creada en 1993 por Peter Eigen un funcionario retirado pero con estrecho contacto con el Banco Mundial. TI tiene un secretariado general en Berlín y está constituida por una vasta red de organizaciones (denominados capítulos) en más de 190 países (ver: www.transparency.org). TI se define como una organización de escala mundial, y ciertamente es el centro de una red de intercambio de información y desarrollo de herramientas con una temática específica, pero la relación entre el secretariado y los capítulos nacionales es más que distante, de hecho las temáticas específicas de trabajo pueden variar considerablemente en las distintas regiones (la lógica es bastante similar, en este sentido, a la de los organismos internacionales). El trabajo en red es bastante limitado y no se orienta a coordinar la acción de las organizaciones. Los verdaderos momentos de intercambio son las reuniones anuales generales y regionales. Poder Ciudadano se incorporó a TI en 1995 dado que sus presidentes coincidían en los circuitos internacionales de expertos. El trabajo principal de TI consiste en la realización de tres tipos de mediciones: el *Corruption Perceptions Index* que es un ranking de países en virtud de la percepción de los expertos; el *Global Corruption Barometer,* una encuesta que refleja las actitudes y experiencias del público en general relacionadas con la corrupción y *Bribe Payers Surveys,* que intenta medir la propensión de las empresas de países industrializados para incurrir en prácticas corruptas (Eigen, 1999). Los materiales y mediciones que produce TI representan un insumo importante para legitimar públicamente la actividad de Poder Ciudadano; para ser reconocidos como palabra autorizada en la materia y para sostener la pertinencia y la importancia del problema. Sin embargo, Poder Ciudadano no participa, por ejemplo, en la elaboración de las mediciones –que son contratadas directamente por TI con consultoras en los distintos países– y se limita a la presentación pública anual de los resultados. Al mismo tiempo, Poder Ciudadano aporta material propio para la elaboración de los informes globales de TI al tiempo que traduce y contribuye a la difusión de herramientas específicas en el país. Cualitativamente, la participación de Poder Ciudadano en la red internacional es importante como estrategia de legitimación, como espacio de intercambio de información y herramientas de trabajo y como forma de generar alternativas para el desarrollo profesional de sus miembros.

venciones internacionales anti-corrupción firmadas en el marco de la OCDE, la OEA y la ONU[57]).

Un elemento interesante que debe ser señalado es que, más allá de los esfuerzos y el trabajo conjunto, las actividades y la problemática general ligada a la corrupción son diferentes, al menos en términos regionales. Así, mientras que en los países europeos dónde las organizaciones internacionales como TI tienen su origen y espacio primordial de funcionamiento, la corrupción se vincula de manera más clara con fenómenos como la globalización y el flujo creciente de las transacciones financieras que escapan al control de los Estados, en países como la Argentina, esta problemática se encuentra –como hemos visto– completamente ausente. Eso hace que –más allá del marco general– la orientación de las actividades sea completamente diferente. Mientras que en los países desarrollados la corrupción tiene un fuerte componente internacional –es, en definitiva y primordialmente un problema de relaciones internacionales– en países periféricos –al menos en América Latina– la corrupción se vincula con el funcionamiento de las instituciones estatales y, principalmente, con la actividad de la clase política[58] y, en última instancia, con la cultura y las prácticas locales.

De todas formas, al menos para el circuito regional, ambas formas de intercambio y vínculo con actores internacionales son indisociables pues se refuerzan y apoyan mutuamente. Las ideas que se producen en ámbitos más bien profesionales, académicos o expertos son adoptadas por los organismos que deciden impulsar líneas de política pública –que suelen tener un eco importante en los países de América Latina– o por quienes deciden crear ONG o redes de ONG para tratar la problemática de manera menos institucional. Al mismo tiempo, en estos últimos años, los diferentes espacios han tendido a entremezclarse merced quizá a la propia circulación de profesionales y expertos. Así, los organismos internacionales y las ONG producen

---

[57] En 1997 se firmó una convención anti-corrupción en el marco de la OCDE (Organización para la Cooperación y el Desarrollo Económicos); en 2000 una convención similar fue adoptada por la OEA (Organización de Estados Americanos) y en 2001 por la ONU. Al mismo tiempo, organismos como el Banco Mundial, el BID y el FMI han incorporado la temática de la corrupción en sus últimas publicaciones.

[58] Un típico ejemplo de escándalo europeo de corrupción ligado a la actuación de empresas transnacionales, la falta de controles fiscales a las transacciones financieras puede verse en Joly (2003).

investigación y conocimiento así como los ámbitos más académicos se orientan a la producción de políticas y modelos de reforma institucional. En ese entrecruzamiento, roles y personas suelen no coincidir y los expertos que tienen en común un determinado tema pueden ser a la vez o sucesivamente activistas en ONG, asesores políticos, funcionarios de organismos internacionales o de Estados nacionales, académicos universitarios y consultores privados. Esta experiencia de diversificación no ha sido ajena a los miembros de Poder Ciudadano y es, en parte, lo que explica que el mundo de las ONG se haya vuelto en los últimos años un lugar atractivo desde el punto de vista profesional.

Conclusiones

En las páginas precedentes nos interesamos por el trabajo de quienes comenzaron a especializarse y difundir los temas de corrupción a través de estrategias diferentes y con resultados diversos. Más específicamente, nuestro interrogante inicial se vinculaba con el análisis de los elementos locales y los transnacionales que intervinieron en la historia de esa tematización.

Como queda claro a esta altura, una visión centrada en la emergencia de actores o movimientos de carácter global resulta demasiado estrecha para analizar el fenómeno en cuestión. Es innegable, como primera constatación, que se ha incrementado, progresivamente, en las últimas décadas, en los países periféricos como la Argentina la influencia política directa o indirecta de actores internacionales. Como lo mencionamos al principio, donde se verifican transformaciones interesantes es en las formas indirectas de influencia que han sido analizadas a partir de dos grandes modelos (las comunidades epistémicas, por un lado, y las redes transnacionales de *advo-cacy*, por otro).

Nuestro trabajo muestra que una y otra perspectivas son útiles para pensar el cambio de agenda regional que se produjo entre los años '80 y el comienzo del nuevo siglo. Al menos para la forma en que esa transformación adquirió en la Argentina, tanto la potenciación de redes internacionales de expertos que nutren las elites locales cuanto la formación de redes y grupos informales que movilizan los temas e interactúan con el Estado y el sistema político, son miradas que han aportado a nuestro análisis. En particular, hemos revisado la manera en la cual procesos y decisiones de carácter internacional contribuyen a fijar la agenda de la región y permitieron que existieran fuentes de financiamiento para el desarrollo de organizaciones específicas. Al mismo tiempo, la consolidación de expertos en materia de corrupción también es un fenómeno que debe vincularse con el progresivo desarrollo y ampliación de espacios de circulación y actuación profesional que también tienen, como vimos, un fuerte componente transnacional. Por último, la inclusión de las organizaciones en redes internacionales es un elemento que, sin duda, potencia su capacidad de incidencia en la medida en que permite generar espacios de autonomía e incluso herramientas específicas en la medida en la que esas redes de activismo se superponen con el trabajo en los circuitos expertos.

Sin embargo, hemos visto también que esos procesos que tienen un carácter internacional o transnacional confluyen con conflictos y trayectorias locales de gran relevancia para los actores. Allí tiene una importancia fundamental la manera en la cual ellos caracterizan su situación de acción, cuál es el contexto en el que planifican y llevan adelante sus estrategias. En ese punto, el interés se circunscribe con claridad a los límites que recortan la política nacional, el destino de un país y los problemas que caracterizan el funcionamiento de su Estado y de su régimen político.

Eso explica, en parte, el hecho de que aún compartiendo ciertas inquietudes generales, el trabajo sobre corrupción es esencialmente diferente en los países europeos y en países periféricos como la Argentina. Es más, la propia definición de lo que implica la corrupción como fenómeno es sumamente diferente. Así, mientras que en Europa, o incluso en EEUU[59], la corrupción es un fenómeno estrechamente asociado a los procesos de globalización económica y, por ende, compatible con otros ejes de oposición y rechazo a tales procesos, en la Argentina, la corrupción es un problema ligado a la cuestión de la representación política y a la calidad de la gestión pública. Así, vemos que la distancia que existe en el trabajo de organizaciones, activistas y expertos en los distintos ámbitos (nacionales y transnacionales)

---

[59] El caso de EEUU es particularmente interesante porque, como hemos visto, está implicado tanto en las formas de pensar y concebir la corrupción que tienen los países centrales cuanto en la el proceso mediante el cual se fija la agenda regional de América Latina a través de su política exterior.

se explica también por las diversas concepciones y definiciones del fenómeno que pueden observarse.

En nuestro caso particular, pudimos ver que la corrupción nace como problema en la Argentina en un contexto particular como es el de la consolidación democrática y la instrumentación de una vasto programa de reformas neoliberales. También hicimos notar que existen varios puntos de contacto con el trabajo de técnicos y expertos realizado durante los años '80 en términos de derechos humanos y reforma judicial, dominios cuya historia también tuvo un fuerte componente internacional. En ese sentido, tanto uno como otro campo registran una interesante e indisociable tensión entre su dinámica nacional e internacional o global.

Durante los años '90, Poder Ciudadano –concentrada de manera decidida en la movilización de la lucha anti-corrupción– se consolidó como modelo exitoso de desarrollo de una organización de la sociedad civil y abrió el camino para el surgimiento de nuevas organizaciones y para que, algunas ya existentes, adoptaran esas mismas formas de organización y acción. Esa dinámica tiende a consolidarse, luego de la crisis de 2001, con la existencia de un verdadero conjunto de actores relevantes y reconocidos. Sin embargo, más allá de esos orígenes y un ámbito común de reconocimiento, vimos de qué manera hacia fines de los noventa quienes trabajan temas de corrupción política muestran significativas diferencias, sobre todo considerando las formas en las que se manifiesta la tensión entre trabajo profesional y compromiso militante.

Por otro lado, el tipo de transformaciones que analizamos en el segundo apartado realza precisamente esa tensión general entre el compromiso militante y la orientación técnico-profesional que se encuentra de manera desigual en las distintas organizaciones. El panorama actual de las organizaciones de la sociedad civil que se interesan y movilizan por cuestiones de corrupción y transparencia no es, en este sentido, demasiado heterogéneo. El estilo profesional y especializado es hegemónico en las organizaciones igual que los estilos de gestión se encuentran crecientemente informados por los discursos sobre el *managment* empresario característico de los años '90[60]. Esa misma

---

[60] Boltanski y Chiapello (1999) realizaron un exhaustivo análisis de las transformaciones en los puntos de vista de la literatura sobre *management* entre la década del '60 y la del '90 y sus implicancias. Véase, en particular, el capítulo II.

preeminencia es la que posibilita un diálogo fluido y una circulación permanente entre el espacio de *advocacy* (sociedad civil) y otros ámbitos de desarrollo profesional como el Estado, las fundaciones donantes o los organismos internacionales. Esa relación laxa –insistimos– entre roles y personas hace que el diálogo entre instituciones sea cada vez más fluido y fructífero pero a riesgo de que las especificidades de cada posición institucional tiendan a desvanecerse. Así, sociedad civil, organismos internacionales, donantes y algunas agencias estatales parecen confluir en la orientación de sus acciones pero esto crea problemas cuando nos concentramos en la política nacional. Allí, por ejemplo, la sociedad civil se encuentra disociada de la movilización colectiva y la protesta (que definen al Estado y al sistema político como antagonistas) aun cuando se interesen por los mismos problemas. También genera problemas cuando las organizaciones quedan presas de la dinámica política nacional, ya sea por sus opciones y compromisos o por la apropiación gubernamental o por parte del sistema político de las propuestas de política pública por ellas generadas. Aun cuando el objetivo de las organizaciones es precisamente que sus propuestas sean apropiadas e implementadas por los gobiernos, paradójicamente, ese proceso lleva a un vaciamiento de las iniciativas pues éstas se convierten en leyes que permiten a los gobiernos mostrar cierta producción en la materia, las que finalmente nunca se implementan. En este punto, también es necesario poner de relieve el hecho de que la política nacional –y, en particular, los cambios al nivel del gobierno nacional– tienen un impacto directo en la dinámica y los realineamientos que se producen en las organizaciones. Pese a definirse principalmente como ámbitos apartidarios, la relación con el Estado está muy mediada por la evaluación y la relación con el gobierno de turno. Del mismo modo, podemos señalar que la relación con el mercado es igualmente ambigua y problemática dado que estas organizaciones, por un lado, compiten por la obtención de recursos para su subsistencia y, por otro lado, forman parte de un nuevo mercado profesional en crecimiento.

En cualquier caso, hemos podido observar que algunos procesos particulares permitieron que la corrupción adoptara en la Argentina el status de un problema legítimo. Desde el punto de vista internacional fue crucial el cambio de orientación en la política exterior norteamericana y la consolidación y ampliación de los circuitos de exportación de ideas, vía redes de expertos. La posibilidad de hacer valer localmente los contactos y la formación en ámbitos internacionales fue también significativa como forma de legitimación interna y como mecanismo para abrir líneas de financiamiento para las propias actividades. Por último, la producción normativa en organismos internacionales y la puesta en funcionamiento de redes de ONG con sede en países centrales completó el panorama de incentivos para el desarrollo de tareas vinculadas a la problematización de la corrupción.

Al mismo tiempo, pudimos explorar la manera en la cual la definición del problema y el interés de las organizaciones se vieron fuertemente marcados por la política nacional. Así, las campañas electorales, los escándalos mediáticos, la movilización social y las políticas gubernamentales conformaron el variable escenario en el cual diversos personajes se fueron interesando por el problema y fueron haciéndolo propio y modificándolo. Esos contextos son también definitorios para entender la manera en que fue y es pensada la corrupción y cuales son las consignas, las políticas y el trabajo técnico que se desarrolla en la materia.

Retomando nuestro interrogante inicial, podemos afirmar que la corrupción forma parte del interés que muchos actores de los más diversos tienen en la actualidad. Sin embargo, como hemos intentado mostrarlo, ese interés no puede comprenderse de manera apropiada si intentamos caracterizar y analizar un movimiento de carácter global sobre el tema. En primer lugar, por la complejización —que hemos observado— de las formas en las que individuos y grupos se implican en la movilización de este tema. El activismo profesional es una forma de vínculo entre militancia y actividad profesional que, difícilmente, puede ser comprendida a partir de los cánones clásicos de interpretación de la actividad militante, política o estrictamente profesional. En segundo lugar, pues si bien existen circuitos de intercambio de información y recursos materiales así como espacios de encuentro, debate y cooperación que vuelven el trabajo sobre un determinado tema —como la corrupción— algo que sobrepasa y desborda las fronteras nacionales. Al mismo tiempo, el problema como tal existe y se plantea prioritariamente en el interior de esas fronteras como problema nacional.

Documentos consultados

Oficina Anticorrupción (2004a) *Convención de las Naciones Unidas contra la Corrupción. Nuevos paradigmas para la prevención y combate de la corrupción en el escenario global*. Buenos Aires: OA.

Oficina Anticorrupción (2004b) *Elaboración participada de normas. Un espacio abierto para el debate de las decisiones públicas*. Buenos Aires: OA.

Oficina Anticorrupción (2004c) *Convención Interamericana contra la corrupción. Implementación de un eficaz instrumento internacional de lucha contra la corrupción.* Buenos Aires: OA.

Oficina Anticorrupción (2004d) *Declaraciones juradas de funcionarios públicos. Una herramienta para la prevención y control de la corrupción. Tecnología informática y gestión pública*. Buenos Aires: OA.

Poder Ciudadano (s/f) *Los ciudadanos y sus representantes. ¿Cómo mejorar una relación deteriorada? Foros de Interés Ciudadano. Guía de discusión*. Buenos Aires.

Poder Ciudadano (1997) *La Copia y la Coima: Cómo cambiar un estilo*, Buenos Aires: Editorial Troquel.

Poder Ciudadano (2000a) "Evaluación del Programa Iniciativa Privada para el Control de la Corrupción 1991-1995", Buenos Aires, mimeo.

Poder Ciudadano (2000b) "Evaluación del Programa Iniciativa Privada para el Control de la Corrupción 1996-2000", Buenos Aires, mimeo.

Poder Ciudadano (1996) La Hora de la Transparencia en América Latina

Poder Ciudadano (1993) Jueces y perioristas (1993?)

Poder Ciudadano (2003a) *Elecciones 2003. Iluminemos el cuarto oscuro. Banco de datos de políticos argentinos*. Buenos Aires: Poder Ciudadano - Fundación Friedrich Ebert.

Poder Ciudadano (2003b) *Banco de datos de políticos argentinos. Edición 2003. Ciudad autónoma de Buenos Aires*. Buenos Aires: Poder Ciudadano, TI, Fundación Friedrich Ebert.

Poder Ciudadano (2004a) *Presupuesto participativo. La experiencia de Poder Ciudadano 2001-2003*. Area Acción con Empresario. Buenos Aires.

Poder Ciudadano (2004b) *Acción colectiva por la justicia. Derecho de interés público*. Area Acción por la justicia. Buenos Aires.

Poder Ciudadano (2005) *El Congreso bajo la lupa 2004*. Área Acción con Políticos. Buenos Aires.

London, S. (2004) *Creating Citizens Through Public Deliberation. How Civic Organizations in Ten Countries Are Using Deliberative Dialogue to Build and Strengthen Democracy*. Documento Kettering Foundation (www.ketteringfoundation.org).

USAID (2005) *Anticorruption Strategy*, Washington DC, www.respondanet.com

Noto, G. O. (2002) INFORME SOBRE EL DIÁLOGO ARGENTINO. "Una experiencia de diálogo entre los argentinos: generando consensos para la reconstrucción de la Nación". Documento PNUD, 30 de abril, www.dialogo-argentino.org.ar

Consejo para la Consolidación de la Democracia (1986)

Consejo para la Consolidación de la Democracia (1987)

Diálogo Argentino, *Bases para el Diálogo Argentino,* 30 de enero de 2002 (www.dialogo-argentino.org.ar).

Diálogo Argentino, *Construir la Transición,* 28 de febrero de 2002 (www.dialogo-argentino.org.ar).

Acuerdo federal para la reforma del sistema político argentino, 6 de febrero de 2002

Transparency International (2003) *Caja de Herramientas para el control Ciudadano de la Corrupción,* T.I. Berlín-Buenos Aires.

Las mil caras de la movilización social contra el pago de la deuda externa en la Argentina*

Ana Rivkin

> *"A fines de 1984, la deuda externa de América Latina bordeaba los 350.000 millones de dólares, la tasa de desempleo promedio del continente se situó en un 20% y la tasa de inflación en 200% anual. Todo parece indicar que la crisis ha llegado a un nivel muy profundo y que es necesaria una salida. El interrogante es quién propondrá una salida, si los países acreedores o los deudores y de eso depende, en definitiva, que se logre una solución para la dependencia o no."* (Grinberg, 1985: 35)

Introducción

En este trabajo se analiza el impacto de las campañas o movimientos globales sobre los procesos sociales nacionales construidos alrededor de demandas específicas en materia de reducción o condonación de la deuda externa en los últimos veinte años de la historia de nuestro país. En este sentido se estudiaron las particularidades que los reclamos sociales globales en ese tema adoptaron a nivel nacional, intentando dar cuenta de cómo adquiere sentido específico la cuestión global.

Al identificar los distintos actores que problematizaron socialmente la temática del endeudamiento en nuestro país, advertimos una importante dis-

---

* Debo mi profundo agradecimiento a aquellas personas que integran los colectivos sociales a los que nos referimos en este trabajo, quienes generosamente compartieron sus experiencias conmigo. Mi gratitud, también, a todos aquellos con quienes he discutido diferentes aspectos de este capítulo; en particular a Graciela Di Marco (Universidad de San Martín) y Oscar Natalichio (Universidad Madres de Plaza de Mayo) que enriquecieron el texto con su atenta lectura y comentarios. Una colaboración extraordinaria he recibido del Centro de Documentación e Investigación de la Cultura de Izquierdas en la Argentina (CEDINCI) y de la Universidad Torcuato Di Tella, que puso a mi entera disposición el Archivo "Santiago Senén González".

persión de actores.[1] Nuestro trabajo analiza la creación y desarrollo de la organización nacional Diálogo 2000 (fundada en 1997) dada su partici-pación estratégica en las movilizaciones nacionales y campañas por el no pago de la deuda externa y su vinculación a las coaliciones y campañas trasnacionales como Jubileo 2000 y Jubileo Sur, que reclaman en la materia. Asimismo, la centralidad de la temática del endeudamiento en su trayectoria, su militancia activa hasta la actualidad y la estabilidad relativa de sus miembros en la organización, abonan nuestro particular interés por Diálogo 2000. Sin embargo, si bien *a priori* podría suponerse que la movilización social por la deuda externa se inicia en nuestro país a fines de la década de los años noventa –con la adhesión a las campañas internacionales emergentes– en realidad, la preocupación por los problemas del endeudamiento externo se remonta a los años ochenta, al definirse como uno de los grandes temas de la agenda de la transición a la democracia. En ese contexto, nos vimos obligados a seleccionar los actores más destacados de la política nacional, partidos políticos, sindicatos y organizaciones sociales, y analizar sus puntos de vista, los que aportan los elementos fundamentales para comprender la historia de la movilización social en esta temática.

En primer lugar, se indagaron los antecedentes en el país focalizando en cuatro actores clave: el Partido Intransigente (PI)[2], el Movimiento al Socialismo (MAS)[3], ambos partidos de izquierda o centro izquierda con una fuerte

---

[1] Por ejemplo, diputados nacionales, profesionales independientes (entre los que se destaca Alejandro Olmos Gaona) o vinculados al Plan Fénix, Asociación Héctor P. Agosti, Autoconvocados NO a Bush, Foro Nacional Argentino de la Deuda Externa, entre otros.

[2] En 1972, el Yrigoyenismo revolucionario se organizó políticamente dando origen al Partido Intransigente, definiéndose como "la alternativa nacional popular y revolucionaria". El ser nacional significaba, en sus términos, "promover una sostenida lucha antitmperialista al servicio de la liberación de todo el país para el desarrollo armónico de todas sus regiones y sectores"; el carácter popular provenía del reconocimiento que "la lucha antiimperialista por la liberación nacional deberá sustentarse en la acción de los trabajadores y de otros sectores independientes de toda vinculación con el capitalismo monopólico. (...) ser popular quiere decir también que el fin de esa lucha es la justicia social"; "ser revolucionario significa estar dispuestos a transformar todo lo que sea necesario y a proponer los cambios desde la raíz misma de las estructuras". El partido se consagra al servicio de la "democracia transformadora y revolucionaria". *Alternativa Intransigente*, Órgano nacional del Partido Intransigente. 1984, Año 1, N°0.

[3] El Movimiento al Socialismo reconoce sus antecedentes en el programa revolucionario del Partido Socialista de los Trabajadores, en el marco de un nuevo espacio político abierto con el triunfo de la democracia a comienzo de la década del '80. Si bien el Congreso fundacional del movimiento tuvo lugar poco después del acto en el Luna Park (septiembre de 1983) los orígenes del MAS pueden identificarse un año antes con la solicitada histórica de 1982, en la que públicamente convocaron a construir el partido.

militancia de estudiantes secundarios y universitarios, la Confederación General del Trabajo (CGT)[4] y la Asociación Madres de Plaza de Mayo. Estos actores sociales confrontaron centralmente con distintos gobiernos y orga-nismos internacionales, en el marco del proceso de movilización social tejido alrededor de los reclamos por el no pago (total o parcial) del endeudamiento externo, iniciado a comienzo de los años ochenta.

Considerando dicho proceso, proponemos una periodización que reconoce dos momentos de manifestación activa de reclamos, separados entre sí por un período de diez años en el que la cuestión pareciera desarticularse. En el primer momento, a lo largo de la década del ochenta, son los partidos políticos, sindicatos y organizaciones sociales de reconocida trayectoria en el escenario público argentino los que movilizan la cuestión realzando su vinculación a la violación a los derechos humanos. El segundo momento, que presenta actores sociales y características notoriamente diferentes al primero, se instaura con el cambio de milenio y está protagonizado por la acción de un conjunto de organizaciones sociales, entre las que se destaca Diálogo 2000. Pese a la influencia que la movilización iniciada en la década de los ochenta ejerce sobre Diálogo 2000, destacamos las diferencias entre ambos períodos a partir del análisis de los objetivos de los actores, su metodología de acción, sus recursos disponibles, su identidad colectiva, su principal antagonista y el perfil de sus militantes. Asimismo, advertimos que la Asociación Madres de Plaza de Mayo –aunque sus orígenes no se vinculan con la problematización de la deuda externa- es el único actor social que ha mantenido vigente durante los últimos veinte años su preocupación por los problemas asociados al

---

[4] La CGT, fundada en el año 1930, constituye la confederación que nucleaba, a mediados de los años 80, a más de 210 entidades gremiales, entre las que se destacaron, la Conf. Gral. de Empleados de Comercio; la Unión Obrera Metalúrgica (UOM) liderada por Lorenzo Miguel; la Conf. de Trabajadores de la Educación (CTERA), la Unión Obreros de la Construcción (UOCRA), la Asociación de Bancarios; Unión Ferroviaria, la Unión Personal Civil de la Nación, Asociación de Trabajadores del Estado y el Sind. Mec. y Af. Transp. Autom. (SMATA). Decidimos tomar a la CGT como actor representativo de los trabajadores dada la centralidad de uno de sus co-secretarios, Saúl Ubaldini, en los enfrentamientos del sector con el gobierno. De todas formas, el tablero sindical a comienzos de 1985 resulta complejo. Según una investigación de Luis Sartori y Ricardo Roa, el territorio sindical evidencia, cuanto menos, siete nucleamientos políticos. La CGT se encuentra en ese momento liderada por cuatro co-secretarios: Triaca, Borda, Baldassini y Ubaldini, quien no se declara explícitamente enrolado en ninguno de los agrupamientos detallados pero que proviene originariamente de "los 25" y en ese momento demuestra simpatías por Lorenzo Miguel.

endeudamiento, aunque es recién a mediados del año 2002 que las madres encabezan explícitas acciones de protesta por el no pago de la deuda.

En segundo lugar, indagamos el modo en que Diálogo 2000, coalición "nacional", tiende paulatinamente hacia una definición transnacional del conflicto, de su identidad y de sus estrategias de acción a partir de su parti-cipación en la coalición transnacional[5] Jubileo Sur.

Más allá del análisis de estos actores específicos, ciertas políticas oficiales promovidas por los países centrales –entre ellas el anuncio del Plan Brady a fines de la década de 1980, los planes de "alivio" para los países altamente endeudados enunciados por el G7 y la divulgación de las negociaciones para firmar el Acuerdo de Libre Comercio para las Américas (ALCA)– cobran particular relevancia en nuestro análisis. Asimismo, ciertos espacios internacionales de convergencia de actores "no oficiales" –entre los que destacamos los encuentros sectoriales y multisectoriales celebrados en La Habana en 1985; el Foro Alternativo "Las otras voces del planeta" desarrollado en Madrid en 1994 y el Foro Social Mundial– adquieren centralidad en la gestación de ese espacio público internacional en el que se articulan los actores sociales que reclaman por el no pago de la deuda externa.

Apoyándonos en el análisis del proceso de movilización social iniciado a comienzos de la década de 1980 en torno a las problemáticas desatadas por la política sistemática de endeudamiento profundizadas desde 1976, intentamos avanzar en una posible respuesta al interrogante que subyace, y a la vez alienta, nuestra investigación: ¿es posible identificar en la Argentina un movimiento social[6] en torno a la condonación, alivio o rechazo al

---

[5] Utilizamos aquí la definición de Kathryn Sikkink, quien entiende a las coaliciones transnacionales como "conjuntos de actores de diversos países que elaboran estrategias coordinadas o conjuntos de tácticas compartidas orientadas a provocar algún cambio social. (...) Las estrategias y tácticas compartidas son las campañas trasnacionales (...) La coordinación de tácticas requiere de un nivel mayor de formalidad en los conceptos que en el caso de una red. Esto se debe a que los grupos generalmente necesitan reunirse para identificar y acordar tácticas comunes, para desarrollar las estrategias para implementar las campañas y también para informarse mutuamente sobre el avance de las campañas. (..) Además, en tanto las coaliciones transnacionales actúan en forma colectiva, se requiere algún grado de identidad colectiva transnacional (Klandermans, 1997)..." (Sikkink, 2003:304)

[6] Melucci (1984), entiende a un movimiento social como la acción colectiva que combina las condiciones de "la existencia de una lucha entre dos o más actores por la apropiación y orientación de los valores sociales y los recursos" (a lo que denomina acción basada en conflictos) con "conductas que transgreden las normas que han sido institucionalizadas en roles sociales; aquellas que exce-

pago de la deuda externa más allá de la existencia de discusiones públicas en la materia?

La década de 1980: primeras manifestaciones sociales contra las políticas de endeudamiento

La deuda en la agenda de la transición democrática en la Argentina

La fundación de Diálogo 2000, organización creada a fines de 1997 con interés específico en el costo humano de la deuda externa, se enmarca en la historia de una cuestión problematizada con anterioridad por diversos actores sociales durante la década de los años 80. Con el retorno de la democracia y la incipiente crisis de la deuda en la Argentina y en América Latina. El tema se instala en 1982, tanto en la agenda de gobierno como en la agenda pública. En este marco, los partidos políticos, sindicatos y ciertas organizaciones de la sociedad civil como la Asociación Madres de Plaza de Mayo, desempeñaron un rol central en la constitución de las bases de la movilización por los perjuicios ocasionados a raíz del endeudamiento sistemático.

La Unión Cívica Radical (UCR) planteó tres cuestiones centrales para la campaña presidencial de 1983: la necesidad de enjuiciar a las juntas militares, la urgencia por investigar el proceso de endeudamiento del gobierno militar y discriminar entre los compromisos legítimos e ilegítimos y la preocupación por democratizar al sindicalismo. Durante la campaña, Raúl Alfonsín, candidato por el radicalismo se pronunció por "pagar solamente la deuda legítima", mientras que el MAS se distinguió de su adversario político como "el partido del no pago".

Una vez en el poder, el radicalismo impulsó la decisión de los jefes de Estado de América Latina de plantear una estrategia conjunta para superar los

---

den las reglas del sistema político y/o que atacan la estructura de una sociedad basada en relaciones de clases". En sus términos, un movimiento social como forma de acción colectiva refiere a tres dimensiones: la solidaridad, el desarrollo de un conflicto y la ruptura del límite del sistema donde ocurre la acción. Si se presentan sólo dos de estos rasgos, nos enfrentamos a un tipo diferente de acción colectiva.

efectos de la crisis de la deuda externa en la región. Con esta intención, en enero de 1984, durante la Convención de Quito, se sentaron las bases del Consenso de Cartagena, un intento de conformar un bloque de poder que permitiera un mejor posicionamiento de la región para iniciar las negociaciones con los acreedores externos[7].

Las esperanzas que los partidos políticos de izquierda depositaron en las promesas de la UCR durante la campaña electoral, se desvanecieron en 1984, momento en el que Alfonsín, y su ministro de Economía, Bernardo Grinspun firmaron un memorando de entendimiento con los EEUU. Estas señales ofrecidas por el oficialismo a los organismos de crédito internacional, en combinación con el llamamiento del presidente Raúl Alfonsín al "ajuste", la "economía de guerra", las "privatizaciones" y la "disminución del déficit fiscal"[8] contribuyeron a ampliar la oposición al gobierno más allá del ámbito de los partidos de izquierda. La CGT, ampliamente peronista, emerge a mediados del año 1985 como el actor social que aglutina a gran parte de la oposición al gobierno[9].

En su intento por promover la acción conjunta de la región, el gobierno propició las reuniones del Parlamento Latinoamericano, presidido por el senador nacional Luis León (UCR-Chaco). El documento final del encuentro celebrado en Montevideo a mediados de octubre de 1985[10], votado por una-

---

[7] La reunión se realizó en la ciudad de Cartagena de Indias, Colombia, los días 21 y 22 de junio de 1984. Asistieron representantes de 11 países de América Latina que concentraban alrededor del 80 % de la deuda regional. Entre ellos se encontraban: Argentina, Bolivia, Brasil, Colombia, Chile, Ecuador, México, Perú, República Dominicana, Venezuela y Uruguay.

[8] Este pronunciamiento de Alfonsín durante el acto del viernes 26 de abril de 1985 ocasionó que columnas de manifestantes del PI, Partido Justicialista, del Partido Obrero e incluso grupos de militantes del partido radical se retiraran de la Plaza de Mayo. Un mes mas tarde, el gobierno lanzó el Plan Austral "un shock antiinflacionario con tres ejes centrales: a) renegociación de la deuda externa; b) política de ingresos a través de congelamiento de precios, salarios, tarifas y tipo de cambio; y c) ajuste fiscal y reforma monetaria. El Plan Austral fue negociado con grupos empresarios, pero no con los sindicatos. Para suplir esta falencia el gobierno crea la Comisión Económica Social (CES) con participación de los sectores sindicales y empresario" (Godio, 2000: 1166).

[9] En un ensayo que da cuenta del sentido político de la Plaza de Mayo, Gabriel Lerman destaca el poder que adquiere la central obrera, afirmando que "El dirigente indiscutido de esta plaza (sindical) es Saúl Ubaldini, secretario general de la CGT. (...) Los 'paros' y las concentraciones de la CGT tenían una lectura alentada por el oficialismo sobre el carácter 'político' de su realización y una especial atención a la acumulación de 'paros generales' que 'sufría' el presidente Alfonsín, finalmente trece" (Lerman, 2005: 116).

[10] El encuentro se llevó a cabo entre el 10 y el 13 de octubre de 1985.

nimidad por las dieciséis delegaciones asistentes, definió a la deuda como un problema político e impulsó la reducción sustancial de la tasa de interés; la obtención de nuevos plazos de pago de servicios de la deuda derivados de un porcentaje real de las exportaciones, sin afectar la atención de las necesidades básicas del desarrollo económico y social de los países deudores; la concertación del flujo de nuevos financiamientos orientados a promover el desarrollo; la eliminación de las barreras proteccionistas y la rectificación de la política de precios en relación con las exportaciones de los países deudores. Además, el parlamento ratificó la "vocación integracionista" que inspiró su fundación y consideró que una "comunidad económica latinoamericana y los organismos económicos y financieros autónomos regionales que ella implica son el ideal institucional".

A pocos años del retorno de la democracia en la mayoría de los países de América Latina[11], la resolución de la crisis de la deuda significaba mucho más que un desafío por renegociar los vencimientos de los pagos externos. Se ponía en juego "nada menos que la estabilidad política de los países latinoamericanos"[12] que pugnaban por la implementación de un Nuevo Orden Económico Mundial[13].

Cuba: motor del movimiento social continental contra el pago de la deuda externa

Clamando por la implementación del nuevo ordenamiento, Cuba impulsó en América Latina la Campaña Continental contra el pago de la

---

[11] Países como Chile y Paraguay continuaban, a mediados de los años ochenta, con regímenes autoritarios bajo la dirección de Augusto Pinochet y Stroessner, respectivamente.

[12] Canciller argentino Dante Caputo, diario Clarín, 30 de julio de 1985, sección política, pág. 4.

[13] Básicamente, el Nuevo Orden Económico Mundial constituye una iniciativa de los países del Tercer Mundo plasmada a principios de la década de los años 1970 en un documento que plantea una serie de principios cuya idea central es la de la solidaridad internacional como base de las relaciones entre los Estados. El documento trabaja específicamente los temas relacionados con el intercambio desigual, con las medidas proteccionistas, con el dumping, con la transferencia de tecnología, con la transferencia de recursos de los países más industrializados a los países llamados eufemísticamente en desarrollo. Dicha propuesta, junto con la Carta sobre los Derechos y los Deberes Económicos de los Estados, fueron debatidas en Naciones Unidas y recibieron un apoyo absolutamente mayoritario de esa organización en 1974.

deuda externa de los países del Tercer Mundo en 1985. Fidel Castro reúne los primeros antecedentes en el pronunciamiento por la cancelación de las deudas[14].

Los encuentros sobre la Deuda Externa Latinoamericana y el Caribe realizados en La Habana a fines de julio de 1985 proporcionaron el puntapié inicial que pretendió alentar un movimiento social continental por el no pago. Esta convocatoria consistió en una serie de encuentros sectoriales y multisectoriales, entre los que se destacó la Conferencia Sindical de Trabajadores de América Latina y el Caribe sobre la deuda Externa[15], seguida de la Conferencia Continental sobre la deuda externa, informalmente denominada "diálogo continental"[16]. Entre los objetivos del encuentro se procuraba "examinar y debatir libremente, sin posiciones predeterminadas, la situación de la deuda de América Latina"[17]. La soberanía política y económica cubana respecto a los Estados Unidos convirtieron a Cuba en el líder "natural" para impulsar la reflexión como así también, para reconfigurar las relaciones de poder entre los países deudores del Tercer Mundo y los acreedores externos de los países industrializados.

Asimismo, la fuerza del encuentro se respaldaba en una serie de declaraciones oficiales de los distintos países latinoamericanos. México había declarado la moratoria unilateral en 1982 y en Perú, asumía la presidencia Alan García, anunciando que en los primeros doce meses de gobierno, y mientras no se modificara la situación económica internacional, Perú destinaría a los pagos externos un máximo del diez por ciento de sus ingresos por exportaciones. El entonces electo Presidente afirmó, además, que negociaría el pago de la deuda directamente con los acreedores, sin la mediación del Fondo Monetario Internacional y exhortó a las naciones de América Latina a unirse para negociar. Estos antecedentes de los países de la región en respuesta a la crisis mundial del endeudamiento, animaron a

---

[14] En 1979, proclamaba la cancelación de "las deudas de los países de menor desarrollo relativo y en situación desventajosa", luego, en 1983, se extendería al "gran número de países que no tienen posibilidad real de pagarla" para concluir, en 1985, incluyendo a todos los países del Tercer Mundo bajo la consigna de anulación de la deuda externa. (Castro Ruiz, 1985: 6)

[15] Realizada el 17 y el 19 de julio de 1985.

[16] Efectuada entre el 30 de julio y el 3 de agosto de 1985.

[17] Fidel Castro. Diario *Clarín*, 30 de julio de 1985, sección política, p. 8.

los restantes países latinoamericanos en nuevos posicionamientos frente a los acreedores.

En la Conferencia Continental, segundo encuentro impulsado por Cuba, la deuda externa latinoamericana y del Caribe fue el tema que convocó en La Habana a más de 1.200 invitados entre los que se destacaron representantes de gobiernos latinoamericanos, líderes sindicales, autoridades religiosas, periodistas, economista, juristas, empresarios y personalidades reconocidas entre las que se destacaron escritores latinoamericanos como el Premio Nobel de Literatura, el colombiano Gabriel García Márquez y el Premio Nobel de la Paz, el argentino Adolfo Pérez Esquivel[18]. En cierto modo, el encuentro de La Habana, amplía la iniciativa del Grupo de Cartagena, que únicamente nucleaba a once gobiernos de América Latina pero no evidenciaba resultados significativos. Pese a las diferencias cuantitativas y cualitativas con el grupo de Cartagena, Fidel Castro presta su apoyo a la iniciativa de esos países, aunque objeta el hecho de no haber incluido al conjunto de la región.

La participación de la Iglesia en el encuentro de La Habana reveló amplias coincidencias entre dos cosmovisiones que frecuentemente se presentan antagónicas. La "coincidencia" entre el discurso de la Iglesia y las reiteradas manifestaciones pronunciadas durante la jornada de debate en Cuba sobre la imposibilidad económica, matemática, política y moral de pagar la deuda externa para los países del Tercer Mundo (o de una amplia cantidad de ellos) trasciende el encuentro de La Habana cuando, el mismo día en que Castro pronunciaba su discurso, la reunión general de coordinación del Consejo Episcopal Latinoamericano objetaba, en Bogotá, el cobro de la deuda sobre el "hambre y el exclusivo sufrimiento para el pueblo"; consideraba inaceptable "el pago de intereses excesivos" y llegaba a sugerir la condonación para aquellos países que no estuvieran en condiciones de responder a los vencimientos programados y reprogramados. Si bien es fuerte la coincidencia de posturas en las distintas dimensiones en la que se analiza la imposibilidad del

---

[18] Entre los participaron argentinos que asistieron al encuentro se destacaron: Oscar Alende, titular del Partido Intransigente, el secretario general del Partido Comunista, Athos Fava, el economista del Partido Justicialista Eduardo Setti, Manuel Rodríguez Mena, Decano de la Facultad de Ciencias Económicas y Sociales de la Universidad de Buenos Aires, Pedro Rincón Gutiérrez, Rector de la Universidad de los Andes; Homero Luis Hernández, secretario adjunto del Sistema económico Latinoamericano (SELA).

pago de la deuda, es la dimensión moral la que auspicia de nexo en la construcción de intereses comunes[19].

El delegado por el gobierno argentino para el encuentro en Cuba, Enrique García Vázquez, ex Presidente del Banco Central y negociador de la deuda externa frente a la banca privada extranjera y el Fondo Monetario Internacional, enunció la posición encomendada por el Dr. Alfonsín de que "la Argentina no apoyará una moratoria de la deuda" y proclamó la necesidad de pagar la deuda planteando que "el manejo del problema de la deuda externa debe conducirse por dos vías, si se quiere paralelas. La primera consiste en la discusión con los acreedores, sean ellos bancos comerciales, organismos paraestatales o entidades internacionales. La segunda vía debe pasar por el más alto nivel político entre países deudores y acreedores"[20].

El modo en que el gobierno radical procura alcanzar una solución al problema vía la negociación política "sin sometimientos pero sin precipitaciones"[21] evidencia marcadas diferencias con el planteo sostenido por distintos participantes argentinos en el "diálogo continental" que se pronuncian por la declaración unilateral del no pago en el marco de una asociación de deudores latinoamericanos que "obligara a los acreedores a sentarse a negociar". Pareciera que por detrás de las diferentes "estrategias" planteadas se esbozara una concepción diferente respecto a la dimensión del problema que la crisis de la deuda representa: mientras que el incipiente movimiento social emergente identifica el foco del conflicto sobre el debate dependencia-independencia, imperialismo-antiimperialismo, el gobierno argentino centra la discusión en torno a la legitimidad-ilegitimidad de la deuda.

---

[19] Pocos días después del encuentro multisectorial en Cuba, el Papa Juan Pablo II expuso ante las Naciones Unidas la postura oficial de la Iglesia respecto a los daños que la crisis de la deuda externa evidenciaba en los países del "tercer mundo". Dejando de lado temas atinentes al desarme nuclear y la paz, el catolicismo se inclinó, en su discurso ante la asamblea plenaria en conmemoración del cuadragésimo aniversario de la ONU, por recomendar "ética económica para analizar la deuda externa" Diario Clarín, 19 de octubre de 1985, sección economía, p. 21.

[20] Citado en Grinberg, Gabriel. 1985. "Deuda externa: el foro de la Habana antes del diluvio." *El periodista de Buenos Aires*, N°48, p. 35

[21] R. Alfonsín. Diario *Clarín*, 23 de enero de 1986, sección política p. 2.

Entretelones de la movilización contra el pago de la deuda externa

El PI y el MAS: entre la negociación con acreedores y la declaración unilateral de moratoria

Cumplidos los dos primeros años del restablecimiento democrático, se inició en el país la primera renovación parcial de la Cámara de Diputados de la Nación. Con la intención de conformar una alianza que superara los límites de un "frente de izquierda"[22], el PI propuso a los partidos populares, la CGT, la FUA, la Federación Agraria Argentina, a la Confederación General Económica conformar un "frente patriótico" sobre la base de un programa que consideraba, entre otros puntos, la necesidad de poner en ejercicio las facultades que atribuye la Constitución Nacional al Congreso para reglar todo lo concerniente a la deuda exterior de la Nación. Asimismo, el partido se pronunciaba por la anulación de los acuerdos suscriptos por el Poder Ejecutivo Nacional con el Fondo Monetario Internacional (FMI) que subordinaban potestades soberanas a un organismo extranacional e impusieran una orientación recesiva a la política económica del país. En este sentido, el Frente Patriótico pretendió aglutinar a los distintos grupos marxistas, "pero junto a los radicales de Irigoyen, al peronismo-pueblo, al socialismo genuino, a los cristianos revolucionarios, a los intransigentes y a todo compatriota que (planteara) con firmeza las posiciones antiimperialistas y antioligárquicas"[23].

Tanto el MAS como el PI, inscriptos en la tradición de los partidos populares nacionales y antiimperialistas y con una fuerte inclinación a la movilización, remarcaron la dimensión política de la deuda externa. La definían como un "instrumento de dependencia", en su mayor parte ilegítima dado su desmesurado crecimiento durante la dictadura militar (1976-1983). Destacaron la imposibilidad matemática de saldar la deuda (incluso si existiera la voluntad de destinar al pago de intereses la totalidad del saldo entre importaciones y exportaciones del país), lo que generaba un remanente constante

---

[22] Con frente de izquierda hacen referencia al FREPU (Frente Popular) conformado por el Partido Comunista y el Movimiento al Socialismo junto con otros grupos menores que expresan los intereses políticos de los sectores marxistas.

[23] Raúl Rabanaque Caballero, diputado del PI, en *Alternativa Intransigente*, octubre de 1985, Nº 15.

de intereses impagos que incrementaban continuamente los montos adeudados. De este modo, consideraron que los acreedores externos eran co-responsables de la grave crisis por la que atravesaba el país y definieron a la deuda como un "ancla", un freno al desarrollo económico y social del pueblo que veía decaer constantemente su calidad de vida hasta alcanzar niveles de pobreza atentando contra los derechos humanos.

Hasta fines de la década del ochenta, el programa del MAS mantuvo constantes tres ejes programáticos: "deuda externa, genocidio y constituyente", ejes que el partido ordenó de diversa manera y cuyas consignas formuló según las circunstancias[24]. En 1984, el pronunciamiento explícito de la dirección del MAS adhiriendo a las consignas esbozadas por el economista Aldo Ferrer[25], en las que se delineaba la propuesta de pagar el monto de la deuda legítima con sólo el diez por ciento del valor de las exportaciones[26], provocó fuerte indignación en un sector de los militantes del movimiento que vio, incluso, amenazada la identidad del partido, asociada al "no pago".

En un principio, tanto el Partido Comunista como el Partido Intransigente, fueron considerados por el MAS como "falsas izquierdas", denunciando al primero como un "partido obrero reformista" mientras que al segundo lo considera "un partido burgués de izquierda"[27]. A comienzos de 1985, el MAS reconoce en la CGT y en partidos políticos como el PI y el peronismo la adopción de consignas en torno a la problemática de la deuda externa a las que caracteriza como "nuevos puntos de unidad" con esos sectores.

---

[24] "La formulación de nuestra consigna ha conocido varias acepciones. La hemos formulado como suspensión del pago de la deuda externa; suspensión del pago de la deuda ilegítima; no al FMI; pagar el 10% de las exportaciones. Cada uno de estos cambios obedece a cambios en la lucha de clases y en la situación política, y con ellos siempre hemos buscado encontrar la formulación que nos permita pasar a la acción en unidad con otras fuerzas políticas, sindicales, o estudiantiles. (...) En esta coyuntura, por la posición del PI, (...) de sectores del peronismo y por la posición que han tomado las organizaciones sindicales, tenemos que hacer una nueva modificación; ruptura inmediata de los acuerdos con el FMI, no pagar la deuda ilegítima. Es decir, tomamos las consignas presentadas por el PI". "Pre-Congreso del MAS, Tesis sobre la situación nacional", febrero de 1985.

[25] La propuesta de Aldo Ferrer, Director del Banco de la Provincia de Buenos Aires y co-negociador de la deuda junto con el Ministro Grinspun, era pública en el mes de julio de 1983.

[26] Esta postura de la dirección del partido se expresa en el periódico del MAS, *Solidaridad Socialista*, 8 de marzo de 1984, N° 56.

[27] Documento Nacional del Partido, 1985, p. 7.

De este modo, el MAS oscila según las circunstancias y las alianzas políticas acordadas, entre un pronunciamiento radical por el no pago y la adhesión a una consigna más moderada (propuesta por el PI) de suspensión de pago de capital e intereses de la deuda exterior en tanto el Parlamento discriminara la parte legítima de la ilegítima, para luego renegociar con cada acreedor la deuda legítima efectuando los correspondientes pagos de manera compatible con las necesidades de desarrollo económico y social del país. De este modo, sólo se apelaría a la "declaración unilateral de moratoria" en caso de no haber acuerdo entre deudores y acreedores[28]. Entre las estrategias propuestas destacan la pertinencia de crear un "club de deudores" y un "Fondo Monetario Latinoamericano" tendiente a implementar una moneda común que sirviera como reserva de valor, unidad de cuenta y referente del movimiento de capitales y de la evolución del tipo de cambio que sea, además, capaz de proporcionar recursos para inversiones, así como para facilitar intercambios compensatorios. Entre las medidas de carácter interno, el Partido Intransigente propone implementar un impuesto excepcional que grave a todo agente económico que hubiera obtenido un seguro de cambio o que hubiera desligado su responsabilidad como deudor en virtud de la estatización de la deuda[29].

Al considerar la magnitud y la generalización de la deuda en los países periféricos, el Partido Intransigente reconoció una historia común que definía al proceso de endeudamiento de esos países más allá de "sus estructuras económicas, la composición de su comercio exterior y de las políticas internas". El PI resaltó dos factores estructurales que, a su juicio, propiciaron el endeudamiento. El primero de ellos vinculado a la necesidad de la banca de inyectar en el mercado de crédito la masa de dinero disponible proveniente de los países exportadores de petróleo; además, los países centrales necesitaban –a su entender– el crédito para aumentar su propio comercio de exportaciones con los países periféricos. El segundo factor, lo vinculaban a la grave situación por la que atravesaba la economía norteamericana desde mediados de

---

[28] Para un detalle exhaustivo del *modus operandi* propuesto por el PI para abordar el problema del endeudamiento consultar el documento elaborado por el Comité Nacional del Partido Intransigente "Deuda externa. Análisis y propuesta intransigente." Abril de 1986, pp. 13-14.

[29] Comité Nacional del Partido Intransigente "Deuda externa. Análisis y propuesta intransigente." Abril de 1986.

la década del setenta, cuando "la falta de operaciones rentables en el área productiva desvió recursos de las multinacionales hacia los mercados financieros, mediante colocaciones especulativas, reforzando el crecimiento del sistema financiero"[30].

Si bien no se logró consolidar el pretendido frente común, tanto el PI como el MAS apoyaron el plan de lucha y la propuesta económica de la CGT, adhiriendo a los paros y movilizaciones convocadas para el 23 de mayo y el 29 de agosto de 1985, dos demostraciones sociales multitudinarias de ese año, enmarcadas en los actos de protesta por el no pago. A nivel internacional, el PI participó el encuentro sindical celebrado en La Habana a mediados de julio de ese mismo año, convocado por el gobierno cubano, junto con la Federación Sindical Mundial (que agrupa al sindicalismo comunista del mundo). Al encuentro asistieron trescientos trece representantes sindicales de veintinueve países.

Producto de ese encuentro sindical, se elaboró un documento conocido como "Acta de La Habana", al que suscribieron todos los asistentes. El acta se pronuncia por la anulación, moratoria, suspensión inmediata de pagos o postergación indefinida de la Deuda Externa, incluidos los intereses; por el establecimiento del nuevo orden económico internacional; por la unidad latinoamericana y caribeña; por el avance hacia formas de integración económica de América Latina y el Caribe, al servicio del desarrollo y la independencia de los países de la región. Asimismo, se establece el 23 de octubre de ese año[31], como jornada de acción continental contra la deuda externa, lo que constituye el primer intento de acción coordinada que llevarían adelante los trabajadores de todo el continente.

La CGT toma la "bandera" de la moratoria de la deuda a nivel nacional

Es de destacar que la Confederación General del Trabajo (CGT) no adhirió al encuentro sindical en Cuba. La Confederación Internacional de Orga-

---

[30] Comité Nacional del Partido Intransigente "Deuda externa. Análisis y propuesta intransigente." Abril de 1986, p. 3.

[31] Algunos de los entrevistados consultados afirman que no se realizaron en nuestro país actividades ese día. Durante una entrevista realizada recientemente a un miembro fundador del MAS, éste señala

nizaciones Sindicales Libres (CIOSL) y la Organización Regional Interamericana de Trabajadores Libres (ORIT), ambas de tendencia socialdemócrata, desaconsejaron participar de la conferencia por considerarla contradictoria con sus objetivos.

En vistas de que la Confederación General del Trabajo se encontraba enrolada en la ORIT-CISAL, la CGT no participó oficialmente del encuentro sindical. La Unión Obrera Metalúrgica declaró expresamente que la presencia de ciertos sindicalistas en el encuentro[32] no respondía a una misión institucional sino más bien constituía una presencia de carácter "personal"[33].

El hasta ese entonces desinterés de la central obrera por la problemática de la deuda externa se quiebra al presentar, pocos días después del encuentro en Cuba, un plan socioeconómico de veintiún puntos, aprobado por el plenario general[34] como alternativa a la política económica del gobierno radical, plan que establece entre sus puntos sobresalientes la necesidad de "establecer una moratoria por el pago de servicios de la pretendida deuda externa". En este marco, parece pertinente preguntarse: ¿qué lleva a la CGT a manifestarse abiertamente en contra del llamado de Fidel Castro al encuentro en Cuba donde se declaró la imposibilidad matemática, política, de pagar la deuda externa de América Latina cuando simultáneamente la central plantea la necesidad de establecer una moratoria de la deuda externa argentina?

Apenas unos meses antes de la convocatoria sindical en La Habana (1985), y pese a su condición legal[35], la CGT anunció el segundo paro general y movilización al gobierno constitucional iniciado en 1983. La medida se en-

---

que: "Nosotros veíamos que los que salían (del encuentro de La Habana) no iban a llevar adelante (la jornada de acción continental) y de hecho no la llevaron adelante. No hubo ninguna medida de acción continental importante." Otros no recuerdan especialmente la fecha . Tampoco la prensa local (Clarín) registra noticias vinculadas a la conmemoración local de la jornada de acción continental contra la deuda externa.

[32] Además del Secretario General de la seccional de Villa Constitución, Alberto Piccinini, viajaron a Cuba Julio Guillan (Telefónicos), Omar Gorini (Judiciales), Jorge Jalmor (Ferroviarios) Armando Gini (Unión Docentes Argentinos) y otros gremialistas de esta última entidad.

[33] Cable TELAM 17/07/85

[34] Aprobado en el plenario general de la CGT el 30 de julio de 1985.

[35] Entre las leyes vigentes se encontraba la Ley 22.105 de Asociaciones Profesionales, norma sancionada el 15 de noviembre de 1979 por la Junta Militar que gobernaba, en ese entonces, al país. La norma prohibía expresamente la conformación de organizaciones gremiales de tercer grado. En ese marco, el ministro de Trabajo Hugo Barrionuevo declara que la central obrera es "un agrupamiento que se autodenominó CGT y al cual el gobierno nunca reconoció como tal."

marcaba en el Plan de acción implementado por la central obrera con el objeto de manifestar públicamente su disconformidad con la política económica y social del gobierno de Alfonsín. La consigna central del paro y movilización convocados para el 23 de mayo de 1985 fue "Democracia con justicia social". En esa proclama, reforzada por afiches de la CGT en la que se veía a un niño desnutrido y podía leerse "No paguemos así la deuda externa", se explicitaba lo que podría considerarse una segunda consigna de aquel acto "no paguemos con el hambre del pueblo la deuda externa". Pronunciamiento aún distante de la posición radical que adoptaría la CGT en su plan socioeconómico de veintiún puntos que aprobaría el plenario de la central obrera dos meses más tarde.

Con esas demandas, la central de trabajadores encabezó la mayor manifestación opositora realizada, hasta ese entonces, contra el gobierno radical a la que adhirieron prácticamente la totalidad de los gremios, partidos políticos y organizaciones de derechos humanos[36]. Al acto asistieron más de doscientas mil personas. Según declaraciones de Saúl Ubaldini, uno de los cosecretarios de la CGT, se trataba de "un acto político, nacional y multisectorial"[37]. Si bien los mayores contingentes pertenecieron a las organizaciones gremiales, la concentración se caracterizó por la fuerte presencia de partidos políticos. Columnas del justicialismo, del Partido Intransigente, del Partido Comunista y del Movimiento al Socialismo aportaron un amplio caudal de manifestantes[38].

Puede considerarse como una característica destacada de aquella manifestación la heterogeneidad de actores sociales que poblaron la plaza con una amplia gama de consignas políticas. Los seguidores de Herminio Iglesias (dirigente peronista) concurrieron a la movilización bajo la consigna central "pan, paz, trabajo y obras sociales para los trabajadores". El Movimiento de Integración y Desarrollo, liderado por Arturo Frondizi, próximo a lanzar un frente electoral con el herminismo asistieron bajo la consigna "por el frente, por el desarrollo y la justicia social". Dado que el desarrollismo se declaró

---

[36] A excepción de la Asociación Madres de Madres de Plaza de Mayo.

[37] *La Razón*, 24 de mayo de 1985, p.7.

[38] Entre los cánticos coreados en la manifestación se escuchaba "que siga el baile al compás del tamboril, que el pueblo se muere de hambre de la mano de Alfonsín." Y otro ordenaba "que se vayan, que se vayan."

partidario de pagar, a secas, la deuda externa, su consigna máxima en la materia se remitió a impulsar la elaboración de un plan de desarrollo para acordar con el Fondo Monetario Internacional. El Partido Intransigente marchó con sus consignas contrarias a que "la deuda externa sea pagada bajo las condiciones recesivas que impone el FMI"[39]. En la misma línea "anti-FMI" se ubican el Partido Socialista Popular, que participa en la concentración afirmando que "para que bajen los precios y suban los salarios, hay que hacerle caso al pueblo y no al Fondo Monetario". Más tajante, el Partido Comunista asistió con carteles exigiendo "Moratoria Ya". En esa línea, el Movimiento al Socialismo, dirigido por Luis Zamora y Nora Ciapponi firmaron una declaración pidiendo la ruptura con el FMI y una moratoria junto a Susana Valle, Emilio Mignone, Patricia Bullrich, Jorge Cepernic y el entonces consejero riohondista, José Manuel de la Sota.

Osvaldo Borda, dirigente del gremio del caucho, orador en el acto del 23 de mayo, señala claramente cuál es el punto de unión de las heterogéneas fuerzas que apoyaron la medida, al referirse a las "juventudes y partidos políticos que tienen distintos signos ideológicos pero con los que coincidimos en una sola cosa: no vamos a permitir que se consolide la dependencia de la República Argentina"[40].

A poco más de tres meses de la movilización, el contexto nacional presentaba nuevos elementos a considerar: se había implementado el Plan Austral a mediados de junio de 1985 y se acercaban las elecciones para renovar la primera mitad de la Cámara de Diputados de la Nación desde el retorno democrático.

Considerando la estructura de oportunidades políticas[41], la central

---

[39] Pese a adherir a la convocatoria de la central obrera, declaraciones del comité nacional del PI cuestionaron a las autoridades cegetistas que "como Triaca y Baldassini, han preferido su lealtad a las cúpulas militares asesinas del proceso, que por ser leales a los verdaderos intereses del pueblo", haciendo clara referencia a las declaraciones de los gremialistas durante el juicio a las ex juntas militares.

[40] *La Razón*, 24 de mayo de 1985, p.6

[41] En una declaración, Triaca, uno de los líderes de la CGT reconoció que "todo paro tiene connotaciones políticas" y admitió tácitamente que la coyuntura del peronismo no es ajena a la huelga." *La Razón*, 20 de agosto, p.18. Asimismo, un líder del MAS, al ser consultado por las razones que podrían haber llevado a la CGT a cambiar radicalmente su postura con respecto el tema de la deuda externa reflexiona "Cuando se desnuda que lo de Alfonsín es un discurso, cuando lo despide a Grinspun y lo pone a Sourrouille, ahí la CGT queda con la bandera de la deuda, el FMI y de la moratoria." "(Tomar la bandera) le permitió a la CGT conservar (centralidad) en los momentos de mayor descontento con el radicalismo." Entrevista a un miembro fundador del MAS realizada el 8/11/2005.

obrera elaboró una propuesta socioeconómica de veintiún puntos aproba-
dos por el plenario general de secretarios generales y delegaciones regionales
de la CGT del 30 de julio de 1985[42] como alternativa al programa económico
del gobierno de Alfonsín. En este marco, la CGT anunció el paro nacional y
movilización para el 29 de agosto, iniciando, de ese modo, su tercera medida
de fuerza en el marco del Estado de derecho. Con la aprobación del plan socioeconómico de la CGT comienza una nueva etapa de acción cegetista ya
que en el programa de ocho puntos aprobado en junio de 1984 en acuerdo
con la Sociedad Rural Argentina (SRA) y la Unión Industrial Argentina (UIA),
lejos de pedir una moratoria llamaba a negociar con los acreedores, recono-
ciendo las "restricciones de la economía mundial"[43].

El plan de acción de la CGT pretende defender una "propuesta nacional"
para "vencer a la inflación sin detener el crecimiento nacional". Entre los
veintiún puntos y once temas[44] que define, se destaca la propuesta de "Establecer una moratoria por el pago de servicios de la pretendida deuda externa,
en razón de la necesidad de aplicar todos los recursos nacionales a la inmediata reactivación de la economía nacional." Asimismo, se exige "no contraer
nuevas obligaciones para pagar servicios ni admitir el crecimiento usurario
de la pretendida deuda externa por recargo de intereses bancarios"[45]. Junto
con la moratoria, la CGT reclamó que el gobierno diera participación al Congreso en temas como la deuda externa y el régimen financiero y orientara el
crédito hacia actividades productivas.

Puede advertirse la convergencia de posiciones entre la CGT y el ex asesor

---

[42] Según informa el diario *Clarín* durante el plenario, el plan de 21 puntos fue básicamente impuesto
por la Comisión de los 25, las delegaciones regionales de la CGT y los que respaldaron el liderazgo de
Saúl Ubaldini. Fracasaron en su intento por morigerar los términos de la posición pública de la CGT
los hombres de Gestión y Trabajo y las 62 organizaciones. Triaca y Cavalieri pretendieron suprimir
el reclamo de moratoria del borrador, intento que fue anulado, entre otras cosas, por la acción de Víctor de Genaro (estatales) y José Luis Castillo (Navales), ambos de los 25.

[43] Al respecto consultar la nota de Eduardo Jazomi, "La nueva propuesta económica de la CGT ¿Cambio de línea?, en *El periodista de Buenos Aires*, 16 al 22 de agosto de 1985, N° 49, p. 12.

[44] Los **once temas** centrales son: deuda externa, reordenamiento financiero, movilización productiva, vivienda popular, exportaciones, inversión pública reactivadora, defensa y recuperación industrial, federalismo económico, promoción de la inversión privada, ordenamiento constitucional y
legalidad y justicia social.

[45] Plan de 21 puntos de la CGT de 1985, Diario *Clarín*, 31 de julio de 1985, Sección política, p. 2.

presidencial Raúl Prebisch respecto a la propuesta de moratoria en el pago de los intereses de la deuda externa[46] como una de las medidas para paliar la grave situación que atravesaba la Argentina por ese entonces. A pesar de que algunos partidos de izquierda hicieran planteos más radicalizados, la CGT encarnaba la oposición al gobierno con mayor fuerza real dada la presión del recurso de huelga.

La mayoría de las organizaciones sindicales, junto con numerosos partidos políticos de la oposición, organizaciones de derechos humanos (nuevamente con excepción de las organizaciones Asociación Madres de Plaza de Mayo y Abuelas de Plaza de Mayo) y sectores del empresariado[47] que no integraba el "grupo de los 11"[48], adhirieron a la medida de fuerza dispuesta por la CGT[49].

Pese a que los partidos de izquierda apoyaron el paro y movilización decretados, no ocultan las diferencias que mantenían con la central convocante[50]. Al parecer, priorizaron la oportunidad de expandir el debate sobre la deuda externa al interior de las fábricas, en las asamblea de delegados, en las

---

[46] A pesar de las aclaraciones de Raúl Prebisch, ex asesor presidencial en materia económica, quien aclaró que al referirse a los informes sobre la solicitud que él efectuó sobre una "moratoria" de 20 años para el pago de la deuda externa no ha hablado de moratoria sino de una "conversión de la deuda a corto plazo en una deuda a largo plazo, que puede ser de 20 años." *Clarín*, 28 de julio de 1985, sección economía, p. 15.

[47] El titular de la Federación Agraria manifestó que "somos conscientes de que la deuda externa ni sus servicios, jamás podrían pagarse en las condiciones pactadas." Diario *La Razón*, 15 de agosto de 1985, sección política, p. 16.

[48] El "grupo de los 11" está constituido por la CGT junto con 10 empresas entre las que se encuentran representantes de la UIA y la SRA.

[49] Existen muy diversas evaluaciones sobre la cantidad de concurrentes a la concentración de la CGT. En forma extraoficial, la policía estimó en 110.000 la cantidad de asistentes, la agencia Diarios y Noticias fijó su cálculo en 120.000 personas, mientras la agencia Noticias Argentinas lo hizo en 150.000. Por su parte, los organizadores del acto aseguraron que en la concentración hubo más de 350.000 personas.

[50] En este sentido, un miembro fundador de MAS declara "los socialistas estamos a favor del cumplimiento del paro dispuesto por la CGT, a pesar del método con que ha sido llamado. Queremos luchar contra el Plan Austral del gobierno radical, queremos suspender los pagos de la deuda externa y aplicar un nuevo plan económico al servicio de los trabajadores y por ello participamos en el paro, a pesar de la forma antidemocrática y poco responsable con que ha sido convocado." Y agrega "Creemos que detrás de un reclamo progresivo, hay una maniobra política, al servicio de los mariscales del partido justicialista". Declaraciones citadas en Diario *Clarín*, 27 de agosto de 1985, sección política, p. 2.

comisiones internas, alcanzando la posibilidad de que el tema dejara de ser "cosa de técnicos"[51].

De todas maneras, si bien el punto del plan cegetista que causó mayor impacto mediático se refería al pedido de moratoria, es pertinente relativizar la centralidad que ese punto tenía entre las causas que realmente llevaban a los trabajadores al paro. Al respecto son ilustrativas las palabras de un miembro líder del MAS:

"No quiero decir que los millones de trabajadores que pararon, pararon para lograr una moratoria, pararon por los problemas de vida que había en ese momento, problemas de salario fundamentalmente. (En las fábricas) había discusiones sobre el tema de la deuda. Era muy habitual, uno lo incluía y siempre alguno decía 'siguen con el tema de la deuda'. El aparato sindical nos atacaba con eso. 'Acá hay que discutir el tema del salario, está bien el tema de la deuda pero...'" (Entrevista realizada el 8/11/05, a una miembro del MAS, diputado nacional por otro partido hasta fines del 2005).

Al analizar este capítulo de la Historia del movimiento obrero argentino, Julio Godio, concluye que la estrategia de la CGT fue acorralar al gobierno de Alfonsín, y refiere al paro del 23 de mayo, como una medida que aglutina tanto a la UIA, la Sociedad Rural, la Cámara Argentina de la Construcción "pilares de los regímenes autoritarios" como a los partidos de izquierda y Movimientos de Derechos Humanos, resaltando el hecho de que la "CGT logra así convocar conjuntamente a los sostenes de Martínez de Hoz y a los 'zurdos'" (Godio, 2000: 1165).

Con el apoyo de numerosos partidos políticos y entidades defensoras de los derechos humanos, la CGT decretó un nuevo paro nacional general –el

---

[51] En este sentido, uno de los dirigentes del MAS recuerda que: "Se abrió un diálogo enorme a partir de que la CGT incluyó (el tema de la moratoria) porque nos permitía no plantearlo como una cosa nuestra solamente sino de la CGT, y ahí se permitió un diálogo con los trabajadores peronistas. (La C.G.T.) no quedaba ligada a un documento entre cuatro paredes. No era así, porque además, los mismos grupos de base del sindicalismo usaban lo de la deuda. Se fue creando una pelota, porque la militancia de base (de la CGT) entró a tomar lo de la deuda y a enfrentar a Alfonsín. Nosotros le dimos mucho valor a eso (a que la CGT planteara la moratoria). Es más, trabajamos muchísimo para lograr acciones en común de ese punto en común. Del resto de los 21 puntos no compartíamos ninguno". Entrevista realizada a un líder del MAS el 8/11/05, actualmente diputado nacional por otro partido. Su mandato termina a principios de diciembre del 2005

cuarto desde 1983– para el 24 de enero de 1986[52] en repudio a la política económico-social del gobierno radical, la que, según el Secretario General de la CGT, "descarga sobre el esfuerzo común el peso de la deuda externa". Un documento firmado por Ubaldini sintetiza la consigna que acompaña la medida de fuerza: "en paz, por el pan y el trabajo seguiremos bregando en democracia hasta la liberación nacional"[53]. Asimismo, diversos partidos políticos –entre ellos el PC y el MAS– coincidieron con la central obrera en definir al paro general como un "referéndum popular contra la subordinación de (la) economía a las exigencias del Fondo Monetario Internacional y el sacrificio que se le impone al pueblo para pagar los intereses de la pretendida deuda externa a la usura extranjera"[54]. La masiva adhesión de los partidos de izquierda al paro se fundamenta, según sus máximos referentes, en la extensión de la consigna de la confederación más allá de los reclamos salariales.

El oficialismo denunció reiteradamente la sistemática recurrencia de la CGT al paro general para "desestabilizar" al gobierno. El ministro de Trabajo Hugo Barrionuevo fijó su posición frente al nuevo paro general de la CGT al advertir un "ejercicio abusivo del derecho de huelga" y exhortar a la dirigencia sindical a que "abandonara la actitud de sobrepolitizar los conflictos laborales" y se comprometiera con la defensa del sistema democrático[55]. Pese a las variadas estrategias del gobierno por desalentar la adhesión al paro, la medida de fuerza afectó en forma total las actividades industriales y productivas en general, haciendo sentir también sus efectos en la administración pública. La CGT estimó un acatamiento de todos los sectores al paro del orden del 97,3 %.

Numerosas declaraciones del Secretario General de la CGT intentan desvincular el rol desestabilizante atribuido por los funcionarios radicales a las instituciones laborales en el sistema democrático. En este intento, la central

---

[52] La huelga fue decidida por un plenario de secretarios generales y delegaciones regionales de la Confederación que deliberó el 10 de enero de ese año. En esa ocasión se señaló que la medida constituiría el primer paso de un plan de lucha cuyas características se definirían en el mes de febrero.

[53] Citado en Diario *Clarín*, 24 de enero de 1986, sección política, p. 3.

[54] Citado en Diario *Clarín*, 25 de enero de 1986, sección política, p. 2.

[55] Diario *Clarín*, 23 de enero de 1986, sección política, p. 2.

obrera define a su enemigo en el ámbito internacional[56]. Su discurso era incisivo en la necesidad de "romper con la recesión y la dependencia, con reactivación productiva, justicia social y dignidad nacional".

En el marco de la confrontación de la CGT con el gobierno, se llevaron a cabo durante el mes de septiembre de 1986, una serie de encuentros sindicales en Buenos Aires, organizados por la Confederación Latinoamericana de Organizaciones Sindicales Libres (CIOSL), la Organización Regional Interamericana de Trabajadores (ORIT) y la CGT[57].

Podría estimarse que los encuentros, concertados en una reunión en Bruselas a mediados de diciembre de 1985, formaron parte de las acciones de la CIOSL y la ORTI para evidenciar su interés por el tema de la deuda externa, temática que meses antes había convocado a un encuentro sindical en Cuba auspiciado por la Federación Sindical Mundial, que agrupa al sindicalismo comunista del mundo. Como diferencia fundamental entre ambos eventos señalamos la participación que la CGT le dio a organismos internacionales como el BID, el Banco Mundial y al FMI.

A comienzos del mes de octubre de 1986, una nueva protesta cegetista se perfila en simultáneo a una acontecimiento significativo en la definición de las

---

[56] En este sentido, Ubaldini afirma: "Nuestro enemigo no es el gobierno, sino que está fuera del país, precisamente porque el gobierno ha claudicado de sus prerrogativas soberanas y admite la intervención desembozada del FMI sobre la conducción de los problemas socioeconómicos del país". Diario *Clarín*, 19 de enero de 1986, sección política, p. 2.

[57] La CIOSL nucleaba, en ese entonces, a 86 millones de afiliados, 13 de ellos en América Latina. Al momento de realizarse el encuentro sindical en la Argentina, no se encontraban afiliadas a la CIOSL la CUT brasileña, el MIT paraguayo, la CNT chilena, la PIT CNT uruguaya ni la COB boliviana. La CGT argentina se afilia a la Confederación en 1975 y Ubaldini fue uno de sus vicepresidentes desde 1984. El sindicalista argentino fue el tercer representante del país ante la central con sede en Bruselas, pero ninguno de sus antecesores tuvo un cargo tan jerárquico. La CGT se afilia a comienzos del proceso militar a la ORIT, filial americana de la CIOSL vinculada estrechamente con la central sindical de EEUU (AFL-CIO), la que se desempeñó durante décadas como tesorera de la organización. Históricamente las centrales sindicales del cono sur manifestaron diferencias con la ORIT acusándola de "pro norteamericana." De este modo, Perón en 1952 impulsó la creación de una central latinoamericana (la Agrupación de Trabajadores Latinoamericanos Sindicalistas (ATLAS) para contrarrestar la influencia de la AFL-CIO, pero la experiencia duró con fuerza hasta el golpe de 1955. A mediados de la década del '80, ese rol lo desempeña la CLAT, central socialcristiana con sede en Caracas y correlato regional de la Central Mundial de Trabajadores, instalada también en Bruselas. La CLAT realizó su propio encuentro del Cono Sur en Montevideo, Uruguay el 11 y 12 se septiembre de 1986 en donde reclamó una moratoria para la deuda externa. (Diario *Clarín*, 22 de septiembre de 1986, sección opinión, pp. 14-15.)

relaciones de poder internas de la CGT: se iniciaban las negociaciones para la normalización de la central obrera[58]. Asimismo, la elecciones legislativas de 1987 indujeron al PJ a apoyar a Ubaldini, como líder de la CGT, para evitar al interior de la central obrera las repercusiones del fraccionamiento del PJ.

Una vez reorganizado el peronismo con el triunfo de los "renovadores" en las elecciones de 1987, la 'misión' de la CGT como garante de la unidad del PJ perdió relevancia. Al mismo tiempo, aumentaron las tensiones entre distintos nucleamientos de la central obrera que adherían a diferentes tácticas de protesta obrera. En ese marco, chocaban los partidarios de la confrontación (ubaldinismo y los 25) con quienes priorizaban la negociación con el gobierno (el grupo de los 15)[59]. En este contexto de heterogeneidad en el comportamiento sindical, el gobierno desplegó una estrategia de cooptación de cuadros sindicales procurando "...incorporar a los 15 (...) al gobierno. Primero se intentó nombrar a José Rodríguez (SMATA) ministro de Trabajo; luego el cargo fue ofrecido a Carlos Alderete, Secretario General de la Federación de Luz y Fuerza, quien aceptó y se convirtió en marzo de 1987, en el cuarto ministro de Trabajo del Gobierno radical." (Godio, 2000: 1171). Frente a la emergencia del peronismo como fuerza opositora y las dificultades del radicalismo para construir legitimidad política, el intento de cooptación de cuadros peronistas anuncia un cambio en la estrategia radical, ahora, exclusivamente preocupado por cómo finalizar su mandato más que en abordar el problema del endeudamiento externo, uno de los ejes de campaña que le permitió acceder al poder. De este modo, se puede com-

---

[58] El 2 de septiembre de 1986 se concretó el acuerdo para normalizar la central obrera. El documento firmado entre el ministro de Trabajo, el secretario general de la CGT y un jurista enviado por la OIT prevé que el Estado se haga cargo de las deudas de la CGT generadas en el período 1976-1985 que son objeto de una instancia judicial. Asimismo, el acta asegura el cumplimiento de autonomía asociacional y libertad sindical del convenio 87 de la OIT y establece la necesidad de "establecer mecanismos de contralor del proceso de normalización de la CGT." El 7 de noviembre de 1986 tuvo lugar en Buenos Aires el esperado Congreso Normalizador reconquistando la central obrera su estatuto de legalidad. "El Congreso duró sólo unas pocas horas de un día, lo necesario para que los delegados aclamasen por unanimidad a una sola lista 'Azul y Blanca'. En esta lista se repartían los cargos en igual cantidad los ubaldinistas, los 25', (MRSP) y los ortodoxos (62' y no alineados). El consejo directivo fue ampliado de 20 a 21 cargos para permitir el acuerdo. Saúl Ubaldini fue electo secretario general y delegado ante la CIOSL.

[59] Dentro de las 62', los 25 y no alineados se perfiló un grupo de grandes sindicatos (SMATA, Luz y Fuerza, petroleros del Estado, FOECYT, Comercio y otros) que constituyó el grupo de los 15.

prender en qué contexto nacional el radicalismo abandona el problema de la deuda.

Como señala Godio, el triunfo en las internas del PJ de la fórmula –impulsada por la ortodoxia y renovadores disidentes– Menem-Duhalde como candidatos para las elecciones presidenciales de 1989, instauró nuevas reglas de juego en el movimiento sindical peronista: frente a la emergencia del agrupamiento MSMP (Movimiento Sindical Menem Presidente) como principal referente de un eventual gobierno peronista, el ubaldinismo debe optar entre subordinarse políticamente al rumbo fijado por el MSMP o conservar su autonomía desde la CGT. La elección de esta segunda estrategia condujo al ubaldinismo a una lucha frontal contra el MSMP y los ex renovadores.

Finalmente, la llegada del peronismo al poder y su decisión de aplicar una política de ajuste estructural, instauró una nueva confrontación ideológica al interior del peronismo: "menemismo vs peronismo histórico y peronismo de izquierda". En este contexto, "... para Menem, aceptar el punto de la moratoria de la deuda externa significaba la confrontación con los grupos económicos que lo apoyaban y con el gobierno de los EEUU. La tensión entre Ubaldini y Menem toma estado público: Ubaldini defendió los veintiseis puntos y Menem sostuvo que estaban obsoletos. Pero, el poder de Menem –poder basado no sólo en la supremacía de lo político sobre lo sindical, sino además en la fuerza del MSMP– terminó por doblar el brazo de Ubaldini, quien aceptó que los veintiseis puntos sólo eran 'puntos de referencia'" (Godio, 2000: 1186-1187).

Como se desprende de nuestro análisis, las medidas de fuerza tomadas por la CGT, vinculadas a la problemática del endeudamiento, son impulsadas en momentos estratégicos de redistribución interna del poder de la central obrera y/o en el marco de disputa en las relaciones de poder con el gobierno nacional. De este modo, los dos paros nacionales decretados durante 1985 se realizan en el marco de un año electoral, en el que, además, el oficialismo intentaba maniobrar una crisis económica apelando a la "economía de guerra" y a un plan antiinflacionario que no tardaría en evidenciar los síntomas de su agotamiento. En este contexto, y frente al fracaso del Consenso de Cartagena como estrategia del oficialismo para afrontar los problemas vinculados al endeudamiento externo, la CGT toma "la bandera" de la deuda como símbolo que le permitiría aglutinar a la mayoría de las fuerzas políticas y sociales contra el gobierno radical. En un momento tan sensible a cualquier gesto antidemocrático, característico de un proceso de transición hacia la democracia como el que vivía la Argentina a comienzos de la década del ochenta, una alianza que aglutinara a las más heterogéneas fuerzas políticas resultaba indispensable para disociar la confrontación con el gobierno radical de las connotaciones antidemocráticas que pudiera adquirir tal enfrentamiento dado el consenso social que sostenía una ecuación que igualaba Alfonsín a democracia.

Además, es preciso remarcar que el interés de la CGT por el alivio de la deuda resulta atípico en el campo de su tradicional lucha por las reivindicaciones salariales y la mejora de las condiciones de trabajo del sector obrero. La preocupación por los perjuicios de la abultada deuda se desactivaron durante la configuración de los nuevos dispositivos que impulsaron el ascenso de Carlos Menem al poder.

Repliegue de la movilización de los '80 contra el pago de la deuda y surgimiento de un actor específico

Luego de analizar los antecedentes de los principales actores sociales que durante la década del '80 sentaron las bases del proceso de movilización social en torno al tema de la deuda en nuestro país, advertimos que mientras el PI, el MAS y la CGT circunscribieron la problematización social a esos años, las Madres de Plaza de Mayo mantiene hasta la actualidad sus pronunciamientos sobre la cuestión, si bien, no constituyen un actor social específicamente abocado al tema deuda, dado que enmarcan la cuestión de modo subsidiario a su reclamo principal, asociado al esclarecimiento de los casos de violación a los Derechos Humanos durante la última dictadura militar. Asimismo, es de destacar que la fractura interna que sufren las Madres a principios de 1986 –que las desdobla en dos grupos diferenciados: las Madres de Plaza de Mayo Línea Fundadora y aquellas que continúan agrupadas bajo el nombre de Asociación Madres de Plaza de Mayo presidida por Hebe de Bonafini[60]– abre el juego a la adopción de distintas estrategias entre las Madres

---

[60] La escisión se materializó el 16 de enero de 1986. Las causas que llevaron a tal separación son difíciles de precisar debido a las distintas visiones que, al respecto, manifiesta cada grupo. De todos modos, señalamos entre tales causas, se encuentran: los distintos niveles de apoyo que cada línea estaba dispuesta a ofrecer al presidente Alfonsín y las diferencias en la metodología de acción a utilizar una vez iniciado el proceso de transición democrático. Incluso la enemistad de un grupo de Madres

para abordar el problema de la deuda. Por su parte, la Línea Fundadora encuentra en Diálogo 2000 un espacio específico para encarar ese tema y se circunscribe a la adopción de estrategias de "concientización"[61]. Por otra parte, la Asociación Madres de Plaza de Mayo opta por darle a la cuestión un lugar dentro de su propia organización y se define por la combinación de estrategias de movilización y concientización.

De todos modos, aún con estrategias diversas, ambos grupos de Madres intenta develar las relaciones intrínsecas entre dictadura militar, deuda externa y muerte y desaparición de personas, como componentes de un nuevo modelo de acumulación instaurado por la dictadura militar iniciada en 1976. En este sentido, una entrevistada, miembro de la agrupación línea fundadora señala que "El costo humano de la deuda son los 30.000 desaparecidos, mujeres y varones; los que estuvieron presos y torturados; tiene que ver con el exilio; tiene que ver con los 100 niños que se mueren (diariamente) de hambre o de enfermedades curables; todo esto, dentro del plan económico que se impuso a sangre y fuego con la dictadura militar. Todo el plan neoliberal (impuesto por) EEUU a través del operativo Cóndor y de las dictaduras en el cono sur de América Latina"[62].

Si bien durante la década del '80 el conjunto de las Madres se mantuvo, respecto a la deuda, en la dimensión de la denuncia (dado que estaban abocadas centralmente a la búsqueda de "verdad y justicia")[63], a mediados de los '90, el grupo presidido por Hebe de Bonafini comienza a organizar manifestaciones públicas contra la política económica del gobierno, incluyendo el

---

con Adolfo Pérez Esqivel por cuestiones políticas (palpables en cuestiones tales como el desprecio que la línea presidida por Hebe de Bonafini manifiesta ante la aceptación por éste del Premio Novel de la Paz) influyó negativamente en la posibilidad de acciones conjuntas en la movilización por el no pago de la deuda externa.

[61] Desarrollaremos esta estrategia adoptada por las Madres de Plaza de Mayo Línea Fundadora en el próximo capítulo cuando analizamos a Diálogo 2000, actor específico en materia de movilización contra el pago de la deuda.

[62] Entrevista una madre, miembro de Madres de Plaza de Mayo Línea Fundadora, 8/12/05.

[63] Hebe de Bonafini, recuerda "Las Madres, cuando nuestros hijos nos plantean todo el tema de la deuda externa, del plan económico, creíamos que era una exageración… éramos tan estúpidas… que nos parecía que no tenía nada que ver". Discurso de Hebe de Bonafini en la 22ª Marcha de la Resistencia realizada el 11 y 12 de diciembre de 2002 en la Plaza de Mayo. Discurso reproducido en el Periódico mensual de la Asociación Madres de Plaza de Mayo, enero de 2003.

tema de deuda externa[64]. A comienzos de 2000, ese sector sostuvo el reclamo en forma constante: la histórica marcha de cada jueves alrededor de la Pirámide de Mayo sería encabezada por la consigna "No al pago de la deuda externa", además de organizar multitudinarias Marchas de la Resistencia bregando también contra el pago de la deuda.

Las acciones más multitudinarias de la Asociación Madres de Plaza de Mayo en la materia comienzan a mediados del año 2002. "No pago de la deuda externa" es la consigna de la 22ª Marcha de la Resistencia que intenta, según definen las propias Madres "Unir a todos los sectores de la clase trabajadora detrás de un único planteo y en una trinchera definitiva: la exigencia de no girar ningún peso más al Fondo Monetario y demás vampiros internacionales"[65]. En el marco de un país sacudido por los sucesos del 19 y 20 de diciembre del 2001, la marcha concentró cerca de 30.000 manifestantes –según estimaciones de sus organizadoras– que colmaron la Plaza de Mayo. Entre ellos se encontraban representante de asambleas barriales, partidos políticos de izquierda, organizaciones piqueteras, estudiantes, comisiones en apoyo a los presos políticos y trabajadores ocupados y desocupados.

El carácter internacionalista de la Asociación se evidenció en la siguiente Marcha de la Resistencia que se pronunciaba "por el no pago de la deuda externa y la unidad latinoamericana", celebrada el 10 y 11 de diciembre del año 2003. Entre los oradores del evento se encontraban representantes de las luchas latinoamericanas populares como Evo Morales, de Bolivia; César Quiróz, del MPMR de Chile; Hugo Mello, de ANCAP de Uruguay; José "Pepino" Fernández de la UTD de General Mosconi; un representante de los trabajadores sin tierra de Brasil y luchadores de Cuba y Venezuela.

---

[64] Durante la ceremonia de reasunción del presidente Carlos Saúl Menem, repudiaron, en un acto significativo, la política económica y social del gobierno. Desplegaron sobre el monumento de la Plaza de los dos Congresos un cartel en el que se leía "El gobierno paga la deuda externa con vidas" y a través de un comunicado que denunciaba: "El corrupto gobierno menemista decidió pactar la deuda externa con las vidas de nuestros hijos. Cada centavo que se entrega al FMI tiene un precio de sangre, de hambre y de miseria para el pueblo argentino (,,,) Bajo los dictados del Fondo Monetario Internacional, se puso en marcha un proyecto de muerte, represión y de explotación" El comunicado lleva la firma de Hebe P. de Bonafini y Juana M. De Pargament. Ambas pertenecen a la Asociación Madres de Plaza de Mayo.

[65] *Periódico mensual de la Asociación Madres de Plaza de Mayo*, enero de 2003.

Asimismo, otras iniciativas se articulan en su lucha. El 24 de febrero de 2004 la presidenta de la Asociación Madres de Plaza de Mayo realizó una presentación ante la Corte Suprema de Justicia en reclamo por la declaración de la nulidad e inconstitucionalidad de los actos por los cuales la Nación Argentina hizo renuncia a la inmunidad soberana del Estado y aceptó la competencia de tribunales extranjeros para los reclamos judiciales referidos a la deuda externa. En la presentación, Hebe de Bonafini solicita a la Corte el examen de validez de los actos de contracción y renegociación de la deuda externa.

Destacando sus esfuerzos por "concientizar" sobre el sentido de la deuda externa, una miembro de la Asociación dice:

"Estamos siempre con el mismo cartel (no pago de la deuda externa) que significa 'la lucha continúa'. Al existir ese cartel en la plaza... seguimos firmes con que la deuda no se paga: no la gastamos nosotros, no la aprovechó el pueblo, la estamos pagando a costa del hambre y de la vida de tanta población que no tiene medios para comprar ni alimentos. Eso es conciencia, y por eso vale nuestra lucha y por eso se respeta nuestra lucha. Concientización de todo el mundo, de todos los pueblos. Que no se pague esto que es una cosa injusta para que lucren esas naciones grandes de Europa que tienen tanto y que solamente se paga con una soga al cuello que nos aprieta demasiado" (Entrevista a una madre miembro de la Comisión Directiva de la Asociación Madres de Plaza de Mayo, 29/11/05).

Para fortalecer sus acciones de concientización, las Madres inauguraron una Universidad popular en el año 2000 y más tarde una radio denominada "la primera de la izquierda" (juego de palabras que refiere tanto a su posición ideológica como a su ubicación en el dial).

El fantasma del terror económico desatado por la hiperinflación de 1989 contribuyó a morigerar cualquier movilización social que pusiera en riesgo la "estabilidad" económica forjado por la Ley de Convertibilidad[66] y

---

[66] El 1 de abril de 1991, la Ley 23.928 estableció la convertibilidad . Como señala Rapoport (2003:977), dicha norma dispuso la libre convertibilidad de la moneda nacional con respecto a cualquier moneda extranjera. "Se prohibió la emisión de dinero no respaldada en un 100% por reservas de libre disponibilidad (oro, divisas, títulos de otros países y títulos nacionales emitidos en moneda extranjera) y se anularon las indexaciones, intentando evitar la traslación de la inflación pasada hacia el futuro." De este modo, se elimina la posibilidad de solventar el déficit público con emisión monetaria. La creación de dinero se limitaba al ingreso de divisas, lo que transformó a la oferta monetaria en

bendecida por el "viraje internacional de la coyuntura internacional derivado del descenso de la tasa de interés, el incremento de la oferta de fondos líquidos y escenario más laxo para la renegociación de la deuda externa" (Rapoport, 2003: 981). Asimismo, las distintas treguas conseguidas por las toma de posición activa del Estado frente al tema de la deuda, —materializada en distintas negociaciones con los acreedores, entre las que se destaca el ingreso de la Argentina al Plan Brady en 1992[67]— contribuyeron a generar un clima de alivio frente a la asfixiante presión externa. En tercer lugar, la desarticulación del peso político del PI —partido que durante el proceso de transición democrática había logrado consolidarse como tercera fuerza electoral— socavó la potencia de esa voz que clamaba desde la izquierda por la elucidación del monto legítimo de la deuda. El MAS, agobiado por sus problemas internos, sufrió la deserción de algunos de sus líderes, disolviéndose la alianza entre ambos partidos, al mismo tiempo que la CGT —como hemos visto— olvidaba su temporaria preocupación por el endeudamiento externo. Por último, para comprender el hecho de que no se registrara un alto de nivel de movilización social relativo al tema de la deuda externa durante la década del '90, a estos factores internos se suma, sin dudas, el debilitamiento del actor internacional (Cuba) por la caída del muro de Berlín.

---

una variable exógena. A esta medida se sumó la fijación de un tipo de cambio fijo de un peso por dólar. Si bien la revalorización del peso inició un proceso de desindustrialización y pérdida de competitividad para el campo argentino —seguido del correspondiente aumento de los índices de desempleo- favoreció a los acreedores externos y grandes grupos económicos y financieros. Como el déficit fiscal no pudo ser financiado mediante emisión monetaria, el gobierno recurrió, entre otras a la estrategia tributaria: el IVA se elevó hasta alcanzar el 21%.

[67] La Argentina ingresa al Plan Brady el 7 de abril de 1992. Básicamente el Plan establece la reestructuración de la deuda con la banca privada a quince años para los intereses atrasados en el pago (cerca de 8.300 millones de dólares) y a treinta años para el capital (unos 20.000 millones de dólares). La operación redujo la deuda en unos 6.400 millones de dólares. A cambio de esta reducción parcial y la renegociación, el Estado se comprometía explícitamente a abonar en forma puntual los intereses de la misma. Implícitamente quedaba condicionada a aceptar toda propuesta de profundización de ajuste estructural inducida por los ideólogos del Plan.

Diálogo 2000: Fundación y características

En 1997 surge de la mano de Adolfo Pérez Esquivel una coalición nacional[68] para enfrentar la problemática de la deuda externa argentina. Diálogo 2000 constituye un espacio impulsado desde SERPAJ[69] y organizaciones de DDHH como Madres de Plaza de Mayo Línea Fundadora, instituciones religiosas –entre las que se destacan el Consejo Latinoamericano de Iglesias, la Confederación Nacional de Religiosos y Religiosas (CONFAR), el Equipo Nacional de Pastoral Aborigen (ENDEPA)– y el Movimiento por la Paz y la Solidaridad entre los Pueblos (MOPASSOL), al que posteriormente adhieren una pluralidad de organizaciones sociales. Según comenta un miembro de Diálogo 2000, la fundación de la coalición nace de

> "...una estrategia local convocada por Adolfo Pérez Esquivel. El había (llamado) a un diálogo entre los pueblos de América Latina. Luego... acompañamos el pronunciamiento del Papa (en el marco del año jubilar)" (Entrevista realizada a un miembro de la secretaría de Diálogo 2000, el 23 de junio de 2005).

Si bien se trata de una coalición amplia, se destaca su componente religioso. Entre las primeras acciones organizadas por la coalición se destacan las "recorridas" mensuales por bancos extranjeros del microcentro, a la que

---

[68] Consideramos que constituye una coalición en tanto no todos los miembros de las distintas organizaciones que conforman Diálogo 2000 se sienten interpelados por ese colectivo sino por sus organizaciones de pertenencia, tal es el caso, por ejemplo, de las Madres de Plaza de Mayo Línea Fundadora. En segundo lugar, algunos "miembros" de Diálogo 2000 realizan actividades importantes referidas el tema deuda "por fuera" del espacio de Diálogo . Ese es el caso de la Iglesia Evangélica del Río de la Platas que integra el Consejo Latinoamericano de Iglesias (este último forma parte de Diálogo 2000), y a la vez se encuentra a cargo del "Programa de acción sobre la deuda externa ilegítima financiado por la Federación Luterana Mundial. Si bien esa iglesia participa a Diálogo 2000 en ciertas actividades, es la IERP quien dirige el Programa en la Argentina.

[69] El Servicio de Paz y Justicia (SERPAJ) –actualmente entidad consultiva del la UNESCO-es una organización social de inspiración cristiano ecuménica cuya finalidad es promover los valores de la solidaridad y la No violencia e impulsar la construcción de una sociedad que se funde en el reconocimiento pleno de los Derechos de la Persona y de los Pueblos. Si bien sus orígenes se remontan a fines de los años 60' el SERPAJ es fundado en 1974. Adolfo Pérez Esquivel, fue uno de los fundadores de la organización y actuó como Coordinador General Latinoamericano entre 1974 y 1986. SERPAJ prioriza la concientización, la organización, la articulación multisectorial y la solidaridad para enfrentar las múltiples violencias que caracterizan a la sociedad.

asistían "representantes de cuatro iglesias, musulmanes, judíos, católicos y metodistas" (Entrevista realizada a una madre miembro de Madres de Plaza de Mayo Línea Fundadora).

Quienes habitualmente comparten el espacio promovido por Diálogo 2000 conforman un pequeño grupo de personas[70]. Entre sus miembros clave, relativamente estables, la mayoría presenta una trayectoria en la militancia religiosa y de Derechos Humanos. Se reconocen como una organización de tipo "horizontal" sin una estructura constituida formalmente[71], conformada por una coordinación general y una secretaría compuesta por dos personas. Los restantes miembros estables asisten a las reuniones semanales en las que se producen intercambios de información, debaten las estrategias de acción a seguir y se realiza una puesta en común sobre la temática de la deuda y su vinculación con otros ejes.

La coordinadora de Diálogo 2000, es economista estadounidense y vive en la Argentina desde 1984 atraída por el fin del exilio de su esposo. Llegó al país con una militancia social en materia de derechos humanos y habiendo realizado varios trabajos de investigación sobre deuda externa y comercio para distintas iglesias, organizaciones populares y sociales, lo que le permitió establecer amplios vínculos con numerosas universidades y organizaciones. Incluso antes de llegar a la Argentina, había establecido contacto con SERPAJ América Latina, dado que coordinaba en EEUU la Red Ecuménica de Solidaridad con Centroamérica. Al arribar al país comenzó a militar en SERPAJ Tucumán. Actualmente trabaja en el equipo de Adolfo Pérez Esquivel.

A fines de 1999 se unen a Diálogo 2000 dos de los miembros que realizan el trabajo cotidiano. Uno de ellos –que actualmente se desempeña en la Secretaría– se contacta a partir de su militancia en una parroquia barrial en la que "se inició el primer grupo de padres desaparecidos". Otro de los miembros estables de Diálogo 2000 –quien actualmente trabaja en la secretaría de la Autoconvocatoria no al ALCA[72]– se unió a la coalición nacional a partir de

---

[70] Actualmente no superan las ocho personas.

[71] Actualmente se encuentran tramitando la personería jurídica.

[72] Sobre la Autoconvocatoria puede consultarse el texto de K. Bidaseca y F. Rossi en este volumen. También se detalla la historia de las sucesivas Cumbres de los Pueblos y las diversas iniciativas en las que participó Diálogo 2000 en el marco de la Autoconvocatoria.

su militancia religiosa y el llamado del Año Jubilar. Ambos miembros desempeñan su actividad en forma rentada y se muestran ampliamente interpelados por su colectivo de pertenencia.

Otro es el caso de las "figuras públicas" que forman parte de Diálogo 2000. En ese sentido, destacados miembros como Adolfo Pérez Esquivel y Nora Cortiñas –Madre de Plaza de Mayo Línea Fundadora– que le confieren a la coalición cierta presencia pública en virtud de sus propias trayectorias entrelazadas ideológica y afectivamente. De todos modos, es preciso advertir que el tenor del compromiso y de los recursos aportados por cada una de las organizaciones miembro de Diálogo 2000 fluctúa según el caso y las circunstancias. En este sentido, una de las integrantes de madres comenta:

"Las Madres Línea Fundadora, no están avocadas al tema del ALCA o de la deuda. Las Madres, a través de una madre, estamos trabajando con Diálogo 2000 y Jubileo sur... también estamos en Autoconvocados no al ALCA. Cuando Pérez Esquivel nos invita a conformar Diálogo 2000 las Madres decidimos aceptar pero la que tenía ganas". Con el tiempo algunas madres dejaron de participar "porque no tomaban interés, [dado que] había mucho que hacer de lo nuestro, lo de los desaparecidos" (Entrevista realizada a una de la Madres de Plaza de Mayo Línea Fundadora, el 8 de diciembre de 2005).

Diálogo 2000 se sustenta económicamente con financiación internacional. Las distintas organizaciones locales miembro de la coalición aportan centralmente sus estructuras, sus recursos humanos, su prestigio y su trayectoria en el campo de la movilización social nacional. En menor medida las organizaciones miembro realizan pequeñas contribuciones materiales –impresión de volantes o mínimos aportes en el marco de una acción destacada y específica– según sus posibilidades. El financiamiento regular de la coalición se consolida con los aportes de iglesias e instituciones canadienses. Para acciones específicas, como la II Cumbre de los Pueblos, países como Cuba y Venezuela han contribuido también.

Con una clara definición por estrategias de concientización a través de la educación popular, Diálogo 2000 se diferencia de otros grupos recientes[73]

---

[73] Nos referimos por ejemplo a los "Autoconvocados No a Bush", que intentan una presencia más activa en las calles.

que se movilizan en el país contra la aplicación de políticas neoliberales y sus consecuencias

El objetivo de la coalición consiste básicamente en crear consciencia social sobre los vínculos entre el proceso de endeudamiento y lo que definen como un plan imperialista de dominación puesto en práctica por los países económicamente más poderosos. En este sentido plantean a la deuda, el ALCA, la militarización y la pobreza[74] como cuatro ejes complementarios de "un sólo proyecto de expansión y consolidación del imperio Norteamericano"[75].

El posicionamiento ideológico de Diálogo 2000 frente a la problemática de la deuda externa se ha ido radicalizando a lo largo del tiempo, pasando de una situación en la que se consideraban deudores a un nuevo momento en el que se posicionaron como acreedores.

"[En 1997] nos planteábamos que éramos deudores y lo que pedíamos era el perdón de las deudas y hoy, en este caminar, nos planteamos que nosotros somos los acreedores y no pedimos el perdón de las deudas sino su anulación porque para nosotros esas deudas no existen. [Este cambio de postura] fue todo un proceso de crecimiento" (Entrevista realizada a un miembro de Diálogo 2000 y de la secretaría de la Autoconvocatoria No al ALCA, el 13 de julio de 2005).

Tal como lo analizaremos a continuación, este cambio ha sido forjado por la propia dinámica de la movilización social vinculada al tema de la deuda, que involucra distintos actores, entre los que se destacan las fuerzas sociales (nacionales e internacionales) movilizadas por el no pago o alivio de la deuda, los distintos gobiernos (nacionales y de otros países) y la Iglesia.

Escala de acción ascendente como estrategia

La extrema fragmentación a nivel nacional de actores movilizados por la problemática de la deuda, en combinación con las insatisfactorias respuestas

---

[74] Diálogo 2000 tuvo una participación activa en la organización de la consulta realizada a fines del 2001 por el Frente Nacional Contra la Pobreza. Este vínculo con la CTA se estableció con anterioridad a la conformación de la Autoconvocatoria NO al ALCA.

[75] Material de divulgación "Campaña Internacional sobre la Ilegitimidad de la Deuda" Propuestas y planes 2004/2005. Jubileo Sur Américas.

del gobierno nacional a las demandas efectivas de los actores, propiciaron, entre otros factores, la adopción por parte de Diálogo 2000 de estrategias de acción global.

Pareciera que uno de los motivos que impide la articulación de estrategias conjuntas entre los actores sociales que en nuestro país problematizan el tema del endeudamiento externo está asociado a las marcadas diferencias en el énfasis que cada uno coloca sobre la dimensión ética, económica o jurídica del problema. En este sentido, uno de los integrantes de Diálogo 2000 advierte que:

"Lo que siempre identificó a Diálogo 2000 era una visión de corte ético sobre el costo humano de la deuda. Creo que esto es un poco lo que nos diferencia con los otros grupos que trabajan la deuda externa. A nivel nacional tenés grupos que trabajan la deuda desde una visión netamente economicista (ej. El Foro Nacional Argentino de la Deuda Externa (FNADE), las investigaciones que llevó a cabo Mario Cafiero y otros grupos ligados a lo partidos de izquierda) que tienen diferentes posiciones. [...] Hay [también] grupos netamente legalistas[76]. Nosotros planteamos que la deuda externa es ilegal, pero más allá de que la deuda sea ilegal o no hay un costo humano de esa deuda que es lo que nosotros marcamos. Más allá de que la deuda es ilegal (el Juez Ballestero[77] así lo confirma) nosotros trabajamos la deuda desde la denuncia del costo humano..." (Entrevista realizada a un miembro de Diálogo 2000).

Al reflexionar sobre las acciones nacionales emprendidas por la coalición con motivo de la sentencia de la causa Olmos, uno de sus miembros reconoce que:

---

[76] En un intento por resaltar la dimensión jurídica del problema de la deuda, Alejandro Olmos Gaona advierte que *"Aunque su consideración es eminentemente política, es necesario reiterar que el tema de la deuda es por definición [...] una cuestión jurídica, y resulta sospechoso que se la haya marginado de los ámbitos del derecho..."* y agrega, *"no voy a relativizar los criterios éticos y morales que tienen que ver con este problema, ni tampoco minimizarlos, pero resulta indudable que su utilización dista mucho del realismo que rige las relaciones internacionales"* (Olmos Gaona, 2005: 95 y 98).

[77] El entrevistado se refiere al fallo del año 2000 dictado por el Juez Ballestero en la causa 14.467 iniciada en 1982. La medida pone fin a la causa por prescripción de la acción penal y remite la sentencia al Congreso de la Nación para que se haga cargo de las responsabilidades que le asigna el artículo 75, en sus incisos 3 y 7 de la Constitución Nacional. Alejandro Olmos Gaona –hijo de quien inició la causa y continuador de la lucha de su padre- califica al fallo como un pronunciamiento superficial y de compromiso que, si bien representa un avance en ciertos sentido, no agotó las expectativas de los actores sociales movilizados por la ilegitimidad e ilegalidad.

"Hubo [movilización], pero para mi gusto no suficiente. Nosotros entre todos no hemos logrado articular. Hubo muchas cosas hecho por separado... yo no sé por qué nunca se alcanzó a articular porque en el caso de Diálogo siempre tuvimos una tendencia a tratar de articular, pero la historia en la Argentina es la división" (Entrevista a un miembro de MOPASSOL).

El hecho de que la Argentina sea el único país del mundo que pudo realizar una investigación judicial de su deuda externa, adquiriendo dicha investigación trascendencia internacional –como lo prueba la propuesta presentada en la Conferencia Internacional de Bamako en el año 2000 de tomar la causa "Olmos" como modelo para iniciar acciones similares ante los poderes judiciales de sus países de origen– constituye un elemento a considerar al analizar las motivaciones de Diálogo 2000, y al resto de los actores sociales que impulsan demandas específicas asociadas al tema de la deuda externa, a conformar un movimiento internacional en relación a la problemática del endeudamiento.

Además, Diálogo 2000 adhiere a la propuesta que plantea la necesidad de presentar en "la Corte Internacional de Justicia, una denuncia internacional de acción colectiva contra las Instituciones Financieras Internacionales, por complicidad en el uso criminal de préstamos/deudas"[78]. En este mismo camino, pero por vía autónoma, Alejandro Olmos Gaona impulsó una nueva causa judicial que investiga el endeudamiento a partir de 1983, y retoma la tesis del embajador Espeche Gil acerca de pedir una opinión consultiva a la Corte de la Haya[79].

Otro factor que impulsa a Diálogo 2000 a priorizar estrategias globales de acción se encuentra asociado a la concepción sobre la deuda externa a la que

---

[78] "Declaración de la Cumbre Sur-Sur", Gauteng, Sudáfrica, encuentro celebrado entre el 18 y el 21 de noviembre de 1999.

[79] Según Olmos, el primero que trató de llevar la discusión de la deuda al ámbito del Derecho Internacional fue el embajador Miguel Ángel Espeche Gil, quien en 1984 formuló una tesis adoptada por el XV Congreso del Instituto Hispano-Luso-Americano de Derecho Internacional (Santo Domingo, 1989) por medio de la cual sostenía que el Derecho Internacional Público debía encaminar el tratamiento del problema de la deuda externa mediante el procedimiento consultivo ante la Corte Internacional de Justicia. Para más detalles consultar Olmos Gaona, 2005: 95-103).

adscribe. La misma es definida como "un componente fundamental de una estrategia de dominación global" y se enmarca dentro de los conceptos esbozados por los partidos políticos analizados (MAS –PI), la Asociación Madres de Plaza de Mayo, quienes destacaron el carácter político de la deuda externa y la visualizaron como un instrumento de dependencia asociado al proyecto neoliberal instaurado por la dictadura militar iniciada en 1976. Oscar Alende declaraba en 1985 que "la deuda externa, éticamente, más allá de cualquier apreciación técnica, es un crimen de lesa humanidad y de lesa patria"[80].

En este marco, la vinculación entre deuda y violación de los derechos humanos representa un punto de continuidad en el proceso de movilización social en torno a la cuestión iniciado a principios de la década del ochenta. En este sentido, en 1999, Diálogo 2000 advertía que "la Deuda Externa lleva a la violación masiva y sistemática de los derechos humanos, civiles, culturales, económicos, políticos y sociales, incluyendo los derechos a la autodeterminación y el desarrollo"[81].

Incorporando los nuevos acontecimientos de la realidad nacional de los últimos años, Diálogo 2000 es pionera en sus intentos por vincular el tema de la deuda externa con los Tratados de Libre Comercio (TLC), considerados como una nueva estrategia del imperialismo por expandir su poder. De este modo, introducen el tema de la deuda externa en la Cumbre de los Pueblos de América celebrada en 1998, cuya actividad se restringía al debate acerca de propuestas de integración para los pueblos latinoamericanos y a la resistencia al Área de Libre Comercio de las Américas. En este sentido, la coordinadora de Diálogo 2000 recuerda que:

"Nosotros participamos en 1998 en la I Cumbre de los Pueblos en Santiago (de Chile) y llevando el tema de la deuda. Más o menos todo el mundo mirándonos como marcianos en ese momento. Como diciendo… eso qué tiene que ver" (Entrevista a la coordinadora de Diálogo 2000, 29 de julio de 2005).

---

[80] *Alternativa Intransigente*, septiembre de 1985, N°14.
[81] "Declaración de la Cumbre Sur-Sur", ver *ut supra*.

Si bien el tema estructurante de la Campaña Continental de Lucha Contra el ALCA[82], impulsada por la Alianza Social Continental, son los TLC, paulatinamente se ha complejizado el debate con la incorporación de los ejes deuda y militarización. De todos modos, Jubileo Sur es la coalición trasnacional específica que debate y articula acciones y estrategias frente a la deuda.

En abril del año 2001 –antes de la II Cumbre de los Pueblos– cuando se realiza el encuentro ministerial en la Argentina, Jubileo Sur realiza una reunión de coordinación continental en Buenos Aires en la que se encontraban presentes una decena de países. En esa reunión se toma la decisión formal a nivel de la coalición, de vincular concretamente el tema de la deuda con el movimiento contra el ALCA. Esta incorporación se justifica en el marco de la definición de la deuda como un elemento estructurante de un sistema de dominación.

Sentadas las bases del vínculo deuda-ALCA, Diálogo 2000 promueve junto con otras organizaciones, la fundación de la "Autoconvocatoria No al ALCA, No al la Deuda, No a la Militarización y No a la Pobreza" en abril del año 2002. Es de destacar que cada una de las organizaciones que conforma la Autoconvocatoria mantiene su especificidad temática más allá de la articulación de los ejes y las acciones comunes emprendidas.

Como se desprende de lo expuesto, para analizar la Campaña Nacional por el No pago de la deuda externa en la Argentina[83] es fundamental comprender los estrechos vínculos que la unen con otras dos campañas: la Cam-

---

[82] La Campaña Continental contra el ALCA se lanzo formalmente el 4 de febrero de 2002, en el marco del Foro Social Mundial. Según varios de los entrevistados consultados, las rigideces para ingresar como miembro a la estructura de la Alianza Social Continental -alianza originalmente constituida por sindicatos- hicieron necesaria la creación de una instancia que permitiera el acceso a los movimientos sociales, ONGs, partidos políticos, y grupos para el tratamiento de esos mismos temas. Para más datos sobre la Campaña Continental contra el ALCA puede consultarse el texto de K. Bidaseca y F. Rossi en este volumen.

[83] Para los miembros de Diálogo 2000 la "Campaña Nacional por el No Pago de la Deuda Externa" tiene sus antecedentes inmediatos en el conjunto de estrategias y acciones que los actores sociales locales movilizados por la problemática del endeudamiento, adoptan a partir de 1999 en el marco de su participación en la coalición trasnacional Jubileo Sur. De todos modos, en este estudio consideramos que la experiencia nacional en materia de movilización contra el pago de la deuda externa no se inicia como consecuencia de la campaña internacional. Más bien, puede decirse que la campaña nacional -iniciada a comienzos de los años ochenta, en la que el componente temático de la movilización estuvo subordinado a la estrategia de oposición del PJ y la CGT al gobierno radical y al reordenamiento del justicialismo- se inserta definitivamente en la campaña internacional en el momento en

paña Continental de lucha contra el ALCA y la Campaña regional[84] por el no pago de la deuda externa impulsada por los "países del Sur" unidos en función de su "resistencia a la dominación en función a la deuda" articulados a través de la coalición transnacional Jubileo Sur.

Jubileo Sur[85], coalición en la que Diálogo 2000 desempeña un rol activo y estratégico desde 1999[86], constituye un desprendimiento de Jubileo 2000[87]. La Cumbre del G7 en Colonia, Alemania el 19 de junio 1999 marca un punto de inflexión en Jubileo 2000 producto del anuncio de los planes de

---

que los "bloqueos" para satisfacer las demandas de no pago de la deuda a nivel nacional (sentencia al caso Olmos en el año 2000, por ejemplo), se conjugan con las particularidades locales -fuerte fragmentación de actores, historia común de la región, etc- y "obligan" a los actores sociales nacionales a arrojarse al campo trasnacional dando cuenta de la interacción entre estructuras de oportunidades políticas internacionales y nacionales.

[84] Según señalan Eric Toussait y Arnauld Zacharie, la Campaña internacional a favor de la anulación de la deuda del Tercer Mundo amalgama a movimientos heterogéneos diseminados por todo el mundo y está avalada por un petitorio que congrega 24 millones de firmas recogidas entre 1998 y 2000. Contribuyeron a la consolidación de la Campaña los encuentros de Cuba, las iniciativas de Thomas Sankara (presidente de Burkina Faso) que propuso constituir un frente africano para la anulación de la deuda. En el Norte, colaboraron organizaciones como AITEC en París, que abordó el tema desde 1983, o el CADTM en Bélgica, que ha continuado desde 1990 la campaña "Ya Basta" lanzada en ocasión de la reunión del G7 en París. La Campaña cobró nuevo impulso con el lanzamiento de el llamado al Jubileo 2000. Toussaint y Zacharie, 2004:119-120.

[85] Su constitución formal se produce en la I Cumbre Sur-Sur, ver *ut supra*.

[86] Diálogo 2000 es miembro del Comité Internacional de Coordinación de Jubileo Sur. El mismo está compuesto por tres representantes de cada región -América Latina y el Caribe, Asia y África- . Los países que desde 1999 tienen representación en el mencionado comité son Argentina –a través de Diálogo 2000-, Brasil, Nicaragua y Haití (uno de los miembros es rotativo). Las funciones asignadas al comité son: servir de enlace con las redes regionales y campañas nacionales, asegurar el logro de consenso alrededor de posiciones y planes, planificar detalladamente las actividades globales, asumir tareas en la medida que los planes lo requieran, formar grupos de trabajo para tareas específicas.

[87] Los orígenes de la campaña Jubileo 2000 se remontan al año 1994, cuando los británicos Martín Dent, profesor de la Keele University y Bill Peters, ex diplomático en Malawi, consideraron la importancia de rescatar el concepto de justicia del Jubileo británico y comenzaron la gestación de la campaña. En abril de 1996, tres de las mayores agencias cristianas de desarrollo de Gran Bretaña y el World Development Movement presentaron oficialmente la iniciativa. A partir de aquí, nuevas organizaciones británicas se adhirieron a la campaña, de modo que en octubre de 1997 se constituyó la coalición de Jubileo 2000 en Gran Bretaña. En Europa, las campañas Jubileo 2000 y otras organizaciones internacionales se reunieron en Roma, Italia, del 15 al 17 de octubre de 1998 para establecer las políticas y las estrategias a seguir en el transcurso de la campaña" Para una reseña sobre el tema consultar Vivas, Esther "Jubileo 2000", Observatorio de la Deuda en la Globalización. Cátedra UNESCO en la UPC.

"alivio" para los países altamente endeudados[88]. La iniciativa presentada por los siete países económicamente más poderosos del mundo marca posicionamientos distintos al interior de Jubileo 2000 entre los "países del Norte" y los "países del Sur"[89]. Mientras que los primeros advierten ciertas ventajas en la propuesta del G7, Jubileo Sur rechaza enérgicamente toda forma de "alivio" de la deuda dado que consideran que aceptar tal propuesta presupone reconocer la legitimidad de las deudas del Sur hacia el Norte. Además, la coalición del Sur advierte que todos los planes están sujetos a programas de ajuste estructural y otras condicionalidades externas que imponen políticas macroeconómicas tales como privatización, desregulación y liberalización de los mercados. Fundamentalmente rechaza cualquier iniciativa tendiente a dividir a los pueblos del Sur[90].

De este modo, las similitudes percibidas en la región, que alentaron la construcción de una identidad regional, constituyen otro factor que abonó a la transnacionalización de las acciones. Nucleados por un entendimiento común del concepto 'Sur,' que refleja criterios políticos e ideológicos además de geográficos y abarca a los oprimidos y excluidos en todo el mundo, la misión de Jubileo Sur consiste en confrontar las raíces históricas de la duda y sus causas estructurales y promover alternativas duraderas de justicia económica, social y ecológica.

Actualmente, Jubileo Sur manifiesta un claro posicionamiento por el no pago incondicional de la deuda. Sus actividades apuntan a la creación de conciencia popular sobre la ilegitimidad de la deuda externa de los países del "Sur". Promueve la idea de que los pueblos son en realidad acreedores de una deuda histórica, social, económica y ecológica. La coalición intenta consolidar un "movimiento global del Sur" que luche por liberar de la deuda ex-

---

[88] Anuncio realizado en Colonia, Alemania en 1999. Propuesta que presenta algunas modificaciones respecto a la iniciativa del FMI y el BM presentada en 1996.

[89] El punto de inflexión en la estrategia de la Campaña global de lucha contra la deuda se evidencia en la discrepancia entre los principios en la Declaración de Tegucigalpa (27 de enero de 1999), documento redactado en el encuentro que dio origen a la Campaña Jubileo 2000 América Latina y el Caribe y su equivalente, la Declaración de la Cumbre Sur-Sur que funda los principios y objetivos del movimiento internacional Jubileo Sur.

[90] En ese sentido expresan "Nos negamos a ser categorizados como 'países pobres muy endeudados' o 'países moderadamente endeudados' ya que no reflejan la verdadera situación de empobrecimiento y de personas excluidas y explotadas en TODOS los países del Sur" "Declaración de la Cumbre Sur-Sur", Gauteng, Sudáfrica, encuentro celebrado entre el 18 y el 21 de noviembre de 1999.

terna a los países de la región y por la reparación del costo humano provocado por su servicio.

Con miras a la transformación del sistema económico capitalista global y la construcción de un nuevo orden económico mundial, Jubileo Sur se propone, entre sus objetivos, la anulación total de la deuda externa de los países del sur sin condicionamientos; el redireccionamiento de los fondos públicos hacia políticas que garanticen el desarrollo equitativo y sustentable; la restitución y reparación por parte de los acreedores de los daños humanos, sociales y ambientales provocados por las políticas de deuda y los programas de ajuste estructural y el cierre del FMI, el BM, la OMC y demás instituciones multilaterales similares.

La coalición se enmarca en la tradición de las luchas contra la mundialización neoliberal. Su estrategia consiste en desarrollar los movimientos en el Sur, vincularse con los aliados en el Norte y finalmente intentar el equilibrio de fuerzas, para forzar a los gobiernos del Sur a implementar sus demandas e implementar cambios en las políticas en el sistema económico global.

Al igual que los partidos políticos, sindicatos y organizaciones de nuestro país que en la década del ochenta iniciaron el proceso de movilización social en torno a la problemática de la deuda, Diálogo 2000 destaca la tradición histórica común entre los países de América Latina en el proceso de conformación de sus deudas. En este sentido abona a la idea de la unidad latinoamericana como estrategia de posicionamiento frente al neoliberalismo, postura evidenciada a partir de su participación en la coalición transnacional Jubileo Sur.

Otro factor que propició la globalización de las demandas sociales que originalmente se articularon a nivel nacional, ha sido la utilización por parte de Diálogo 2000 (y jubileo Sur) de los espacios de convergencia de movimientos internacionales antineoliberales –como el Foro Social Mundial y en menor medida, la Cumbre de los Pueblos– como ámbitos clave de encuentro para el debate. En este sentido, las asambleas regionales de Jubileo Sur (celebradas en el 2001 y 2005), y ciertas actividades destacadas como el "Tribunal Internacional de los Pueblos sobre la Deuda"[91] y la "Asamblea de los Pueblos

---

[91] El Tribunal Internacional de los Pueblos sobre la Deuda se reunió, en Porto Alegre, Rio Grande do Sul, Brasil, como parte del II Foro Social Mundial, por iniciativa de la red internacional Jubileo Sur, junto con la Campaña Jubileu Sul Brasil, la Asociación Americana de Juristas, el Comité por la Anulación de la Deuda del Tercer Mundo, Kairos- Canadá, Jubilee USA Network, Alianza de los Pueblos del Sur Acreedores de la Deuda Ecológica, Ustawi y la Marcha Mundial de Mujeres, entre tantas otras.

Acreedores"[92] (2002 y 2005 respectivamente) se desarrollaron en el marco del Foro. Al respecto la coordinadora de Diálogo 2000 advierte que "En el contexto del Foro Social Mundial ha sido más fácil ubicar los tiempos y combinar". Asimismo, una de las militantes agrega: "El Foro ha servido muchísimo. Yo creo que agilizó los contactos. Una cosa es por mail y otra es cara a cara y tener una asamblea" (Entrevista a una miembro de la Autoconvocatoria No al ALCA).

A fines del año 2005, Jubileo Sur realiza en La Habana su segunda asamblea global luego de seis años de su asamblea fundacional en Sudáfica. Básicamente, se ratificaron los conceptos fundacionales y los miembros del Comité Internacional de Coordinación de Jubileo Sur.

Cuba fue elegida por Jubileo Sur como anfitriona para desarrollar su II Asamblea Global[93] en la que, además, se rindió homenaje a los veinte años de "los históricos encuentros que tuvieron lugar en 1985 en La Habana, los cuales contribuyeron a la creación de un mayor nivel de consciencia sobre la verdadera naturaleza del problema de la deuda y fortalecieron al mismo tiempo, la lucha de resistencia contra el pago de una deuda esclavizante"[94]. A efectos de señalar el contraste entre los encuentros sectoriales y multisectoriales convocados por Fidel Castro en 1985 y el encuentro Sur-Norte impulsado por Jubileo Sur, es suficiente destacar que el presidente cubano no concurrió al encuentro, si bien designó a un representante para asistir en nombre del gobierno.

La III Cumbre de los Pueblos de América, realizada en la ciudad de Mar del Plata, Argentina[95] apenas unos meses después del encuentro en Cuba, no contó con la presencia de la mayor parte de los miembros de Jubileo Sur. No más de cinco países —entre ellos la Argentina, Uruguay y Haití— de la coa-

---

[92] La Asamblea de los Pueblos Acreedores surgió como propuesta durante el I Foro Social de las Américas, realizado en Quito en julio de 2004, a modo de efectivizar el encuentro y la convergencia entre distintos sectores y luchas populares a partir del reconocimiento de la ilegitimidad e inexistencia de la Deuda externa reclamada a los países del Sur y la exigencias y estrategias como Acreedores de una Deuda Social, Ecológica e Histórica.

[93] II Asamblea Global de Jubileo Sur "Consruyendo resistencia y alternativas a la dominación de la deuda", del 25 al 28 de septiembre de 2005.

[94] "Declaración de Jubileo Sur, II asamblea global de Jubileo Sur", La Habana, del 25 al 28 de septiembre de 2005.

[95] Del 1º al 5º de noviembre de 2005.

lición estuvieron presentes. En este sentido, observamos que la coalición Jubileo Sur no se ha apropiado del espacio de la Cumbre de los Pueblos en la misma medida en que lo ha hecho con el Foro Social Mundial, ámbito éste último al que los miembros de la coalición trasnacional han concurrido mayoritariamente y, como hemos analizado, han seleccionado para celebrar las dos asambleas regionales llevadas a cabo hasta el momento por Jubileo Sur y sus acciones conjuntas más destacadas.

A continuación, analizaremos la influencia de las estructuras de oportunidades políticas internacionales sobre el entorno político nacional al momento de definir las estrategias para la acción social en el país en materia de deuda externa.

Diversas formas de acción política

A lo largo de los años 2000 ciertas actores sociales nacionales, movilizadas por los problemas vinculados al endeudamiento externo del país, utilizaron tres estrategias: audiencias públicas, tribunales éticos, consultas populares (actualmente, implementarán las auditorías). Centralmente, dichas estrategias fueron impulsadas por campañas globales como Jubileo 2000 y la Campaña Continental de Lucha Contra el ALCA o promovidas por actores articulados regionalmente (como la Plataforma Interamericana de Derechos Humanos, Democracia y Desarrollo (PIDHDD) que planteó la creación del Tribunal Andino sobre la Deuda Externa en 1998).

En el marco del llamado a la reflexión pronunciado por Juan Pablo II en el año Jubilar se crea en la Argentina la Comisión Bicameral por el Jubileo 2000 en calidad de apoyo por parte de los legisladores nacionales al ejercicio propuesto por la autoridad eclesiástica. En la tercera audiencia pública[96] realizada a tales efectos, se abordó la cuestión de la deuda externa en la que expusieron sus puntos de vista sobre la temática varios diputados nacionales de distintos partidos, diplomáticos extranjeros, intelectuales, representantes de la iglesia y autoridades del Banco Mundial. Esta experiencia constituye la instancia

---

[96] Diálogo 2000 participa activamente, en la Audiencia Pública llevada a cabo en el Congreso de la Nación el 22 de Agosto de 2000, con la exposición realizada en el recinto por Adolfo Pérez Esquivel.

más importante desde el fin de la última dictadura militar en nuestro país, en la que una institución de gobierno lidera, a nivel nacional, un ámbito de debate multisectorial para reflexionar sobre el tema de la deuda externa.

El Tribunal Ético sobre la deuda externa y las políticas de ajuste neoliberal[97], convocado por Diálogo 2000, organizaciones de derechos humanos, estudiantes, intelectuales, artistas y otros, tuvo como objetivo juzgar a la deuda externa y las políticas de ajuste implementadas en la Argentina, sus responsables y beneficiarios. Según se manifiesta en la sentencia emitida por el tribunal, intenta "contribuir al fortalecimiento del reclamo nacional, latinoamericano y mundial, por la anulación y el repudio de las políticas de ajuste neoliberales y de aquellas deudas inmorales, ilegítimas, e impagables, cuyo servicio ensombrece el presente y futuro de las naciones del Sur, y de aportar a la construcción de alternativas de Vida Justicia y Paz"[98].

El tribunal, cuyos jueces, fiscales, secretarios y peritos estuvieron integrados por reconocidas personalidades como Adolfo Pérez Esquivel, Nora Cortiñas; sindicalistas como Víctor de Gennaro (CTA), Hugo Moyano (CGT); autoridades religiosas, intelectuales, artistas y miembros de organizaciones populares, utilizó como pruebas para el enjuiciamiento diversa documentación y testimonios aportados por organizaciones sociales y ciudadanos. Se declaró la nulidad e inexistencia de toda la deuda externa pública de la Nación Argentina y condenaron a los responsables de los ilícitos cometidos a reparar la deuda social, histórica y ecológica e indemnizar los daños materiales y morales causados al pueblo.

En el ámbito internacional, el Tribunal Ético sobre la deuda externa y las políticas de ajuste neoliberal, sigue la línea de los Tribunales de opinión inaugurados por el Tribunal Russell[99] durante la guerra de Vietnam, y el Tribunal Internacional de los Pueblos instaurado por Lelio Basso. Asi-

---

[97] Buenos Aires, del 16 al 21 de septiembre de 2000.

[98] Sentencia del Tribunal Ético sobre la Deuda Externa y las Políticas de Ajuste Neoliberal, p. 1.

[99] El Primer Tribunal Russell, convocado por el matemático y filósofo inglés Bertrandt Russell, enjuició a los Estados Unidos y a otras naciones por los crímenes cometidos en Vietnam. Sesionó dos veces: la primera en Estocolmo, del 2 al 10 de mayo de 1967; la segunda en Roskilde (Dinamarca), del 20 de noviembre al 10 de diciembre del mismo año. Un Segundo Tribunal Russell fue convocado a mediados de los años 70 para enjuiciar a las dictaduras militares de América Latina.

mismo, reconoce como antecedentes la constitución del Tribunal Andino de la Deuda Externa[100].

En el ámbito nacional, este tipo de tribunal –que promueve la condena social– tiene como antecedente al Tribunal Ético Popular a los represores de la última dictadura militar, convocado por la Asociación Madres de Plaza de Mayo el 4 de mayo de 1995, en conmemoración de los dieciocho años de lucha y resistencia de las Madres en la Plaza de Mayo.

Asimismo, el Tribunal Ético sobre la deuda externa realizado en nuestro país en el año 2000, obró como antecedente del Tribunal Internacional de los Pueblos sobre la Deuda realizado en Porto Alegre en el 2002.

El tercer tipo de estrategia utilizado por las actores sociales que a nivel nacional impulsan la problematización de la deuda externa, son las consultas populares. Dicha estrategia –promovida por la ASC– forma parte de la Campaña Continental contra el ALCA, y es impulsada en los distintos países del continente. En la Argentina, la consulta incorporó además del ALCA, otras temáticas de importante peso en la coyuntura nacional fuertemente vinculadas al Área de Libre Comercio de las Américas, como lo son el pago de la Deuda Externa y la Militarización[101].

Al analizar esta jornada de consulta popular definida por la coordinadora de Diálogo 2000 como "... el movimiento de mayor exposición y movilización sobre el tema de la deuda en los últimos años a nivel ciudadano" (Entrevista a la coordinadora de Diálogo 2000), nuevamente advertimos

---

[100] En el año 1998, la Plataforma Interamericana de Derechos Humanos, Democracia y Desarrollo (PIDHDD), que cuenta con el apoyo de OXFAM, incorporó en su plan de trabajo la iniciativa de impulsar la constitución del Tribunal Andino de la Deuda Externa, sugerida por el Centro de Derechos Económicos y Sociales (CDES), coordinador del capítulo Ecuador. El Tribunal se convirtió en un espacio con participación de organizaciones sociales, populares, indígenas y de trabajadores donde se promovió la difusión, debate y denuncia en Ecuador, Perú y Bolivia, de los impactos económicos, sociales, culturales y ambientales, como resultado de los procesos de endeudamiento. Varios juicios éticos se celebraron a fines del año 2001 en esos países.

[101] La primera consulta popular del continente sobre el tema ALCA se realiza en Brasil, en la que participan aproximadamente 10 millones de personas a través del voto. Ese país contaba con la experiencia de una consulta popular sobre deuda en la que participaron más de 6 millones de personas. Otros países como Uruguay y Paraguay organizaron consultas similares. En estados Unidos y Canadá la consulta popular se realizó con una modalidad distinta: cada persona que participaba en la consulta enviaba una tarjeta postal -que sería un voto- a los parlamentarios para ejercer presión. Para más precisiones acerca de la I y II Consulta Popular en la Argentina, realizadas en noviembre de 2003 y julio de 2004, consultar el capítulo sobre la Autoconvocatoria No al ALCA en este volumen.

que las estructuras de oportunidades políticas internacionales cobran cierta preeminencia sobre el entorno político nacional al momento de definir las estrategias para la acción colectiva[102].

Las declaraciones de un miembro de la Autoconvocatoria refuerzan la argumentación en este sentido.

"[Para realizar la I Consulta Popular en el 2003], no elegimos [la fecha por ser un año] electoral[103]. El tema es que había que hacer una consulta popular en ese momento. Primero porque era la iniciativa existente y aparte porque si realmente queríamos tener algún tipo de trabajo a nivel nacional qué íbamos a hacer, ¿estar dando charlas continuamente?" (Entrevista a un militante de la Autoconvocatoria NO al ALCA).

En un momento político, destacado por la centralidad de los anuncios del gobierno con miras a la reestructuración de la deuda[104], la escasa referencia al contexto nacional por parte de los organizadores de la Consulta Popular resulta aún más llamativa.

Las distintas posturas de los militantes de Autoconvocatoria frente a la política gubernamental contribuyeron a acrecentar la ruptura en el consenso que hasta el momento existía en la coalición. Según una de las militantes de la Autoconvocatoria:

---

[102] En un documento de la II Asamblea Nacional de lucha contra el ALCA se evidencia que la fecha estipulada para realizar las Consultas Populares en los distintos países de la región fue definida en función a las reuniones ministeriales programadas para el 2003: "Los movimientos, organizaciones y campañas nacionales que en ese sentido se han constituido en Campaña Continental contra el ALCA, han priorizado en esta etapa la propuesta de realización en cada país de una Consulta Popular, como instrumento que favorece la difusión y educación popular, incentiva la movilización y pronunciamiento democrático y permite visualizar, a escala hemisférica, el rechazo social a este nuevo proyecto de muerte y dominación. (...) A nivel continental se ha acordado culminar este proceso para octubre de 2003, a fin de poder presionar con el resultado colectivo, ante la próxima reunión ministerial del ALCA (20-21 de noviembre, Miami). Autoconvocatoria NO al ALCA, 13 de abril de 2003 "Documento de la Asamblea de la Autoconvocatoria No al ALCA"

[103] Las elecciones presidenciales se realizaron en la Argentina el 27 de abril de 2003 y el llamado a *ballotage* se estipuló para el 18 de mayo de ese año.

[104] Tras declararse la cesación (parcial) de pagos en diciembre de 2001, en septiembre de 2003 se presentaron los lineamientos de la reestructuración de los títulos de la deuda pública del país en la Asamblea del FMI en Dubai, reformulados en el 2004 con la llamada oferta de Buenos Aires. En enero de

"Barrios [de Pié] había empezado a tener negociaciones con el kirchnerismo, ya estaban jugando a otra cosa. Hasta fines del 2003 estaba todo bien, ya en el 2004 cambió todo. En marzo del 2005, durante el primer plenario nacional hacia la Cumbre de los Pueblos [...] recién ahí se abre el debate [sobre el eje deuda] porque hasta el momento no había habido debate porque había consenso" (Entrevista a una militante de la Autoconvocatoria NO al ALCA).

Pareciera que más allá de la incidencia de las políticas nacionales en la dinámica interna de la Autoconvocatoria, el proceso regional en el que la coalición está inmerso, cobra particular relevancia al momento de definir las acciones concretas a llevar a cabo en nuestro país. Como especifica la Coordinadora de Diálogo 2000, "lo que ha habido con respecto al canje, el nivel de respuesta en cierto sentido en ese momento, es a nivel crítica, charla, la idea de sensibilización..." más que movilización social en las calles.

A poco más de siete meses de la I Jornada de Consulta Popular sobre ALCA, Deuda y Militarización, se pone en marcha la II Jornada de Consulta Popular que consistió en la recaudación de firmas. De este modo comienza la acción propositiva por parte de la coalición.

Luego de implementadas las Audiencias públicas, juicios éticos y consultas populares, la propuesta de auditorías ciudadanas de la deuda se presenta actualmente como el instrumento que permitirá a los movimientos y campañas sociales intervenir en la problemática de la deuda externa. La Auditoría

---

2005 se abrió el canje de bonos en default por un total de U$ 81.800 millones, proceso que se cerró a fines de febrero de ese año con una aceptación del 76,15% equivalente a U$ 62.000 millones. De este modo, la deuda pública total pasó de U$ 191.254 millones a 125.283 millones tras una quita del 65,6% sobre la deuda por reestructurar (*La Nación*, 4 de marzo de 2005, sobre anuncios del ministro de Economía Roberto Lavagna).

Más allá de los resultados inmediatos, las condiciones del plan de reestructuración de la deuda en default obliga al gobierno a mantener exigencias duras de cumplir a largo plazo. Al respecto un economista advierte que "el acuerdo alcanzado compromete al gobierno seriamente en tres puntos: obliga a fuertes pagos de intereses de la deuda que se mantienen en el 72 % del PBI; condena a tener un superávit del 3% por mucho tiempo y exige mantener un crecimiento permanente mínimo del 6% para cumplir con los pagos al exterior". Marcelo Bonelli "Se reinicia la pulseada con el Fondo Monetario" Diario *Clarín*, 4 de marzo de 2005, sección opinión, p. 39

El canje de títulos Pié de la deuda pública de la República Argentina se instrumentó por Decreto 1735/2004, reglamentado por la Comisión Nacional de Valores a través de la Resolución General N° 475 de fecha 29 de diciembre de 2004.

Ciudadana de Brasil[105] junto con la propuesta ecuatoriana al respecto, toman la delantera en la elaboración de esta estrategia[106]. En la II Asamblea global de Jubileo Sur (septiembre de 2005) la coalición declara "Vemos en la realización de las Auditorías a la deuda, un paso fundamental para el logro de nuestros objetivos"[107]. Y como modalidad primordial para implementar en la región en el marco de su construcción de resistencias y alternativas a la dominación. En la Argentina, hasta el momento, no se han puesto en marcha los mecanismos para implementar tales auditorías.

Conclusiones

En lo que se refiere a la dinámica de movilizaciones, campañas y actividades vinculadas al no pago o alivio de la deuda externa, iniciados en nuestro país en los últimos veinte años, el Estado no es un mero antagonista o receptor de demandas de la movilización, sino que realizó activas tomas de posición y abrió oportunidades para la acción. En distintas ocasiones el Estado Nacional impulsó estrategias regionales clamando por la reducción de la deuda. De este modo, el Consenso de Cartagena (1984), los encuentros Parlamentarios Latinoamericanos (1985), las audiencias públicas realizadas en el Congreso Nacional (2000), conforman el conjunto de tomas de posición estatal. De todos modos, dichas políticas no llegar a configurar un verdadero antagonista en el FMI, lo que generalmente las coloca en tensión con la movilización social por los efectos del endeudamiento.

Ambos niveles de intervención –oficial y social– comparten una estrategia durante los años ochenta: impulsar la acción a nivel regional en busca de una solución a la crisis provocada por las políticas de endeudamiento sistemáticas. Si bien, tanto el oficialismo como aquellos que confrontaron con el poder coincidieron en promover la acción regional, el gobierno ra-

---

[105] Movimiento surgido a partir del Plebiscito de la Deuda Externa realizado en ese país en septiembre de 2000, e inserto en la campaña Jubileo Sur, está constituido por una coalición de iglesias, sindicatos, ONGs y ciudadanos en general.

[106] Al respecto consultar el documento "Auditoría Ciudadana de la Deuda Externa en Sudamérica: la experiencia de Brasil y la propuesta de Ecuador", julio de 2004, ed. Estrategia Andina, Centroamericana y Amazónica de la deuda.

[107] "Declaración de Jubileo Sur", La Habana, Cuba, ver *ut supra*.

dical priorizó la negociación colectiva al más alto nivel entre los gobiernos de los países deudores y acreedores. Mientras tanto, las propuestas elaboradas por partidos políticos, sindicatos y organizaciones de la sociedad civil en confrontación con el gobierno, impulsaron un movimiento que, en más de una ocasión, planteó la necesidad de tomar medidas entre los países deudores de manera unilateral.

Más que una mera cuestión de forma, esta diferencia señala otra discrepancia, aún más profunda, acerca de la dimensión del problema: mientras que el incipiente movimiento social planteó y continúa planteando la cuestión en términos de dependencia-independencia, imperialismo-antiimperialismo, los sucesivos gobiernos argentinos saldaron la discusión en términos de legitimidad y razonabilidad de la deuda.

Además de esas similitudes y diferencias en el eje "vertical" de la movilización, existen continuidades y discontinuidades en su eje "horizontal", haciendo posible distinguir dos momentos esencialmente diferentes de la movilización social, separados entre sí por una década de escasos pronunciamientos sociales en el tema. Un primer momento, durante la década del '80, en el que las demandas y acciones por el no pago o alivio de la deuda fueron planteadas, básicamente, por partidos políticos de izquierda (MAS-PI) y sindicatos agrupados en la Confederación General del Trabajo (CGT); y un segundo momento, a lo largo de la última década, protagonizado por la acción fundamental de organismos de derechos humanos que comenzaron a prestarle atención específica al problema y a movilizar el desarrollo de una coalición abocada al tema de la deuda externa (Diálogo 2000).

Si bien son muchas las particularidades que adquiere la movilización social en nuestro país en torno al tema de la deuda en los últimos años, Diálogo 2000 se arraiga en la trayectoria iniciada por partidos políticos y sindicatos que reclamaron por el no pago o la reducción de la deuda durante los años ochenta. Los signos de continuidad resultan notorios en lo que se refiere a la definición de la deuda a la que adhieren: un "problema político", un "instrumento de dependencia", "un aspecto de un sistema de dominación", ilegítima en su totalidad o en parte; asociada al proyecto neoliberal instaurado por la dictadura militar (1976-1983) y a la violación de los derechos humanos, la pobreza, la desocupación y la pérdida de soberanía nacional. Incluso Diálogo 2000 destaca, al igual que los partidos políticos en su momento, la necesidad de fortalecer su lucha apelando a la unión regional sustentada sobre la consolidación de una identidad global. En este sentido, la retórica de la lucha social de la década de los ochenta contra el pago de la deuda, se integra a los nuevos pronunciamientos de este actor.

El contraste entre ambos momentos de la movilización social se visualiza al considerar el tipo de estructura que nuclea a los actores que en los distintos momentos protagonizaron la acción, sus recursos disponibles, las estrategias empleadas, el posicionamiento frente a los acreedores, su relación con el Estado, el perfil de los actores sociales que emprenden las acciones de protesta y sus demandas específicas.

Frente a la estructura nacional y jerárquica de partidos y sindicatos, Diálogo2000 contrapone un modo de organización informal, sin reglamentos ni estatutos, en la que, de todos modos, se reconocen roles diferenciados en función al saber especializado de sus miembros, sus redes personales de contactos, sus trayectoria en la militancia y sus niveles de popularidad, entre otros factores.

Los medios persuasivos que emplea Diálogo 2000 –educación popular con miras a la concientización social sobre el costo humano de la deuda y, en todo caso, tendiente a la movilización de la "opinión pública" más que a la movilización pública de las personas– difieren de la actitud confrontativa adoptada por la CGT a mediados de la década del '80, la que, en reiteradas ocasiones, recurrió al paro y movilización nacional. De todos modos, es preciso destacar que, si bien para la central obrera el antagonista implícito ha sido el gobierno radical, para la coalición Diálogo 2000, sus enemigos estratégicos son los organismos internacionales de crédito. Sin embargo, si tomamos a los partidos políticos (MAS-PI), segundo actor que durante la década del '80 problematizó la cuestión del endeudamiento, encontramos una continuidad con Diálogo 2000 al definir su antagonista.

El posicionamiento frente a los acreedores externos por parte de las fuerzas sociales movilizadas en los distintos momentos señalados, difiere notoriamente. El contexto internacional tiene fuerte incidencia sobre las estrategias de los actores colectivos que a nivel nacional enfrentan la problemática de la deuda externa. Ciertas políticas promovidas por los países centrales, que afectan a la región (anuncio de planes de "alivio" y del ALCA en el 2001), impulsaron a los actores nacionales a la construcción de una identidad regional y a la redefinición de sus alianzas, sus objetivos sus estrategias de acción y sus reclamos.

El nuevo posicionamiento que adoptó Diálogo 2000 a partir de su participación en la coalición Jubileo Sur, modifica el punto de vista de la coalición frente a los organismos internacionales de crédito. Los países del Sur pasan de sentirse deudores a considerarse acreedores de una deuda que los países económicamente más poderosos, mantienen con los países empobrecidos. De este modo, la identidad de la coalición se ha ido forjando en el ámbito internacional a partir de su propia lectura del proceso histórico en el que se definen como "víctimas de la deuda".

Este cambio de identidad repercute sobre la definición de sus demandas: se pasa de la tímida propuesta de creación de mecanismos que permitan estudiar posibles anulaciones parciales de la deuda, a una radical demanda por la anulación total del endeudamiento sin condicionalidades impuestas por los gobiernos del Norte, instituciones financieras, etc. Además, se exige la restitución y reparación para las víctimas de la deuda, definida como histórica, social, ecológica.

Diversos factores impulsaron a Diálogo 2000 a la acción global. Entre ellos señalamos: 1) el enraizamiento de la coalición en el proceso de movilización regional conformado en torno al tema de la deuda externa, del que específicamente hemos considerado: a) su concepción sobre la deuda externa, definida como "un componente fundamental de una estrategia de dominación global"; b) la percepción de similitudes en la región respecto al proceso de conformación de la deuda externa; c) el fracaso de los gobiernos de la región en la consolidación de alianzas estratégicas para negociar en bloque frente a los organismos internacionales de crédito; d) la unidad latinoamericana como estrategia de posicionamiento frente al imperialismo; e) la repercusión internacional de la sentencia del caso "Olmos"; f) la existencia de lazos sociales establecidos con distintos actores sociales que, movilizados por la misma temática, asistieron al encuentro multisectorial por la ilegitimidad de la deuda externa de los países de América Latina en 1985. 2) La extrema fragmentación a nivel nacional de actores sociales movilizados por la problemática de la deuda externa. 3) La falta de respuestas efectivas a las demandas de los actores locales. 4) La fuente de financiamiento internacional que sustenta económicamente la actividad de la organización. 6) El llamado al Jubileo 2000. 7) La apropiación de los espacios de convergencia de movimientos internacionales anti-neoliberales (como el FSM o la Cumbre de los Pueblos) como ámbitos clave de encuentro para el debate.

Atravesando ambos momentos de la movilización social, advertimos el pronunciamiento de dos actores: la Iglesia y la Asociación Madres de Plaza de Mayo. A mediados de 1985, la Iglesia se manifestó a través de su máxima autoridad, recomendando a los distintos gobiernos y organismos internacionales ética económica para analizar la deuda externa de los países del Tercer Mundo. Constante pero moderada, la Iglesia retomó sus pronunciamientos en el marco del año 2000, Año Jubilar, impulsando una campaña trasnacional por la condonación de las deudas.

La Asociación Madres de Plaza de Mayo, ofrece distintos matices en su tratamiento sobre el tema de la deuda. Desde una posición básicamente de denuncia sistemática del costo humano de la deuda durante los años '80, gradualmente modifican su estrategia hasta consolidar un entramado complejo en el que combinan la concientización con la movilización social a principios de 2000. Su reclamo se escucha a viva voz cada jueves: no pago de la deuda externa.

Conscientes de que toda interpretación resulta, en principio, problemática, intentamos responder el interrogante sobre la posibilidad o no, de atribuirle la categoría de movimiento social a los pronunciamientos explícitos en torno a la condonación, alivio o rechazo al pago de la deuda externa, perceptibles en nuestro país desde hace más de veinte años.

Como hemos analizado, la movilización social sobre el problema de la deuda externa iniciado en nuestro país en plena transición a la democracia, se caracterizó por la inexistencia de una identidad colectiva. Por el contrario, dicho proceso de movilización social amalgamó, durante la década del '80, a diversos actores sociales con profundas brechas ideológicas e intereses divergentes expresados públicamente y plasmados en las heterogéneas demandas (moratoria de la deuda, reclamos por las obras sociales, trabajo, desarrollo económico, justicia social) con las que asistieron a la Plaza de Mayo liderada por Ubaldini.

La CGT, al conformar una "alianza multipartidaria y multisectorial" que aglutinó al PJ, a diversos partidos de izquierda, organizaciones de derechos humanos logró legitimar su ataque al gobierno radical —en un sensible momento de transición democrática— subordinando el objetivo explícito de la movilización al objetivo tácito de desbancar al radicalismo. En este sentido, una vez en el poder el PJ, Menem declaró que quedaban obsoletos los 26 puntos del Programa de la CGT —que incluían el pedido de moratoria de la deuda– desarticulando los reclamos de la central obrera en la materia.

Si analizamos la "ola" internacional de protestas por la deuda externa desatada durante los ochenta, liderada por Fidel Castro resulta más factible encontrar rasgos de una identidad colectiva latinoamericana, de una retórica punzante por una redistribución de los recursos, una reorientación de los valores sociales y una trasgresión de la estructura social. Sin embargo, uno de los dirigentes del Movimiento al Socialismo, partido que en nuestro país fue pionero en la lucha por el no pago de la deuda externa manifestó que:

"Según mi mirada nunca hubo un movimiento por el no pago entendido como un movimiento que tiene ese punto como plataforma y que lucha por conseguirlo… La iglesia católica nunca luchó por no pagar la deuda. Fidel tampoco… No era un movimiento que se sostuvo en el tiempo con ese programa y buscaba la forma para lograrlo. En absoluto. Al revés, era más bien un movimiento que intentaba no perder la bandera de la deuda en manos de otros sectores más transformadores" (Entrevista a un miembro fundador del MAS).

De todos modos, las protestas de 2000 heredaron el marco ideológico construido durante los encuentros en Cuba, aunque fuertemente atravesado por la doctrina de la Iglesia en el año Jubilar.

Al considerar las acciones de protesta organizadas por Diálogo 2000 hemos destacado ya la adscripción de la coalición a medios persuasivos para la acción que apuntan a la concientización social –y en última instancia a la movilización de la opinión pública– pero como advierte la coordinadora de Diálogo 2000, "en la Argentina el tema deuda no ha logrado, ni nosotros ni nadie más, convocar, ser un tema que movilice de una manera permanente desde hace muchos años. Más allá de momentos esporádicos".

A partir de nuestro análisis arribamos a la conclusión de que, más allá de movilizaciones o tomas de posición coyunturales, de campañas, coaliciones o redes de militantes, no se ha consolidado en la Argentina un movimiento social en torno del tema de la deuda externa, aún cuando este representa uno de los grandes temas y problemas que acompaña, desde sus inicios, a la corta vida democrática del país.

Fuentes y documentos consultados

Artículos

Cafiero Mario y Llorens Javier (2004) "¡O juremos con deuda morir!: análisis de la propuesta de reestructuración de la deuda pública argentina post Dubai y sus consecuencias financieras, económicas y sociales", Buenos Aires: mimeo.

Grinberg, Gabriel (1985) "Deuda externa: el foro de La Habana antes del diluvio." *El periodista de Buenos Aires*, N° 48.

Jazomi, Eduardo (1985) "La nueva propuesta económica de la CGT¿Cambio de línea?" *El periodista de Buenos Aires*, N° 49.

Olmos Gaona, Alejandro (s/f) "Aspectos históricos de la deuda externa argentina", Buenos Aires: mimeo.

Verbitsky, Horacio (1985) "Entretelones de una relación asombrosa Castro y Wojtyla." *El periodista de Buenos Aires* N° 50.

Vivas, Esther (2002) "Jubileo 2000", Observatorio de la Deuda en la Globalización, Cátedra UNESCO en la UPC.

Diarios y revistas

Clarín, Varios ejemplares.

La Nación, varios ejemplares.

La Razón, varios ejemplares.

Tiempo Argentino, varios ejemplares.

El periodista de Buenos Aires, varios números.

Alternativa Intransigente, *Órgano nacional del Partido Intransigente*. Varios números.

El activista socialista, Varios números.

Periódico mensual de la Asociación Madres de Plaza de Mayo, varios números.

Documentos

Cable TELAM 17/07/85

Cable México 410/381 10 1730

Castro Ruiz, Fidel. 3 de agosto de 1985. "Discurso pronunciado en la sesión de clausura del Encuentro sobre la Deuda Externa de América Latina y el Caribe", Palacio de las Convenciones, La Habana.

62 organizaciones peronistas, 21 de mayo de 1985. "Nuestra propuesta es la dignidad".

"Declaración del Foro Alternativo Las otras voces del planeta". 1 de octubre de 1994. Madrid.

"Auditoría Ciudadana de la Deuda Externa en Sudamérica: la experiencia de Brasil y la propuesta de Ecuador", ed. Estrategia Andina, Centroamericana y Amazónica de la deuda, julio de 2004.

Documentos MAS

"Programa para Filosofía y Letras de los Jóvenes Socialistas del MAS", agosto de 1984.

"Documento Nacional del Partido", 1985

"Pre Congreso del MAS. Tesis sobre la situación nacional", febrero de 1985.

"Documento sobre la situación nacional", 3 de febrero de 1988.

"Documento del III Congreso del MAS"

Documentos PI

Comité nacional del Partido Intransigente. abril de 1986, "Deuda Externa. El Análisis y la propuesta intransigente."

Documentos Diálogo 2000 - Jubileo Sur - Jubileo 2000

Diálogo 2000/ Jubileo Sur, 2005 "La eterna deuda argentina". Material de divulgación.

Jubileo 2000/América. 27 de enero de 1999. "Declaración de Tegucigalpa",

Jubileo Sur. 21 de noviembre de 1999 "Declaración de la Cumbre Sur-Sur". Gauteng, Sudáfrica.

Jubileo Sur. 28 de septiembre de 2005. "Declaración de Jubileo Sur, II asamblea global de Jubileo Sur", La Habana.

"Tribunal internacional de los pueblos sobre la deuda", Porto alegre, Río Grande do Sul, Brasil - 1 y 2 de febrero de 2000.

"Sentencia del Tribunal Ético sobre la Deuda y las políticas neoliberales", Buenos Aires, del 16 al 21 de septiembre de 2000.

Documentos Autoconvocatoria No al ALCA, No a la Deuda, No a la Militarización, No a la Pobreza

Autoconvocatoria NO al ALCA. 26 nov. 2003. "Primeras Jornadas de Consulta Popular contra el ALCA, la Deuda Externa y la Militarización".

Autoconvocatoria NO al ALCA. 13 de abril de 2003 "Documento de la Asamblea de la Autoconvocatoria No al ALCA".

Archivos consultados

Centro de Documentación e Investigación de la Cultura de Izquierdas en la Argentina (CEDINCI).

Archivo Santiago Zenén González, Universidad Torcuato Di Tella.

Justicia y solidaridad en el comercio. Escalas transnacionales de acción y conceptualización*

Carina Balladares

Introducción

Sobre escalas de acción y conceptualización.
Algunos antecedentes del comercio justo

En este trabajo nos ocupamos de presentar una serie de acciones y conceptualizaciones de un grupo de personas que se han vinculado con el comercio justo (CJ) internacional y que han comenzado a promover espacios de "intercambios justos" en el nivel nacional. Para ello, recurriremos al concepto de *escalas de acción* (Jelin, 2003), entendiendo que las mismas involucran *escalas de conceptualización*, en este caso, en torno a las ideas de solidaridad y justicia en los intercambios comerciales.

Sabemos que en los años que van desde la revolución industrial hasta nuestros días han surgido múltiples y diversas voces planteando críticas y alternativas al capitalismo y sus efectos. Entre las alternativas planteadas al capitalismo, nos interesa resaltar dos respuestas tempranas frente a lo que se consideró un modelo injusto de producción e intercambio.

---

* Durante el desarrollo de esta investigación fui acompañada por la dirección de Alejandro Grimson y la coordinación de Sebastián Pereyra, les expreso mi gratitud por su apoyo y estímulo constantes. Hago extensiva la misma a mis compañeros de equipo, con quienes mantuve un diálogo muy enriquecedor a lo largo de todo el proceso de trabajo. También a todas y cada una de las personas contactadas para esta investigación, quienes se mostraron pacientes y generosos ante mis insistentes preguntas. Por último, agradezco a Enrique Palmeyro y Alexandre Roig por la lectura de una versión anterior de este texto, sus estimulantes comentarios y sugerencias me permitieron enriquecer mi mirada sobre este tema, hacerme nuevas preguntas y plantearme futuras indagaciones.

Por un lado, diferentes países dieron luz a clases obreras conectadas entre sí; que, aunque se vieran condicionadas por las diferentes coyunturas sociales, económicas y culturales (impuestas dentro de los límites establecidos por los estados-nación), tejieron redes en todo el globo, por medio del trabajo activo de militantes, partidos y sindicatos.

Por otra parte, surgieron emprendimientos cooperativos de producción. Entre las experiencias más destacadas se encuentran las concebidas y desarrolladas por Robert Owen (1771-1859) y las cooperativas de consumo, ahorro y crédito (a través de las cuales se cubrían las necesidades de trabajadores industriales, campesinos, artesanos y pequeño propietarios), que tienen a la *Socie-dad de los Equitativos Pioneros de Rochdale* (cooperativa fundada en 1844 por un grupo de obreros ingleses), como uno de sus principales modelos y antecedentes[1].

La Argentina se vio tempranamente influida por dichas experiencias, que se fortalecieron con la masiva llegada de inmigrantes europeos entre fines del siglo XIX y principios del siglo XX. Gracias a ellos, y a sus ideas, comenzaría a fundarse una amplia gama de instituciones sociales en el país. Tanto en las zonas agrarias como en las zonas urbanas se irán organizando cooperativas de productores y consumidores, de ahorro y de crédito, creando así una importante trama asociativa, que tuvo a anarquistas y socialistas entre sus principales promotores.

Ya antes de las épocas de Owen se hablaba de *precio justo* (en Inglaterra). Dicho concepto también tiene una tradición dentro del cooperativismo argentino, que hizo uso del mismo en el contexto de creación de cooperativas de consumidores. Estas cooperativas, trabajaban en la obtención de productos de primera necesidad a mejor precio, haciendo uso de la presión ejercida por los consumidores asociados a las grandes empresas proveedoras:

---

[1] "La Rochdale" (tal es el modo en que se hace referencia a la "Sociedad de los Equitativos Pioneros..."), estableció una serie de principios que luego se difundieron en buena parte de occidente como normas para el desarrollo de cooperativas en general, que se convirtieron más tarde en las normas promovidas por el llamado "movimiento cooperativista mundial". Dicho movimiento, está representado en la Argentina, entre otros, por el Instituto Movilizador de Fondos Cooperativos (IMFC) y en el plano mundial por la Alianza Cooperativa Internacional (ACI).

"(…) Uno se asociaba al Hogar Obrero [que era una cooperativa de vivienda, crédito y consumo] para obtener bienes de primera necesidad a un mejor precio, el `precio justo'…, hoy hablábamos de comercio justo, ¿no? Una de las cosas que escribió Juan B. Justo cuando hablaba del tema de la cooperación libre, hablaba de precio justo. De eso se hablaba hace cien años (…)" (Entrevista a Ricardo[2] de CEDESAL[3]).

El concepto de "precio justo", entonces, forma parte del acerbo conceptual de algunas personas vinculadas a la tradición cooperativista. Constituye parte de sus esquemas de percepción[4].

Con el paso del tiempo, algunos emprendimientos cooperativos desa-parecieron, otros se fueron transformando y nacieron nuevos. De forma paralela, durante los últimos quince años florecieron nuevas experiencias asociativas en un contexto de crisis social y económica creciente. Ellas suelen ser distinguidas del llamado "viejo cooperativismo" aunque retoman, por lo menos en teoría, algunos de sus ideales tales como la asociación igualitaria y la democracia en la toma de decisiones. Con el tiempo, éstas y otras experiencias fueron nombradas bajo diversos rótulos, entre ellos: "economía social", "economía solidaria" o "economía social y solidaria"[5]. En este punto de conceptualización de la experiencia asociativa nos encontramos cuando, a inicios del siglo XXI, comenzó a hablarse de comercio justo en la Argentina.

Los proyectos argentinos que se involucran con el comercio justo local e internacional se asientan sobre la base de estas experiencias previas de producción de bienes en manos de organizaciones sociales que, de un modo amplio, son consideradas, desde el punto de vista militante y/o académico, como pertenecientes al campo de la economía social y/o solidaria.

---

[2] Hemos cambiado el nombre las personas entrevistadas, pero mantenemos el nombre de las instituciones a las cuales pertenecen.

[3] CEDESAL: Centro para el Desarrollo de la Economía Social en América Latina.

[4] Sin embargo, resulta importante señalar que la utilización del concepto de "precio justo", no se restringe a las cooperativas de consumo en la Argentina; aparece, una y otra vez, en específicas situaciones históricas localizadas, siendo usado por productores de diverso tipo. Por ejemplo, lo han utilizado tanto organizaciones campesinas (ver el caso de Titrayju más adelante), como diseñadores de ropas y objetos destinados a una cierta clase media y alta de "buen gusto". Vargas y Zenobi (2006) han analizado las ideas de "precio justo" entre estos últimos. Excede las posibilidades de este trabajo seguir los específicos usos históricos de este concepto, pero nos interesa señalar que hace más de cien años se utiliza localmente (de manera diversa y polisémica), tanto desde el lugar del productor como desde el lugar del consumidor, un concepto que resulta clave, como veremos, en el esquema de valores del comercio justo internacional.

[5] Al respecto pude consultarse Coraggio, (2002 y 2004); Singer, (2003 y 2004) y Wautier (2004), entre otros.

Pudimos constatar que, mientras los límites y características de este campo que se busca construir son debatidos en su versión teórica (Fontecoba, 2003) los conceptos de economía social y/o solidaria comienzan a ser difundidos, apropiados, rechazados o ignorados en el seno de las organizaciones así nombradas[6].

En el nivel de la producción, estas experiencias incluyen, entre otras, cooperativas agrarias, cooperativas indígenas, fábricas recuperadas, organizaciones de desocupados, emprendimientos familiares, emprendimientos productivos desarrollados por organizaciones urbanas y colectivos de trabajo surgidos en el seno de asambleas barriales.

En el nivel de la comercialización, los bienes producidos en el seno de esas experiencias, son intercambiados (aunque no de manera exclusiva) en circuitos alternativos de distribución tales como ferias barriales, ferias francas, mercados solidarios y clubes de trueque. Incluso son distribuidos en forma domiciliaria.

Estas prácticas, por un lado, permitieron el desarrollo de una economía de producción y consumo popular; y, por otro, dieron origen a un espacio que intenta desarrollar un *mercado de comercio responsable y solidario*, orientado a generar un nicho de *consumidores sensibles* que encuentren un *plus de valor* en la compra de dichos bienes. Se empieza a observar, entonces, una distinción entre circuitos de circulación de mercancías: algunas son obtenidas, casi con exclusividad, en espacios de intercambio donde sólo asisten personas de sectores populares; y otras son obtenidas en espacios pensados y diseñados para consumidores de clase media y media-alta con valores de "sensibilidad" y "responsabilidad" (hacia los que menos tienen y hacia el medio ambiente).

Con el tiempo se fueron instalando comercios con el fin de comercializar los productos de este tipo de experiencias asociativas. Ése es el caso de las artesanías de diferentes comunidades indígenas, que se venden en las tiendas que posee la Asociación Civil Arte y Esperanza[7], en los barrios de San Telmo y San Isidro. Lo mismo sucede con la yerba mate Titrayju (Tierra Trabajo y Jus-

---

[6] Dado que nosotros no hemos tomado partido por ninguna definición específica y dado que no es objeto de este trabajo delinear límites conceptuales respecto de estos objetos y procesos empíricos, utilizaremos indistintamente uno u otro término (economía social, economía solidaria, economía social y solidaria) para referirnos a las experiencias asociativas que comenzaron a vincularse con el comercio justo.

[7] http://www.arteyesperanza.fws1.com/

ticia), que es comercializada por la Cooperativa Río Paraná (perteneciente al MAM), a través del Ce.Co.Ca.I (Centro de Comercia-lización Campesina e Indígena), en un local del barrio de Almagro, en la Ciudad de Buenos Aires[8], lugar donde también se venden productos de otras experiencias asociativas.

Según el relato de los entrevistados, el primer cargamento de "productos justos" salió desde estas tierras en octubre de 2003. Se trataba de una serie de artesanías indígenas que fueron colocadas en tiendas italianas pertenecientes a la cooperativa Chico Mendes de Milán[9]. Arte y Esperanza fue la organización exportadora. A partir de esa experiencia, esta organización comenzó a exportar al exterior, siendo Italia su destino privilegiado.

Dadas las características de la sociedad argentina (que tenía una importante población asalariada y que, como dijo Silvio, uno de nuestros entrevistados, aún siendo parte del tercer mundo, "no calificaba como país pobre" o "digno de ayuda" para su desarrollo), y dada la relación cambiaria entre el peso y el dólar que existió durante los años noventa, no se tiene registro de exportación de productos justos antes de la crisis de 2001.

Además de artesanías indígenas también se han exportado productos alimenticios (azúcar, miel, naranjas para jugo de frutas y vinos) e indumentaria (remeras y calzados deportivos). Sin embargo, a pesar de las ventajas cambiarias, el comercio justo tiene un mayor desarrollo en el mercado interno; siendo muy acotado el contacto de la Argentina con el comercio justo internacional.

En los últimos años, algunas organizaciones argentinas se han dispuesto a promover explícitamente el desarrollo del comercio equitativo y solidario, tanto en el ámbito internacional como local. Además de las mencionadas, se encuentra ICECoR (Instituto para el Comercio Equitativo y el Consumo Responsable)[10], una organización que se dedica a la capacitación y el apoyo a emprendimientos sociales, y que organiza eventos donde se trabajan los temas de comercio justo, economía solidaria y consumo responsable. También se encuentra OMaS (Otro Mercado al Sur), que ha trabajado en la exportación de productos justos y armó la *primera cadena productiva textil justa y solidaria*, involucrando en el proyecto a diferentes actores locales, entre los cuales se encuentran el Movimiento de Trabajadores Desocupa-

---

[8] http://www.titrayju.com.ar
[9] http://www.chicomendes.it/
[10] http://www.equitativo.com.ar

dos (MTD) de la Matanza y las fábricas recuperadas Cooperativa Textiles Pigüé y Cooperativa Unidos por el Calzado.

Como parte de los núcleos de articulación emergentes se creó la RACJ (Red Argentina de Comercio Justo), con la participación de varias de las organizaciones mencionadas. Es un espacio que todavía está definiendo las características de sus participantes y sus objetivos, que posee una materialidad mucho más débil que las de sus pares en otros países de América Latina, pero con participación en eventos y reuniones internacionales.

Para seleccionar los casos de estudio, nos introdujimos dentro del vastísimo (y por momentos confuso) mundo de la llamada *economía social y solidaria* e hicimos un primer relevamiento de organizaciones que se autodefinen como involucradas con el comercio justo (local o internacional), ya sea por que intervinieron activamente en él o por que han sido intervenidas por el mismo sin buscarlo explícitamente. La construcción de dicho universo no fue completa, pero sí resultó bastante exhaustiva. Se basó en la información que fuimos obteniendo a partir de los saberes de nuestros informantes y de la documentación secundaria que pudimos conseguir[11].

La utilización del término "comercio justo" es nueva y no tiene una definición clara para los actores. Por ejemplo, una misma práctica de "feria comunitaria" puede ser calificada como de comercio justo, como de economía social y solidaria, como ambas cosas o como una simple y sencilla feria.

Por otra parte, si bien existen la RACJ (que nuclea a organizaciones de la Ciudad de Buenos Aires y del interior del país) y otras redes, comprobamos que, al menos en el ámbito del AMBA, los contactos entre organizaciones se articulan por vínculos de afinidad temática, cercanía geográfica, articulación comercial o afinidad política, más que por pertenecer al mundo de la economía social y solidaria y/o (mucho menos) al comercio justo. Esas categorías no tienen el sufi-

---

[11] Este trabajo se construyó a partir de una investigación desarrollada casi por completo durante el año 2005. La misma es de carácter exploratorio, pues hay muy poco escrito sobre el tema. Para poder llavarla a cabo, realizamos una serie de entrevistas abiertas y semiestructuradas a participantes de los emprendimientos vinculados al comercio justo y la economía social y solidaria. Estas entrevistas fueron complementadas con la aplicación de técnicas de observación participante en oficinas, locales de venta al público y espacios de producción; y por el análisis de material de difusión de las organizaciones y de la información volcada por las mismas en sus páginas web. De manera paralela se realizó una intensa búsqueda de investigaciones, literatura especializada y documentos que pudieran servirnos de apoyo para conocer el contexto internacional del comercio justo con el fin de contextualizar la experiencia nacional

ciente peso como para convocarlos y unirlos no son conceptos que generen identificaciones grupales. En este sentido, no sería posible hablar de un movimiento local de economía social y solidaria o de comercio justo; más bien lo que existe son algunas redes y articulaciones, a veces más estables, a veces más difusas[12].

Respecto del comercio justo, salvo OMaS, las organizaciones que intervienen, o son intervenidas, por el comercio justo local o global, generalmente tienen varios temas en su agenda, y éste no los ocupa con exclusividad.

En este escenario fuimos organizando nuestro trabajo. El recorte a partir de las autodefiniciones de los propios actores (si se consideraban involucrados con el comercio justo local o internacional) nos brindaba un marco para dar los primeros pasos. Nos encontramos con un campo plural y heterogéneo. Las características de las organizaciones eran bien distintas, también su grado de vinculación con el comercio justo. Posteriormente seleccionamos una serie de casos[13] dentro de un universo de diversas iniciativas existentes en el país[14]. En este artículo trabajamos, centralmente, con tres de los casos relevados, aunque haremos referencias a otros. Ellos son: OMaS (Otro Mercado al Sur), Titayju y la Asociación Arte y Esperanza.

En párrafos precedentes hemos visto, muy brevemente, cómo determinadas ideas de justicia y solidaridad en el intercambio comercial –acompañadas de concepciones que valoran lo asociativo– se han desarrollado durante dos siglos en la escala transnacional y local. También hemos visto cómo ciertos emprendimientos asociativos comenzaron a vincularse con el comercio justo (local e internacional). Es intención de este trabajo referir al encuentro y discusión entre "marcos" originados en el primer mundo,(sobre lo justo, lo injusto, lo equitativo, lo solidario, etc.), y "esquemas" locales (originados en el seno de las propias experiencias asociativas del territorio argentino).

Pero antes de zambullirnos en las experiencias argentinas vinculadas con el comercio justo, consideramos necesario presentar el contexto internacional.

---

[12] En este punto encontramos diferencias entre Argentina y Brasil. En el país vecino se ha desarrollado en los últimos años un muy importante movimiento de economía solidaria apoyado por el estado. Al respecto pude consultarse Motta (2004 y 2006).

[13] Los casos se restringen a la ciudad de Buenos Aires y el conurbano, salvo la fábrica recuperada Textiles Pigüé, que se estudió en conjunto con su fábrica hermana, Cooperativa Unidos por el Calzado (ambas pertenecientes a la ex firma Gatic, concesionaria de la marca Adidas).

[14] De cualquier modo se nombrarán otras organizaciones de las cuales tenemos información a partir de las declaraciones de los entrevistados, documentación secundaria existente sobre las mismas y contactos que se mantuvieron con algunos de sus miembros.

La escala internacional: El comercio justo en el mundo

> *"Entendemos por comercio justo la red comercial producción-distribución-consumo orientada hacia un desarrollo solidario y sustentable que beneficie principalmente a los productores excluidos o en situación de desventaja, impulsando mejores condiciones económicas, sociales, políticas, culturales, medioambientales y éticas en este proceso (precio justo para los productores, educación para los consumidores, desarrollo humanos para todos y todas)" (Cotera Fretell y Ortiz Roca, 2004: 63).*

Esta definición académica también es una definición política, elaborada por intelectuales comprometidos que trabajan en pos de un comercio más equitativo en América Latina. De todas las conceptualizaciones con las que nos encontramos a lo largo de la investigación, ésta fue la que mejor nos permitió reflexionar tanto sobre el proceso local como sobre el CJ en su escala global. De la idea arriba citada destacamos la frase *"red comercial producción-distribución-consumo orientada hacia un desarrollo solidario y sustentable"*, porque, *en principio*, sólo cuando existe un encastramiento entre esas tres instancias del proceso, con esa orientación de valores, se podría hablar de comercio justo.

Ahora bien, los involucrados en la red, situados en diferentes lugares del encadenamiento produccción-distribución-consumo, pueden tener diferen-tes niveles de militancia por la causa del "comercio justo". El compromiso militante aumenta en los tramos donde priman los intermediarios culturales-comerciales, siendo disímil (a veces más comprometida a veces menos, según el caso), en los eslabones vinculados a la producción y al consumo (local o internacional).

En el ámbito internacional, el comercio justo (también denominado *fair trade*, "comercio equitable", "comercio equitativo", "comercio con justicia", "comercio solidario", "comercio limpio"), tiene ya varias décadas de historia. No hay un consenso respecto del momento preciso de su surgimiento. Si bien suele decirse que comenzó en la década del '60, se ha registrado que las primeras iniciativas han tenido lugar luego de la segunda guerra mundial, a fines de la década del '40 (Yilmaz, 2004).

Dadas las características militantes de muchas personas y organizaciones pertenecientes al mundo del comercio justo, suele hablarse de la existencia de un movimiento de carácter internacional. Este movimiento surgió en los países llamados "desarrollados", con la idea de "ofrecer a los productores de los países en vías de desarrollo precios justos para sus mercancías" (Ghimire, 2005: 23). Detrás de esta idea está el interés por promover el desarrollo, ayudar y luchar contra la pobreza (Rutch, 2005). Los miembros de este movimiento trabajan por la eliminación de los grandes intermediarios comerciales, que aumentan los costos; a la vez que plantean como uno de sus principales enemigos a los grandes compradores monopólicos, que tienden a bajar el precio de los productos en el mercado internacional, aumentando así los niveles de explotación de quienes producen esos bienes. En este sentido podría definirse al comercio justo como una respuesta desde el norte al intercambio desigual entre el norte y el sur.

Sin embargo, dado que la "intermediación" es inevitable en el comercio internacional, sucede que los "intermediarios justos" reemplazan a los "intermediarios injustos", pero son igualmente intermediarios. Este hecho acarrea importantes caudales de confusión simbólica y cultural en las relaciones pretendidamente solidarias entre el primer y el tercer mundo.

No obstante esta tensión, las organizaciones que se encuentran militando en dicho movimiento han desarrollado diferentes estrategias para reducir el intercambio desigual. En primer lugar, se presiona a los gobiernos de los países llamados "centrales" para que modifiquen los términos del comercio mediante intervenciones de los estados en el ámbito nacional e inter-nacional, exigiendo la eliminación de las barreras arancelarias a las importaciones de productos de los países pobres y la eliminación de subsidios a los bienes primarios que también son producidos en estos países (por ejemplo, el algodón). En segundo lugar, se realizan campañas de sensibilización dirigidas a los consumidores para que compren productos del tercer mundo, lo que permitiría impulsar las economías locales y/o defender procesos de producción que respeten criterios sociales y ambientales (Rutch, 2005).

Esto, sensibilizar y educar a un consumidor responsable, es una de las principales líneas de trabajo de las organizaciones de comercio justo. Dichos productos pueden ser adquiridos en los supermercados, por medio de diferentes modalidades de venta directa o en tiendas especializadas establecidas para tal fin. Las tiendas especializadas, llamadas "Tiendas del Mundo" (*Worldshops*), son el canal más antiguo de comercialización en países como Italia se han convertido en lugares privilegiados para comprar estos productos[15].

El comercio justo se ha centrado en la comercialización de productos primarios (fundamentalmente alimenticios) y artesanías; siendo muy inferior la importación de productos con componentes de manufactura industrial. En los últimos tiempos se está trabajando mucho con el algodón proveniente de Perú, India y Senegal, pero en general, la confección de prendas se realiza en los países importadores.

Más allá de las especificidades que puede tener cada organización promotora del CJ, los principios del mivimiento se han sintetizado en una serie de criterios:

Los 10 criterios del comercio justo[16]

- Relación directa con los productores, para evitar intermediaciones especulativas.
- Precio justo pagado a los productores.
- Condiciones laborales dignas.
- Sin discriminación por sexo, raza o religión.
- Condena de cualquier forma de explotación infantil.
- Continuidad en las relaciones comerciales a largo plazo.
- Prefinanciamiento (pagos por adelantado hasta un 50 %).
- Democracia organizativa: las organizaciones de comercio justo y los productores trabajan en estructuras horizontales basadas sobre principios de participación.
- Inversión de los beneficios en el desarrollo de la comunidad.
- Respeto por el medio ambiente.
- Productos de calidad.

---

[15] La venta directa pude realizarse por vía telefónica, digital o -como describió un informante- "a lo Avon", es decir, comprando por catálogo a vendedores que hacen visitas domiciliarias, tal como se hace en la Argentina con los productos cosméticos de dicha marca.

[16] Tomado de la página web de Otro Mercado al Sur: http://www.otromercadoalsur.org.ar/

El CJ ha experimentado en los últimos diez años una importante expansión en Europa, EEUU, Canadá, Japón, Nueva Zelanda y Australia[17]. El crecimiento más significativo está relacionado con los productos etiquetados que pueden ser comprados tanto en los viejos canales de comercialización como en la góndola del supermercado.

Paralelo a este *boom* del comercio justo en el primer mundo, en algunos países del tercer mundo, tradicionalmente proveedores del comercio justo internacional (como, por ejemplo, México), se han creado conjuntos de consumidores locales de "productos justos" que, a través de sus compras en tiendas y mercados solidarios, realizan un "consumo responsable" en el ámbito local. También está comenzando a desarrollarse un comercio justo sur-sur, donde productores del tercer mundo proveen "bienes justos" a países periféricos.

Los actores involucrados en el Comercio Justo[18]

En el mundo del comercio justo intervienen varios agentes. Hay entidades y organizaciones creadas específicamente para trabajar en el proceso de intercambio, y promoverlo; y actores que, sin tener ese fin, participan de algún modo en los procesos de producción-distribución-consumo[19].

En primer lugar, se encuentran los *productores* que elaboran ciertos bienes, de acuerdo a las normas y exigencias establecidas, para luego comercializarlos en el mercado de productos justos. Proceden mayoritariamente de los países del sur. Muchos de ellos se encuentran nucleados en *organizaciones de productores*. Sus características son diversas, por su tamaño, por los productos que elaboran, por sus modalidades de organización y por sus niveles de organización. La definición teórica dice que se encuentran mayoritariamente "marginados del comercio tradicional", pero no todos los productores encajan cerradamente en esta definición;

---

[17] Ver: The Fair Trade Asociation (2005) y Krier (2005). Europa es el mercado más grande de venta de productos Fair Trade, con una estimación del 60 al 70% de las ventas globales. Ha contabilizado un crecimiento de un 20% cada año luego de 2000 (Krier, 2005).

[18] Lo que sigue es elaborado a partir de los insumos brindados por diferentes páginas web dedicadas al tema, entrevistas realizadas a promotores locales del comercio justo, y los aportes de Cotera Fretell y Ortiz Roca (2004), Krier (2005) y The Fair Trade Federation (2005).

[19] Ver el Gráfico 1 al final de este apartado.

muchas veces mantienen diferentes vínculos comerciales con el mercado llamado "tradicional", ya sea local o internacional.

En segundo lugar, se encuentran los *consumidores*, personas que por sensibilidad o responsabilidad consumen productos justos. En ciertas ocasiones estas personas crean *organizaciones de consumidores*. Son asociaciones y cooperativas que trabajan en la promoción del comercio justo, que realizan campañas de concientización y que colaboran en la difusión y distribución de productos. Muchas "tiendas del mundo" tienen su origen en este tipo de organizaciones[20].

En tercer lugar, se encuentran *las empresas*. Son entidades del sector privado que trabajan desde una perspectiva de "responsabilidad social empresaria" (RSE) con organizaciones de comercio justo, ya sea porque compran a precio justo los insumos con los cuales elaboran bienes, porque los comercializan o los distribuyen. Hay importantes discusiones en torno a si el comercio justo tiene o no que involucrase con las grandes empresas capitalista tradicionales y, en el caso de hacerlo, la pregunta es cómo.

En relación con esto, muchas personas coinciden en que el acceso al *supermercado* de los productos justos generó un incremento en la venta de los mismos, pero algunos lamentan que se haya perdido el lugar de privilegio que tenían la tienda y los circuitos más alternativos de distribución. Por otra parte, existe el temor de que grandes empresas transnacionales, que generan riqueza a partir de la explotación indigna de mano de obra, "blanqueen" su imagen por adquirir y comercializar productos justos, o por tener dentro de su abanico de productos algunos que son justos. Hubo un resonado escándalo en Europa a partir de la compra de café justo por parte de McDonalds.

En cuarto lugar, se encuentran las *organizaciones de cooperación*. Éstas contribuyen con apoyo económico, técnico o promocional a la estructuración del comercio justo. Pueden tener un papel importante en las etapas piloto de desarrollo de productos, o pueden colaborar en las mejoras sociales y medioambientales del entorno donde viven los productores.

---

[20] Actualmente, en los países llamados desarrollados, parece haber crecido un nicho de consumidores "educados" y "responsables" que poseen los medios adquisitivos para comprar productos que suelen ser un poco más caros que sus equivalentes no justos. Resulta interesante observar cómo se han involucrado en este tipo de "tendencia" artistas de renombre internacional, tales como Bono o Chris Martin (líderes de las bandas musicales U2 y Coldplay respectivamente), quienes actualmente militan por la causa del *fair trade*.

En quinto lugar, se encuentran *los gobiernos* locales, nacionales o regionales (como la Unión Europea), que regulan el mercado, establecen normativas y generan un marco jurídico que afecta positiva o negativamente a la comercialización de productos justos.

Por último, encontramos las *organizaciones importadoras y distribuidoras de productos, las tiendas y las organizaciones certificadoras*. Dedicaremos a cada una de ellas un espacio a continuación.

Las organizaciones importadoras

Compran bienes a productores a un "precio justo". Este precio surge a partir de un acuerdo mutuo entre productores y compradores. Si son productos que poseen etiqueta de certificación, se paga lo establecido como precio mínimo según las organizaciones que certifican productos, más una prima que se reinvierte en la comunidad (ver apartado sobre organizaciones certificadoras más abajo).

Muchas de estas organizaciones, además de importar, operan como proveedoras y distribuidoras de productos justos. También pueden poseer sus propios locales de venta. Además de comprar y distribuir, asisten a los productores ayudándolos a madurar sus productos (colaborando en que desarrollen nuevas habilidades y brindando capacitación en gestión y producción) y procuran los medios para lograr mejoras de las condiciones sociales y medioambientales en las que viven estos productores. Por otra parte, realizan un trabajo de presión a sus respectivos gobiernos. Entre otras, encontramos en este rubro a organizaciones como CTM Altromercato[21], y OXFAM[22].

Las tiendas

Estos espacios, que poseen un alto porcentaje de trabajo voluntario, funcionan como centros culturales y de sensibilización. Allí no sólo se venden productos justos, también se realizan cursos y reuniones educativas, even-

---

[21] http://www.altromercato.it/
[22] http://www.oxfam.org/

tos y campañas para promover el consumo responsable. Generalmente sus proveedores son las grandes importadoras, pero también pueden tener relaciones comerciales directas con los productores. Es habitual que, junto con las organizaciones importadoras, organicen conferencias donde se invita a productores para que cuenten su experiencia. Varias tiendas están organizadas en asociaciones regionales y nacionales[23]. En Europa hay 2.854 "tiendas del mundo", ellas son consideradas "el más viejo pilar del *fair trade*" (Krier, 2005: 7).

Las organizaciones certificadoras

En 1988 surgió en Holanda, bajo el nombre de "Max Havelaar", la primer iniciativa de CJ que consistía en certificar productos fabricados por grupos de pequeños productores de acuerdo a criterios de respeto al medio-ambiente, solidaridad, democracia organizativa y pago de un "precio justo", es decir, relativamente más alto que el de mercado[24].

Imitando esta iniciativa, en varios países del mundo surgieron experiencias similares, llamadas "iniciativas nacionales de certificación", que garantizan que un cierto producto cumple con los estándares *fair trade*. En 1997, tres organizaciones nacionales se unieron y crearon una organización mundial llamada *Fairtrade Labelling Organizations International*, que otorga las certificaciones FLO. Actualmente FLO nuclea a veinte iniciativas nacionales.

Cada producto es *cuidadosamente escrutado* de acuerdo a la normativa específica elaborada para el mismo (café, bananas, cacao, azúcar de caña, jugos de frutas, algodón, etc.)[25], si cumple con las exigencias y normas técnicas, puede ser comercializado no sólo en las tiendas sino también en los supermercados.

---

[23] Según un estudio realizado en veinticinco países europeos, las tiendas vendieron 120 millones de euros en el último año (Krier, 2005).

[24] Ver Krier (2005); Cotera Fretel y Ortiz Roca (2004).

[25] La normativa incluye una definición del producto, una fijación de precio mínimo, una fijación de prima a pagar (que se reinvierte en el desarrollo de la comunidad), y una serie de especificaciones técnicas referentes a su elaboración, etc. Fundamentalmente certifican productos primarios. Si con ellos (por ejemplo) se fabrica una prenda o se elabora un chocolate, se dice que fueron producidos con insumos certificados por FLO. En cuanto al desarrollo de futuras certificaciones, siguen en la línea de productos primarios (cereales, frutas, vegetales, vinos, etc.).

La metodología certificadora de otorgamiento de "etiquetas de calidad *fair trade*" genera controversias y malos entendidos. Algunos productores de países "del sur" sienten molestia por verse sometidos a las organizaciones "del norte" que son las que otorgan las etiquetas de calidad. Sin embargo, el salto cualitativo y cuantitativo del CJ en los últimos años se debe a la implementación de estas etiquetas, que posibilitó el ingreso de los productos "comercio justo" a la gran distribución[26]. A su vez, hay que pagar por la certificación, y "los pequeños productores marginalizados" no siempre tienen suficientes recursos para ello[27].

IFAT (*International Fair Trade Association*), considera que más que certificar productos es importante certificar organizaciones de comercio justo. Para ello creó la "marca" FTO (*Fare Trade Organizations*), que se aplica no a los productos sino a las organizaciones de comercio justo. Pero si bien la marca IFAT/FTO sirve como manera de afirmar pertenencia al movimiento, ésta no permite la entrada de los productos fabricados por las organizaciones miembro en los mercados que no son alternativos, puesto que no es el producto el que está etiquetado. Las diferencias de criterio entre FLO e IFAT/FTO tienen cierta presencia en las discusiones que se dan tanto en la Argentina[28] como en América Latina.

---

[26] Actualmente hay 531 organizaciones de productores que tienen algún producto certificado por FLO y 667 comerciantes registrados (exportadores, importadores, procesadores y manufactureros provenientes de cincuenta países de todo el mundo).

[27] De acuerdo al relato de uno de nuestros informantes, una organización productora de miel de Santiago del Estero, cuyo nombre es CoopSol, obtuvo una certificación FLO. Su costo fue de alrededor de 2.000 euros; tuvieron que conseguir financiamiento para afrontar dicha erogación.

[28] Pedro de OMaS, nos explicaba la distinción entre ambas etiquetas de la siguiente manera: "(...) *lo que te puedo decir es que hay dos vertientes fuertes que se están delineando en los últimos años. Una la de FLO, de los noreuropeos (Inglaterra, Holanda y Suiza especialmente), que tienden a un desarrollo más volcado a la certificación del producto y no a la identidad de los productores. Esta tendencia está provocando bastante ruido en relación a que se confunden los límites con la RSE (Responsabilidad Social Empresaria), ya que cualquier empresa puede acceder a un proceso de certificación FLO si cumple con los standards éticoambientales. La otra tendencia está enmarcada en IFAT, que no propugna una certificación del producto sino una federación de organizaciones de fairtrade. Un sistema de membresías. Esta tendencia es fuertemente apoyada por muchas de las grandes importadoras europeas como CTM de Italia o GEPA de Alemania. (...) Hoy se está otorgando sellos a multinacionales como Nestlé, que respetan los standards sociales y ambientales quizá en un solo país adonde están radicados y luego les sirve como herramienta comunicacional y, por ende, de legitimación. Prefiero que las grandes empresas trabajen en el marco de la RSE con seriedad y que el comercio justo continúe siendo una herramienta de desarrollo y cooperación comercial con pequeños productores excluidos del mercado.*"

Gráfico 1: Organización del Comercio Justo Internacional

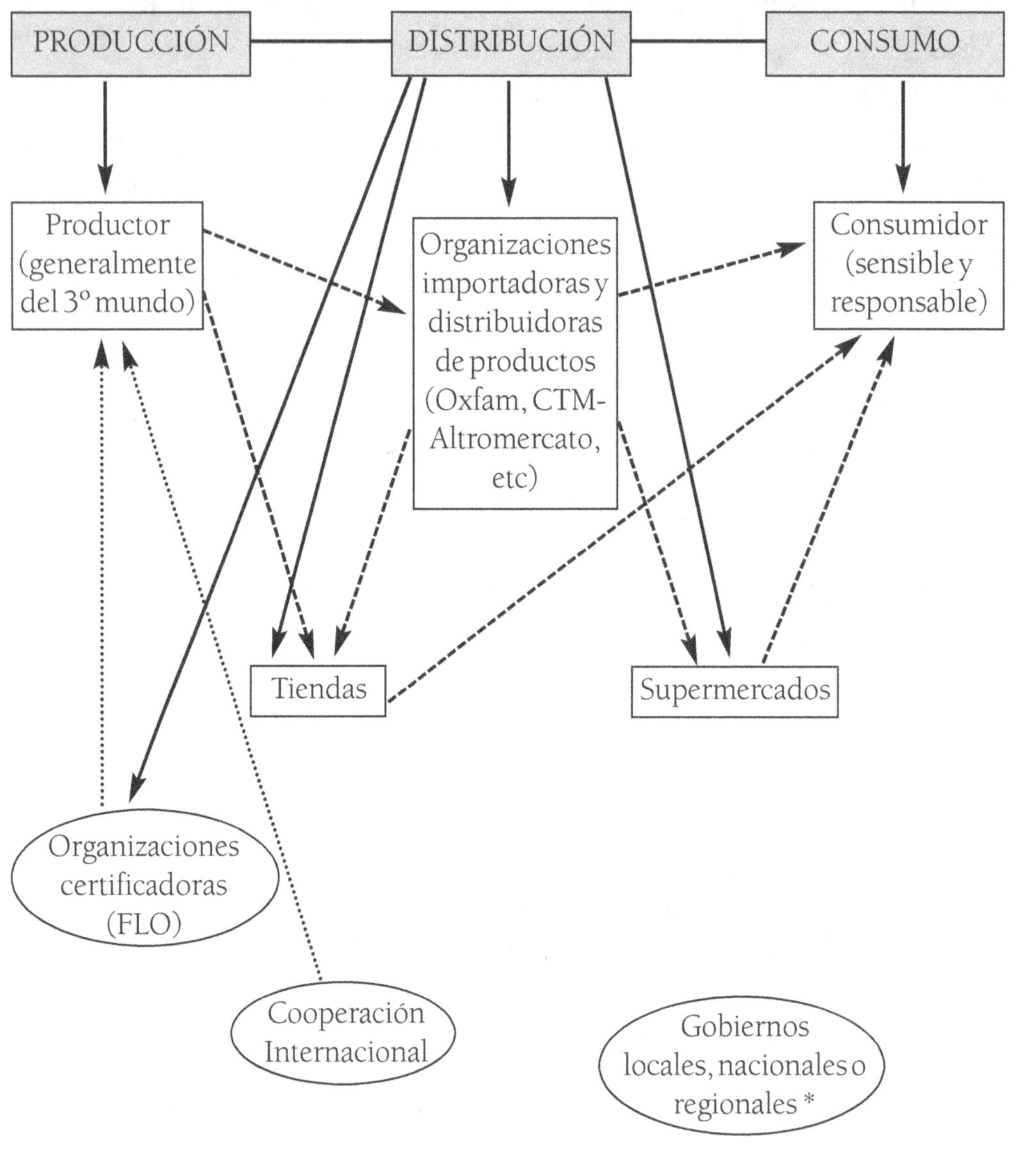

Un encuentro entre lo global y lo local

Hacia finales del año 2002 Pedro viajó a Italia con la idea de buscar empleo en dicho país y llevarse a su familia con él. Pero se encontró, de casualidad, con la Cooperativa Chico Mendes, que tiene una red de tiendas de Comercio Justo en Milán, y comenzó a trabajar allí. Dicha experiencia resultó reve-ladora: le permitió conocer el movimiento (en su versión italiana), tras lo cual decidió trabajar activamente en el mismo.

A mediados de 2003, Pedro volvió a la Argentina contratado por Chico Mendes y el Consorcio CTM-Altromercato para recorrer el país buscando emprendimientos de economía solidaria que tuvieran la calidad y capacidad productiva de exportar a Europa bajo las reglas del comercio justo internacional. No había muchos emprendimientos en condiciones de hacerlo, pero sí un gran potencial. Entonces se diseñaron proyectos para fortalecer ciertas organizaciones y procesos, por medio de la obtención de financiamiento internacional. A fines de 2003, se realizaron las primeras exportaciones. Primero de las artesanías indígenas que comercializa la Asociación Arte y Esperanza, luego de miel (producida por CoopSol de Santiago del Estero) y azúcar (producida por la Asociación de Productores cañeros de San Javier, Jujuy).

El modo en que Pedro, que luego fundaría la Organización Otro Mercado al Sur, y "los italianos" se contactaron con Arte y Esperanza también fue casual. Los primeros "descubrieron" a esta última un día en el que estaban caminando por el centro de la ciudad de Buenos Aires y pasaron por la puerta de su local. Les llamó la atención ver que en la vidriera del mismo había una leyenda que decía: "Comercio Solidario" y decidieron entrar.

A partir de ese contacto comenzó a establecerse una fructífera relación entre Arte y Esperanza (que, en palabras de sus miembros, desde hacía veinte años "practicaba el comercio justo sin saberlo") y las organizaciones italianas. Pedro fue designado, por esto último, para trabajar en el fortalecimiento del proyecto de artesanías indígenas de Arte y Esperanza.

También en 2003, en septiembre, a instancias de la Asociación Arte y Esperanza y de la Cooperativa Chico Mendes de Italia (representada por Estéfano Mangoni, su director, y Pedro), se organizó una reunión ("Encuentro de Organizaciones de Comercio Justo de Argentina") donde se convocaron a diferentes organizaciones para analizar las posibilidades de desarrollo del Comercio Justo en el país. Luego, se realizó un segundo encuentro de Comercio Justo, en el Centro Cultural General San Martín, durante el mes de noviembre de 2003. En dicha ocasión, ICECoR se sumó como organización convocante. Estas primeras reuniones posibilitaron el contacto entre diversas organizaciones sociales locales que luego volverían a reunirse dando origen a la RACJ (Red Argentina de Comercio Justo).

El retorno de Pedro al país facilitó el "encuentro" entre el comercio justo internacional y organizaciones locales de productores y distribuidores de productos de la economía social y solidaria. Previo a este momento el "contacto" ente ambos mundos era casi inexistente, salvo algún que otro envío de prueba que pudo haber hecho alguna organización, pero como acontecimiento aislado, esporádico, de muy escaso volumen y sin perspectivas de continuidad.

Para muchos, la existencia de una persona trabajando *full time* en el CJ marcó un antes y un después en la vinculación de nuestro país con el movimiento internacional:

"S: Acá hay un caso muy interesante. Nunca antes el comercio justo había designado una persona para activarlo como fue Altromercato y Chico Mendes, que pusieron 24 horas, a renta, a Pedro. Antes estaba yo, había otro más, pero a tiempo parcial, voluntariado. Cuando se pone a Pedro creo que empezó a funcionar, a activar mucho más. Al tener una persona que viaja al interior, que contacta gente, que conversa, que trae información de productos, es muy distinto que vincularse por correo electrónico o viajar en las vacaciones. Pedro hizo diferencia. Nosotros ya teníamos contacto con Altromercato, nosotros, antes de que Pedro se metiera en esto hicimos relaciones con la Chico Mendes. Mandábamos muestras de miel y ese tipo de cosas pero era distinto. Pedro va en avión, marca antes un encuentro, visita a los productores, prepara una caja, viaja a Italia, es muy diferente. La eficiencia se multiplica enormemente. De hecho ya han financiado algunas cosas, han exportado, ya creo que van por la tercera exportación de artesanías indígenas.

E: Eso activa.

S: Sí, salimos del primer mundo, como estábamos antes, porque no nos daban bola. Los inversores de comercio justo jamás hubieran venido a la Argentina, si no se producía la crisis de 2001 que nos puso en todos los televisores del mundo, como las grandes víctimas, o como el gran caos" (Entrevista a Silvio de ICECoR).

El regreso de Pedro funcionó como un catalizador. Permitió que diversas organizaciones que venían trabajando en emprendimientos de producción y distribución de bienes se informaran respecto del comercio justo internacional. No todos estos proyectos se dedican a exportar "productos justos", pero en el espacio de encuentros y contactos (y gracias a los relatos de experiencias), comenzó a discutirse sobre las posibilidades y los límites del comercio justo internacional y de su otra cara, el llamado comercio justo local.

Emprendimientos argentinos de "comercio justo"
Asociación Promoción Indígena-Arte y Esperanza

Arte y Esperanza es una entre varias organizaciones que trabajan con indígenas en el país. Surgió en la década del ochenta, por iniciativa de un grupo de mujeres de nivel sociocultural alto que decidió motorizar el desarrollo de comunidades indígenas, inicialmente de origen Wichi, en la zona de Salta. Este núcleo de mujeres, estaba formado en el espíritu del catolicismo de base de los setenta, en el entorno de la iglesia católica que "daba respuesta social y política a los pobres" referenciada en el Movimiento de Sacerdotes por el Tercer Mundo y el Concilio Vaticano II. Ellas decidieron comprar artesanías directamente a las comunidades indígenas a un "precio justo" (por oposición a los intermediarios que compran las artesanías a granel, a precios miserables), y venderlas en colegios secundarios donde organizaban ferias para tal fin.

La venta de artesanías es sólo un aspecto del proyecto. Desde los inicios realizan charlas educativas y proyectan documentales sobre la vida en las comunidades indígenas del país y "arte aborigen". En un comienzo las charlas educativas se daban principalmente en colegios católicos de alto nivel adquisitivo, situados principalmente en la zona norte del Gran Buenos Aires tales como el Colegio Cardenal Newman[29]; luego, el espectro de instituciones se fue ampliando. Cuando organizan las charlas son acompañadas por representantes de las diversas comunidades con las que trabajan. Desde hace varios años colocan una tienda en la exposición anual de ganadería y

---

[29] Es una tradicional institución educativa católica y bilingüe para varones, fundada en 1948, a instancias de la autoridad eclesiástica de la Arquidiócesis de Buenos Aires.

agricultura que la Sociedad Rural Argentina realiza en la Ciudad de Buenos Aires en el mes de julio. Esto les ha dado mucha visibilidad pública y les permitió crecer.

La labor de veinte años hizo que el proyecto adquiriera, progresivamente, mayor envergadura. En los inicios, trabajaban con tres familias indígenas, actualmente lo hacen con 436 familias, pertenecientes a más de cuarenta comunidades, correspondientes a ocho grupos étnicos. Participan del proyecto comunidades de Salta, Chaco, Formosa, principalmente NOA y NEA, también comunidades del sur del país y grupos étnicos que migraron a la provincia de Buenos Aires, localizados en Derqui y La Plata.

Con el tiempo, sumarían voluntarios y lograrían sostener dos puntos de venta al público. Un primer local situado en el barrio de San Telmo (al lado de la sede central de Cáritas Argentina), y otro en el partido de San Isidro, provincia de Buenos Aires (que pudo ser emplazado gracias a financiamiento internacional procurado por la Cooperativa Chico Mendes de Milán). Pero continúan con las ferias en los colegios, que es una de sus actividades fuertes.

Arte y Esperanza está vinculada a ENDEPA (Equipo Nacional de Pastoral Aborigen)[30]. En los inicios, también tenían mucha cercanía con Cáritas y con la Pastoral de San Isidro. Luego de varios años, por diferencias de criterio, decidieron independizarse de la curia y se constituyeron en asociación civil. Este vuelco se llevó a cabo luego de la crisis económica de 2001. La constitución de la asociación civil les permitió tener miembros rentados; antes era todo voluntariado, "sobrevivieron pocos a esa etapa". Actualmente tiene alrededor de veinticinco miembros (entre rentados y voluntarios), quince de los cuales trabajan activamente.

Como ya enunciamos, esta es una de las primeras organizaciones exportadoras de artesanías a Europa bajo las reglas del comercio justo internacional. Pero exportan en pequeñas cantidades. Han vendido a Chico Mendes de Italia, también a tiendas de España y Francia, y están evaluando la posibilidad de exportar a otros países[31].

Esta organización, que en la vidriera de su local del centro tiene la leyenda "comercio solidario", es considerada una de las más serias por el nivel del trabajo que

---

[30] http://www.endepa.org.ar.

[31] Otras instituciones, como Silataj y Artesanías Argentinas también han realizado exportaciones de artesanías indígenas. Algunas exportaciones se realizaron de manera conjunta.

realizan y por el compromiso que tiene con los objetivos planteados: lucha contra la pobreza de los más marginados, desarrollo de las comunidades indígenas y difusión de sus culturas. No sólo comercializa productos indígenas, intervienen en el diseño de los mismos en un trabajo conjunto con los artesanos.

Sin embargo, la interacción intercultural genera muchas situaciones inesperadas por estos activistas experimentados:

"M: Nosotros hicimos un trabajo muy fino, hace veinte años que trabajamos con comunidades. No es fácil este trabajo de articulación entre la economía del mundo indígena y la economía envolvente. Hay ejemplos que son guau, pero muchos otros que son un fracaso. Yo estuve leyendo mucho sobre Antropología y estudios sobre cazadores-recolectores. El problema es que ciertas comunidades, como las Wichi, tienen cero economía de acumulación. Se les paga un precio justo pero no sirve para nada. Al final no sabés si no es mejor hacer como un pastor anglicano que vive en la zona. Él tiene un almacén donde cambia productos por alimentos. Su tipo de economía choca con la idea de comercio justo…, ¡ellos [por los Wichi], tienen muy metido el tema del trueque! Nuestra experiencia choca con la idea de "desarrollo" que teníamos cuando comenzamos a ir. *Me bajé de la idea de llevarles progreso a ellos*[32]. No tienen una economía de acumulación, por ejemplo un día fui a ver a un artesano que es muy bueno, que trabaja con nosotros hace mucho tiempo, se había comprado una motoneta, y al mes siguiente se había comprado otra motoneta. Yo le pregunté para qué quería dos…, ¡si con una le bastaba! Me dijo que para cuando necesitara algo la vendía y listo, se podía comprar lo que necesitaba.

Yo pensé, ¡pero justamente para eso existe la plata!, para ahorrar, para comprarte lo que necesitás, cuando querés. Ellos tienen una idea muy inmediata, por eso si alguien llega y les ofrece dinero por sus artesanías a un precio más bajo aceptan. ¡No sabés, se hacen estragos! Va un tipo con mucho dinero en mano y les compra todo por nada. Yo les digo: 'la idea es que a vos te sirva que te pague 12 en lugar de 2'. Ellos producen cosas muy bonitas que se cotizan muy bien. ¡Al final me venden a mí porque me tiene confianza!

P: ¿Y con otras comunidades qué pasa?

M: El andino peruano o boliviano nato la tiene muy clara. Ellos saben manejar muy bien el dinero, están montando unas cooperativas extraordinarias. Esos grupos se autogestionan muy bien, exportan el 98% de los que producen. Producen a lo bestia, y como no tienen mercado interno, todo afuera" (Entrevista a Mariela, miembro de la organización).

---

[32] Subrayado nuestro.

Estas palabras nos permiten adentrarnos en el universo de uno de los últimos eslabones del comercio justo de artesanías: el productor artesano indígena de origen Wichi. También brindan la posibilidad de conocer las diferencias entre su cosmología y la de una mujer de mediana edad, blanca, de clase media urbana, culta y comprometida.

Este "encuentro" entre estas dos cosmologías nos permite ver, con mucha claridad, las diferencias culturales de acuerdo a la posición que los agentes ocupan en el espacio social (Bourdieu, 1990), y cómo esas diferencias operan en un contexto de escalas transnacionales de acción y conceptualización.

Resulta interesante, en este punto, pensar el encuentro entre estas diferentes cosmologías en términos del concepto de "marcos interpretativos" (Snow y Benford, 1992), en particular atendiendo a la reconceptualización que realiza del mismo Julia Carozzi (1997/1998 y 1999) en su estudio de la difusión de ideas del movimiento de la Nueva Era en la Argentina.

Según esta autora, la definición ofrecida por Snow y Benford equipara "marcos" y "esquemas" interpretativos al otorgar dos nombres diferentes a un mismo concepto. Carozzi, redefine dicho término a partir de una relectura de Goffman (1974) estableciendo una distinción entre ambos. El concepto de "esquemas interpretativos", según esta investigadora, refiere a lo que Goffman denomina "marcos primarios", y el de "marcos interpretativos" a lo que este mismo autor define como "marcos secundarios". Desde esta perspectiva, los marcos interpretativos se definen por "su función transformadora de los esquemas interpretativos previos" (Carozzi, 1997/98: 37). El "esquema" (o marco primario) es lo incorporado y el "marco" (o marco secundario) es lo que puede o no incorporarse[33].

Mariela pertenece a una organización que antes de la llegada de "los italianos", decía ejercer el "comercio solidario", pero no el "comercio justo". Sin embargo, no tuvo grandes dificultades en conectar sus esquemas interpretativos sobre el intercambio solidario y equitativo con los marcos brindados por los principios del comercio justo internacional. En otras palabras, pudo conectar sus "marcos primarios", y los de su organización, con los "marcos secundarios" provenientes

---

[33] "Lo que llamamos marcos interpretativos de un movimiento constituyen, desde esta perspectiva, mecanismos de selección, énfasis, magnificación y reorganización de algunos de los objetos, lugares, participantes, roles, secuencias de acciones, códigos de habla y fines que conforman los esquemas previamente incorporados..."(Carozzi, 1997/98: 37).

de Europa, llevando a cabo un proceso de "alineamiento" (Snow, Rochford, Worden y Benford 1986). El contacto entre las viejas concepciones y las nuevas se sintetizan en la siguiente frase enunciada por los mismos miembros de la asociación: "nuestra organización practicaba el comercio justo sin saberlo", esa frase afirma el pasado pero también redefine las identificaciones de la organización en el presente. En este punto específico, la producción del "alineamiento" es relativamente sencilla, porque se ponen en contacto un "marco" y un "esquema" ideológicamente congruentes.

Sin embargo, aunque Mariela mantiene contacto con el artesano indígena de su relato desde hace mucho tiempo, los esquemas interpretativos de éste y Mariela no se ven alineados, por lo menos en lo que respecta a la concepción del dinero, el ahorro y el precio. Los valores e ideas solidarias de progreso y desarrollo que impulsan la labor de Mariela no logran penetrar en las ideas que el artesano indígena posee sobre las cosas. El contacto entre ambos navega, para sorpresa de ella, en las aguas de la confianza.

Arte y Esperanza se vio beneficiada por su contacto con el comercio justo internacional. Gracias al financiamiento obtenido por intermedio de "los italianos" lograron establecer un segundo local y fortalecieron su trabajo con las comunidades indígenas. A su vez, varios de sus miembros han viajado a Italia para capacitarse en desarrollo de productos y comercialización. Sin embargo, aún cuando existe una mayor afinidad entre sus respectivos valores (centradas en lo positivo de llevar desarrollo y progreso a comunidades marginadas y aliviar la pobreza), no resulta tan fácil trabajar en el frente externo:

"Los grandes importadores de Europa piden mucha cantidad y poca variedad. Los primeros fueron envíos de prueba, pedían cien de esto y de lo otro pocas cantidades para exportar. Después algunos productos se fueron afianzando más, otros se dieron de baja. Algunos se dieron de baja porque tenían 'demasiada identidad latina' y poca conexión con el gusto europeo, mientras que acá esas artesanías se venden muy bien. Es todo un desafío plantearles a las comunidades que transmitan cultura pero que fabriquen cosas que también se puedan vender (…). En Europa son muy minimalistas, por más que hablemos de comercio justo las exigencias son las mismas, porque el mercado es el mismo: es comercio igual. Nosotros decimos que lo que hay que exportar es el excedente, hay que testear mucho el mercado interno para recién luego salir para afuera. La fortaleza es el mercado interno" (Entrevista a Jorge miembro de Arte y Esperanza).

La declaración transcripta nos muestra la existencia de un conflicto: no es fácil ingresar al mercado del comercio justo internacional, no es fácil sintonizar con su *gusto*, que difiere del gusto local, en definitiva *es comercio igual*. Esta persona, a su vez, enuncia una idea muy repetida entre los miembros de las organizaciones contactadas: *lo fuerte es el mercado interno*, razón por la cual habría que crear un mercado local de productos justos. Esta tensión lleva a que nos formulemos la siguiente pregunta: ¿que existan intercambios comerciales y de ideas (sobre la justicia y la solidaridad en el comercio), entre organizaciones de países del norte y países del sur permite hablar de un movimiento social global en torno al comercio justo que involucre a la Argentina? La evidencia recolectada más bien da una respuesta negativa.

Movimiento Agrario de Misiones (MAM) y Cooperativa Río Paraná

El Movimiento Agrario de Misiones (MAM) es una entidad gremial que se propone agrupar a todos los pequeños y medianos agricultores de la Provincia de Misiones[34]. Nació en 1971, en la zona de Oberá, para reclamar a las grandes empresas procesadoras y envasadoras, tales como Taragüí, Cruz de Malta, Rosamonte, La Tranquera, Amanda y Nobleza Gaucha (entre otras) el pago de "un precio justo" a los pequeños productores de té y yerba mate. En este caso se ve cómo el reclamo de un "precio justo", era parte de una acción gremial, comparable al reclamo de un salario digno para los trabajadores de una fábrica. Este reclamo no hace referencia a las relaciones comerciales norte-sur, sino a la distribución de ingresos en el marco de relaciones capitalistas de producción dentro del país[35].

En 1976, el secretario general del MAM, Pedro Peczak, fue asesinado por la dictadura militar. A este duro golpe se le sumó la detención y tortura de varios dirigentes. En ese contexto el MAM se vio obligado a un repliegue. A partir de 1983, con la vuelta de la democracia, comenzó a reorganizarse muy lentamente.

---

[34] Con diferentes características, hay diversas organizaciones sociales que nuclean a pequeños y medianos productores campesinos en diferentes provincias del país, tales como APENOC en Córdoba, MOCASE en Santiago del Estero, CAUQUEVA en Jujuy y Mo.Ca.For en Formosa.
[35] Ya mencionamos en este trabajo que, el concepto de "precio justo", tiene una larga trayectoria en la Argentina.

En agosto de 1995, el MAM lanzó la primera feria franca en la ciudad de Oberá. Éste fue un punto de inflexión para la organización. Se trató de una decisión tomada a partir de constatar que "antes la reivindicación era por el precio de la yerba o el té, luego ya no se tenía ni para comer". Las ferias francas comenzaron a constituir un espacio de comercialización directa de alimentos recién cosechados que son vendidos por los propios campesinos. Ellas posibilitaron el "contacto cara-a-cara" entre productor y consumidor, "eliminando intermediarios" y generando "nuevos espacios de sociabilidad" en un contexto de creciente crisis económica y social. Actualmente en Misiones hay cerca de cuarenta y cinco Ferias Francas que nuclean a unos 2.500 productores familiares. Cada cual cuenta con su propia organización y están reunidas en la Asociación Provincial de Ferias Francas. La experiencia se extendió a las provincias del Chaco, Entre Ríos y Santa Fe[36].

A partir del año 2002, por medio de la Cooperativa Río Paraná, el MAM impulsó la comercialización de la yerba mate Titrayju en Buenos Aires. El nombre Titrayju surge de las primeras sílabas de las siguientes palabras: Tierra Trabajo y Justicia. El proyecto nuclea a ceca de cuarenta familias campesinas que reciben, por cada kilo de hoja verde, una paga superior a la ofrecida por las grandes corporaciones yerbateras del mercado nacional.

La llegada de Titrayju a Buenos Aires es (de acuerdo al relato de sus representantes en la ciudad), "fruto de una decisión política". Por un lado, se desea hacer conocer al habitante de la ciudad la explotación que se sufre en el campo. Por otro, "se desea fomentar mecanismos más justos y responsables de comercio y consumo entre las familias del campo y de la ciudad"[37].

Los paquetes de yerba mate se llevan a domicilio o se venden direc-tamente al público en un local situado en el barrio de Almagro, Ciudad de Bue-

---

[36] Es importante destacar que el MAM y el desarrollo de las ferias francas ha tenido apoyo del Programa Social Agropecuario (PSA), que depende de la Secretaría de Agricultura, Ganadería, Pesca y Alimentación (SAGPyA), que a su vez depende de Ministerio de Economía de la Nación. Por otra parte, algunos emprendimientos del MAM han recibido ayuda de ONGs. Para conocer más sobre el MAM y las ferias francas puede consultarse Golsberg, (2005) y Lapegna (2005).

[37] En los inicios, la comercialización de esta yerba fue parte de un proyecto y una decisión política mayor, impulsada por el Ce.Co.Ca.I. (Centro de Comercialización Campesina e Indígena), que estaba formado por organizaciones agrarias de varia provincias del país, con la idea de llevar la realidad de los productores agrarios a la ciudad. Pero luego este grupo se fragmentó, y quedó solo el MAM a cargo del proyecto.

nos Aires. La venta y distribución está a cargo de una familia misionera, que pertenece al movimiento, y uno o dos empleados. En dicho local, también se venden productos de otras cooperativas o "colectivos de trabajo" urbanos, tales como los artículos de limpieza "Burbuja Latina", producidos por miembros de la Asamblea Barrial Gastón Riva; las especias de "Ronda", producidas por un grupo de vecinos de La Matanza que se reconocen en la experiencia de las Asambleas Barriales; los panes y budines que producen los miembros de la "Cooperativa Los sobrinos", un grupo autogestionado del conurbano bonaerense; y una serie de conservas (mermeladas, berenjenas en escabeche, mamón en almíbar, etc.), que producen organizaciones participantes de la Ferias Francas de Misiones.

En este sentido, el local de Titrayju, no sólo da visibilidad en la ciudad al proyecto de un grupo de pequeños productores que buscan vender en condiciones "justas", también motoriza la venta de productos de otros emprendimientos asociativos convirtiéndose así en un espacio de comercialización de productos de la economía social y solidaria.

La yerba mate, a su vez, es distribuida por asambleas barriales, organizaciones sociales, y movimientos de desocupados. También se vende en kioscos y almacenes de barrio. Por decisión de los productores no se comercializa en los grandes supermercados, por eso el paquete no tiene código de barras.

La presencia de Titrayju en ferias de diverso tipo es muy importante, ya sea por que los encargados del comercio de Almagro asisten a las mismas y atienden un stand, o porque otras organizaciones sociales comercializan, entre otros productos, dicha yerba. Se puede ver la yerba en algunas ferias motorizadas por el Estado (como la Feria de la Cooperación, organizada por la Municipalidad de Morón en la provincia de Buenos Aires); en otras emplazadas por organizaciones sociales (como las ferias que organiza el colectivo "Autogestión en Red"[38]); y en mercados solidarios (como "El Galpón", que comenzó a funcionar a fines de 2005, al lado de la estación Chacarita en la Ciudad de Buenos Aires[39]). A su vez, Titrayju se distribuye a domicilio, por

---

[38] Una asociación de pequeñas experiencias productivas urbanas surgidas en el seno de las asambleas barriales.

[39] Al "Centro Comunal de Abastecimiento El Galpón" acuden, todos los sábados, pequeños productores y núcleos de consumidores bajo el concepto de "consumo responsable" y "precio justo". http://www.elgalpon.org.ar/

medio de un camión que arma recorridos por la ciudad, para recibir la yerba en el hogar hay que hacer un pedido de varios paquetes.

Para algunos Titrayju es "la estrella del comercio justo local", es un producto que ha logrado tener mucha presencia en los circuitos alternativos de distribución y una importante aceptación por parte del público. Sin embargo, este éxito, de un producto tan local, no tiene proyección internacional, porque el mercado de compradores de yerba mate en los países del primer mundo es pequeño y ya ha sido saturado por la yerba mate del MST de Brasil. Durante 2005 se habló de la posibilidad de comercializar un extracto de yerba mate en tiendas de comercio justo europeas. Finalmente el proyecto, debido a una serie de desinteligencias surgidas entre Titrayju y "los italianos", no se llevó a cabo.

Entre escalas: reflexiones sobre el comercio justo internacional, críticas y alternativas

Según nuestros entrevistados, tanto las organizaciones argentinas involucradas en este tema como diversas organizaciones de productores pertenecientes al tercer mundo, critican fuertemente ciertos aspectos del comercio justo. Estas críticas comenzaron a presentarse en diversos encuentros, talleres y foros internacionales tales como el Foro Social Mundial.

Respecto de la Argentina, se sabe que no todas las organizaciones sociales pueden cumplir con los requisitos planteados por los países del norte, y esto sucede por varias causas distintas, tanto económicas como culturales.

Para algunos se plantea una paradoja: "...el comercio justo trata de ayudar a los productores marginados (hay quienes llegan a decir incluso 'los más marginados'), pero, al mismo tiempo, para introducirse en el sistema de comercio justo, estos productores 'marginados' tienen que demostrar aptitudes organizacionales y presentar un producto de calidad. De manera más fundamental, mientras que la certificación ha de permitir una mayor introducción de productos justos en los mercados y, por lo tanto, una mayor participación de los productores del Sur en este sistema, también puede constituir, al mismo tiempo, una *barrera de acceso* para las pequeñas organizaciones que tienen dificultades en cumplir los requisitos organizacionales, financieros y, principalmente, los referidos a la calidad que les impone la certificación de comercio justo" (Bisaillon, Gendron y Turcotte, 2005: 8-9, comillas de los autores).

Pero el problema de la certificación no es el único tema que genera tensión. Otra de las dificultades tiene que ver, como ya enunciamos, con *el "gusto"*:

"En Europa son muy minimalistas, por más que hablemos de comercio justo las exigencias son las mismas, porque el mercado es el mismo: es comercio igual. Nosotros decimos que lo que hay que exportar es el excedente, hay que testear mucho el mercado interno para recién luego salir para afuera. La fortaleza es el mercado interno" (Entrevista a Jorge de Arte y Esperanza).

También, como ya vimos, hay *problemas de stock*, que limitan las posibilidades de los argentinos que llegaron tarde al mercado del comercio justo mundial y, por lo tanto, vuelve poco rentable el negocio:

"Después de 2001 realizamos exportaciones muy chicas, fueron mandadas por correo. Tres envíos a EEUU, un envío a Italia en conjunto con Arte y Esperanza, también a Marsella en Francia. No son containers ni tienen una cierta frecuencia. Esas exportaciones van más bien a pérdida, las realizamos sólo para tener una cierta presencia en el exterior, pero los volúmenes son muy pequeños. No es rentable. (…)

Yo creo que a nivel de exportación nosotros no podemos hacer mucho más. Lo que estamos tratando de desarrollar es el comercio justo interno. Si bien nos favorece el cambio, el mercado internacional de comercio justo está saturado de artesanías. Lo que pasa es que no es como lo alimenticio, no es un producto de primera necesidad (…) Nosotros estamos por la idea de formar a un consumidor responsable local, que sepa que hay detrás de cada producto que compra" (Entrevista a Dominga de Silataj[40]).

Y además, está el tema de *los precios*, que si bien pueden ser justos para el productor, no siempre resultan convenientes para el comprador. Siguiendo con el tema de artesanías, varias organizaciones establecieron contactos para exportar antes de 2001, pero a los compradores les parecía caro el precio local, conseguían artesanías más baratas en Asia o África. Sin embargo, el problema de los precios no parece ser algo exclusivo de la Argentina pre-devaluación; los productores de países con mayor trayectoria en el comercio justo alzaron su voz de queja en relación este y otros problemas vinculados:

---

[40] http://www.fundacionsilataj.org.ar

"En la conferencia de la IFAT en 2005 [realizada en Ecuador], se pudieron oír las quejas de los productores y de los compradores. (...) En el Sur, hay denuncias acerca de la cancelación de pedidos, de la prefinanciación que cada vez es más difícil de conseguir o que llega tarde, de la demora en el pago, de la reducción de los precios, de la actitud agresiva de los compradores y del regateo en los precios" (Bisaillon, Gendron y Turcotte, 2005: 9).

En síntesis, *se critica del movimiento de comercio justo su reproducción de las relaciones (desiguales) entre el norte y el sur*. Donde el norte decide qué tipo de productos se compran, en que cantidad y cómo; e impone el contexto general del intercambio. En este sentido, aunque las organizaciones de comercio justo de los países desarrollados realicen campañas de sensibilización, y aunque presionen a sus respectivos gobiernos para la eliminación de barreras arancelarias y subsidios, finalmente no se quiebra el modo tradicional en que ambos polos del mundo se relacionan comercialmente.

Y esta situación es paradojal. El comercio justo internacional es, a pesar suyo, un mercado alternativo que al mismo tiempo reproduce relaciones de jerarquía y dominación. Por eso, desde diferentes lugares –entre ellos la Argentina– se alza una voz que plantea *redefinir el comercio justo, tanto en términos de prácticas como en términos conceptuales*:

"El punto en el cual nos encontramos nosotros como proyecto, busca trabajar desde una redefinición del comercio justo, que es un poco lo que se está planteando con el eje sur-sur y con la redefinición desde los países históricamente proveedores del comercio justo. El caso argentino es un caso particular por que no hay tradición de ser proveedor clásico del comercio justo. El comercio justo arranca en Argentina en estos años con esta reconceptualización que se está dando dentro del movimiento, entonces arrancamos en medio de una crisis, positiva, una crisis de crecimiento." [...] El foro de Porto Alegre, para mí fue muy rico, porque pude ver como están laburando en Perú, en México, en Ecuador, en Brasil. Ellos ya tienen una tradición con la relación clásica productor-organización del norte. Y bueno, ahora están empezando a reconceptualizar pero desde una base, desde una experiencia previa. En México están bastante avanzados, en Ecuador y Brasil están avanzando. En el caso nuestro, estamos en esa etapa por que caímos directamente en esa etapa. Un poco por voluntad propia y un poco por cómo se dieron las cosas. Pero también sin la etapa inicial del vínculo clásico norte-sur, productor-organización europea, o norteamericana. Entonces es un riesgo, un problema, pero también un gran potencial para generar una movida interesante desde todo punto de vista. En este momento estamos en esa bisagra" (Entrevista a Pedro de OMaS).

Se puede decir que el ingreso tardío de la Argentina al comercio justo internacional tendría como desventaja la falta de experiencia respecto de otros países del tercer mundo y, como aspecto positivo, el de ingresar a ese espacio capitalizando los éxitos y fracasos de esas experiencias. Esto es así, sobre todo en lo que respecta al comercio justo tradicional norte-sur, y las posibilidades de generar vínculos con otras organizaciones de América Latina, promoviendo así el desarrollo de relaciones sur-sur. De ahí que algunas personas tengan expectativas positivas.

A su vez, las experiencias previas existentes invitan –a quienes tuvieron contacto con el comercio justo internacional– a pensar en construir y fortalecer el mercado interno. En sintonía con este grupo de organizaciones, hay otras (por ejemplo las organizaciones de productores agro-ecológicos del conurbano bonaerense) que, sin haber transitado la experiencia internacional, también apuestan al trabajo en el mercado interno.

Con relación a ello, el planteo de varios actores miembro de la Red Argentina de Comercio Justo es que si bien el vínculo con el movimiento internacional de CJ de los países del norte debe desarrollarse, es necesario también generar criterios y valores que orienten el mismo dentro de las propias fronteras.

Lo global y lo local
OMaS (Otro Mercado al Sur) y Cooperativa Chico Mendes (en Argentina)

OMaS es una organización de aproximadamente diez miembros (siete activos) que comenzó a trabajar en el año 2003 y se constituyó formalmente como tal en el año 2004. Otro Mercado al Sur fue fundada por un grupo de amigos. Entre ellos se encontraba Pedro, el argentino que tomó contacto con las experiencias de comercio justo en Italia, donde trabajó para la Cooperativa Chico Mendes de Milán.

Pedro es un hombre de treinta y siete años, casado, con un hijo adolescente, que estudió Historia del Arte en la Universidad Nacional de La Plata. Tuvo varios trabajos (en video y fotografía, en cementerios privados, inmobiliarias, estudios de agrimensura, etc.), era un "polifuncional argentino", pero siempre terminaba trabajando en la parte comercial. El comercio justo le dio la posibilidad de articular esa capacidad comercial y sus ideales.

Mientras Pedro trabaja para el comercio justo italiano, de manera paralela se conforma OMaS, que comienza a comercializar productos de organizaciones sociales bajo el lema del consumo responsable (la otra cara del comercio justo) en el mercado interno. Suma así sus esfuerzos al de los circuitos alternativos de distribución ya existentes. Para ello participa en ferias y eventos, y sostiene un sistema de venta directa por medio del contacto telefónico y digital.

OMaS es la única organización de su tipo en el país. Sus integrantes son voluntarios, pero la idea es formar una cooperativa de trabajo que pueda administrar tiendas, hacer distribución comercial y generar proyectos que permitan el sustento de sus miembros. Por ahora Pedro es el único integrante del grupo que recibe un ingreso, gracias a su trabajo con "los italianos". Actualmente, dado que comparten la filosofía de IFAT, están pensando en candidatearse como organización miembro de esa asociación internacional.

A raíz de la clara vinculación de OMaS con Italia, esta organización nace con el aval de las organizaciones italianas mencionadas. De todas las organizaciones contactadas es la que da mayor impulso a la inserción de la argentina dentro del movimiento de comercio justo internacional. Sin embargo, esto no quita que, en sintonía con otras experiencias del tercer mundo, tenga también una visión crítica de dicho movimiento.

Durante el año 2005, OMaS diseñó y comenzó a desarrollar la etapa piloto del proyecto llamado "Cadena Productiva Textil Justa y Solidaria". El objetivo del proyecto es producir remeras y calzados aprovechando la capacidad que diferentes actores locales ya poseían, capacidades que se potencian al conectarlas en una trama productiva. Presentaremos este proyecto en el próximo apartado.

La Cadena Productiva Textil Justa y Solidaria

En agosto de 2005 me reuní en un bar, a una cuadra de Plaza de Mayo, con Pedro. Lo había conocido en enero del mismo año, cuando nos tocó compartir un viaje en micro rumbo al Foro Social Mundial que se realizaba en Porto Alegre. Con gran entusiasmo me contó la marcha del proyecto piloto llamado "Cadena Productiva Textil Justa y Solidaria". Las frases que siguen a continuación forman parte de la entrevista que le realicé ese día:

"Un tema que está bastante en debate es el desarrollo de nuevas familias de productos que involucran una dimensión que vaya más allá del típico producto 'materia prima' en el caso alimentario o el típico producto "artesanía exótica" en el caso de artesanías y textiles. En el comercio justo europeo o norteamericano se está empezando a pensar en tener un impacto sobre otro tipo de producto que tenga otro tipo de incidencia en la cadena de producción, el algodón esta en el centro del debate ahora. Porque el algodón no es una simple materia prima como el café. El café es un producto que tiene un proceso de torrado, molienda envasado, y listo. Pero cuando entrás en el tema del algodón, no podés exportar los fardos así nomás, es un producto que de por sí redimensiona el concepto, por que necesitás darle valor agregado en el país de origen. Es una cuestión de necesidad. Implica la utilización de talleres e industria locales que no todos los países tienen, o no siempre pertenecen al ámbito de la economía social. Y bueno pasa que Argentina en ese sentido cobra una gran expectativa por la existencia del movimiento de fábricas recuperadas. [...] Con el algodón se están haciendo unas experiencias en India, África y Perú, pero llegan hasta el hilado. Se exporta el hilo y luego se hace la remera, la camisa, el producto que sea en Europa. Y ahí que pasa, sigue la misma lógica antigua. Vos tenés jeans que son muy lindos con algodón orgánico peruano, asiático o africano. Pero todo el diseño, la confección, todo se hace allá. Siguen trabajando con la misma lógica del café de la miel, del chocolate, que son los productos típicos del comercio justo. Lo que nosotros estamos proponiendo en nuestro proyecto, es que el producto esté terminado en el país de origen, del inicio al fin, con el 70 u 80 % de la cadena productiva formando parte de la economía social, eso es una cuestión novedosa".

Durante varios meses, OMaS trabajó en el diseño del proyecto junto con los diferentes eslabones de la cadena. La Unión Campesina del Chaco (una organización que nuclea a familias de pequeños productores indígenas), se encarga de producir algodón natural, libre de agroquímicos. El desmote lo hace una cooperativa agrícola llamada Cooperativa Toba, también del Chaco. El hilado lo realiza una empresa tradicional que vende dicho servicio a OMaS (es la única parte de la cadena donde no se pudo integrar a una cooperativa de productores). La fábrica recuperada Textiles Pigüé se encarga de la producción de tejidos y de la tintura. Por último la Cooperativa La Juanita, perteneciente al MTD de la Matanza, se encarga de confeccionar las remeras. OMaS coordina toda la cadena y exporta los productos a Italia. Allí son recibidos por el consorcio CTM-Altomercato que distribuye las piezas dentro de la red de comercio justo italiana.

El proyecto fue exitoso en su etapa piloto. Las primeras muestras fueron exportadas a finales del 2005 logrando una gran aceptación en el mercado europeo. Ya se hicieron tres envíos por un volumen total de quinientas remeras. En este momento, la cadena productiva está involucrando a nuevas cooperativas para la etapa de confección, con el objetivo de llegar a exportar alrededor de cien mil piezas durante 2006 y 2007. Esto significa un importante cambio, porque hasta ahora las exportaciones fueron en cantidades muy pequeñas[41].

También se está desarrollando una cadena productiva de calzados, que se instala sobre la cadena textil ya existente. Se suman al proyecto nuevos actores: una cooperativa productora de caucho de Brasil, de la zona del Amazonas, llamada CAEX; y la Cooperativa Unidos por el Calzado, que hace las suelas y el armado de las zapatillas que salen para exportación. La parte del algodón, desmote, hilado, tejido y tintura involucra a los mismos actores de antes. Este proyecto marcha de manera más lenta que el anterior, pero avanza.

Las cooperativas italianas Mandacarú y Chico Mendes consiguieron fondos de la cooperación internacional para poder financiar las etapas piloto. Este proyecto sería innovador porque involucraría, gracias a la inclusión de empresas recuperadas, producción industrial de escala; cosa que, como vimos, normalmente no sucede con los productos justos.

La novedad de la "Cadena Productiva Textil Justa y Solidaria", se encuentra en la exportación de bienes con mayor valor agregado. Y esto sucede en Argentina, que no es un típico país productor de productos justos pero posee un potencial que otros países de la periferia no tienen. En este sentido, el proyecto trabaja desde una redefinición práctica y conceptual del comercio justo, porque atiende las recientes demandas de los países del tercer mundo, porque plantea otro tipo de vínculo norte-sur y porque crea, a su vez, novedosos vínculos sur-sur.

Sobre la economía social-solidaria y el comercio justo, reflexiones finales

En general, las definiciones conceptuales tienen aspectos clasificadores y normativos. En términos como: "comercio justo", "comercio equitativo", "economía social", "economía solidaria", "economía popular", "consumo so-

---

[41] Por cada remera se paga un precio aproximado de U$D 2.90, lo que multiplicado por 100.000 remeras da un total de U$D 290.000, cerca de $870.000.

lidario", "consumo ético", etcétera, este rasgo se hace más sobresaliente.

Durante este trabajo de investigación me encontré frente a un mar de definiciones y discusiones conceptuales y tensiones entre diferentes actores que van desde el artesano indígena a la persona que desea llevarle desarrollo, desde la voluntaria de una ONG al académico, desde el pequeño productor campesino al "comprador sensible" que busca calidad, desde el trabajador de una empresa recuperada al estudiante universitario, desde el vecino de una asamblea hasta el trabajador desocupado.

Ese espacio, conceptual y práctico, además, es intervenido por las diferentes agendas de las organizaciones políticas, estatales y no gubernamentales. Se suman las escalas transnacionales de acción y conceptualización en un amplio debate que tiene lugar en los diferentes "centros" y "periferias" mundiales y locales, donde, tal vez como hecho inevitable, no queda claro donde empiezan y terminan prácticas y conceptos que tienden a yuxtaponerse entre sí.

En ese contexto, cada actor va estableciendo sus propias definiciones, clasificaciones y límites:

"O: ...A veces aparece, a nuestro modo de ver, en las concepciones del comercio justo europeo, una reproducción de la relación norte-sur (...) y una visión, digamos..., solidaria o filantrópica o altruista, o no sé cómo llamarle; en el sentido de, bueno, 'darle una mano a los pobres del sur que se están cagando de hambre'. Nosotros por eso hablamos más de economía social y solidaria sur-sur.

E: ¿Para vos qué es la economía social y solidaria?

O: Para nosotros es..., algo que estamos tratando de descubrir [risas]. Pero, digamos, es algo que tiene, según nuestra visión, algunas cuestiones nodales. Primero, la producción de carácter autogestivo, la producción que se desarrolla sobre la base de una relación justa de trabajo, que no admite la explotación de la mano de obra, que no admite trabajo infantil, el trabajo insalubre, y que garantiza una remuneración justa del trabajo. El otro pilar es el comercio justo, que algunos lo definen como 'precio justo', otros dirán en sentido más amplio 'comercio justo'. Acá una cuestión semántica, nosotros preferimos hablar más de 'valor' que de 'precio'. Porque a veces hay una discusión muy superficial en el sentido de: 'y bueno, pero ¿yo para qué voy a ir a comprar esa lata de tomate si en el supermercado la compro más barata?' Bueno, en principio el comercio justo no dice que sea más barato o más caro. La cosa pasa por otro lado. Acá hay productos que comparativamente tienen el mismo precio o son más baratos que productos que se compran en la góndola y otros no. También hay categorías distintas: hay productos ecológicos, hay productos naturales, hay productos que no son sucedáneos de lo que está en la góndola del supermercado. Esa mermelada no tiene endulzantes artificiales, es de fruta natural, una mermelada real.

E: Ah…!

O: Y el tercer pilar es lo que llamamos 'consumo responsable': cómo generar una red de consumidores que teniendo en cuenta la esencia de lo que se está construyendo, decidan consumir responsablemente estos productos" (Entrevista a Osvaldo de La Asamblearia).

En la introducción decíamos que una misma práctica –por ejemplo, una feria comunitaria– puede ser calificada como comercio justo, como economía social y solidaria, como ambas cosas, o como una simple feria. A veces hay preferencias, ciertas personas prefieren llamar a su práctica de una manera y no de otra, hecho que implica, en cierta medida, una toma de posición: alineamientos y no alineamientos.

También enunciamos que el comercio justo empieza a ser tematizado por ciertos actores luego de la crisis de 2001, cuando las organizaciones internacionales comienzan a interesarse por la Argentina:

"S: Cuando llega Pedro [mediados del 2003] financiado de Italia; llega, busca en la web y éramos los únicos que teníamos ese tema.

E: ¿Ustedes eran los únicos que seguían el tema del comercio justo?

S: Sí, sí, del comercio justo y el consumo responsable, sí. Hasta ese momento éramos todo el impulso. El *mainstream* es que haya defensa del consumidor, pero el consumo responsable no es defensa del consumidor" (Entrevista a Silvio de ICECoR).

Los entrevistados coinciden en señalar que el comercio justo es parte de la economía solidaria, que "lo envuelve". En este sentido, la conexión de la Argentina con el comercio justo internacional (e incluso local), se comienza a desarrollar gracias a que existe una plataforma creada por los procesos de economía social y solidaria preexistentes. Pero no todos los emprendimientos de economía solidaria son emprendimientos de comercio justo ya que muchos emprendimientos de economía solidaria, como las panaderías comunitarias, aunque posean valores cooperativos y democráticos, no están integrados dentro de cadenas de valor de comercio justo.

Por otra parte, resulta muy difícil colaborar con el consumo popular desde el comercio justo, porque en general los productos que se venden en el comercio justo son más caros que los de consumo popular:

"El consumo popular no tiene que ver con el comercio justo. Hace poco me llamó una amiga que trabaja en un proyecto de comedores infantiles en Florencio Varela, y me pidió cotización de yerba mate Titrayju para abastecer cinco comedores infantiles en Varela. Yo no creo que se pueda llegar a concretar algo... porque el comedor infantil lo que necesita es llegar a la mayor cantidad de chicos posibles con el mate cocido y para llegar a la mayor cantidad de chicos posibles tiene que buscar un precio más bajo. La yerba mate Titrayju, por ahora cuesta más. Es muy difícil empatar el consumo popular con el comercio justo, hoy por hoy" (Entrevista a Pedro de OMaS).

En este punto es importante indicar que aunque en la Argentina el consumo solidario y responsable no siempre tiene, ni en la práctica ni en la teoría, un límite preciso con el consumo popular, las especificidades del comercio justo (por sus exigencias de calidad y sus precios) tienden a diferenciar uno de otro.

En cuanto a las organizaciones directamente vinculadas con el comercio justo, hemos visto que se trata de un ámbito plural y heterogéneo, donde conviven una diversidad de experiencias que poseen diferentes grados de involucramiento.

Si bien en los inicios resultó difícil construir un mapa de las organizaciones vinculadas al comercio justo pudimos detectar ciertas experiencias de economía social y solidaria (cada una con su historia y desarrollo propio) que han comenzado a interesarse en forma práctica y conceptual por el comercio justo, como una alternativa. De cualquier modo, las experiencias que comenzaron a adoptar el lenguaje y las prácticas del comercio justo lo hacen sólo como un aspecto más, entre otras actividades que desarrollan en sus ámbitos de pertenencia (las fábricas recuperadas, las organizaciones de desocupados, la producción comunitaria, etc.), que poseen una existencia previa.

Sin embargo, puede afirmarse que, en articulación con proyec-tos de economía social y solidaria preexistentes, el comercio justo tiene un espacio de desarrollo en la Argentina actual. Dicho espacio, aunque joven y modesto, es dinámico y, aparentemente, seguirá creciendo en sus dos orientaciones, el comercio justo interno y el comercio justo internacional.

El trabajo más estable en términos de intercambio comercial bajo las reglas del CJ internacional ha sido con Italia (Chico Mendes y CTM-Altromercato), si bien hubo exportaciones a otros países, estas han sido menores. El resto de los contactos con intenciones comerciales han sido encuentros "de reconocimiento", que pueden llegar a redituar, o no, en intercambios económicos.

También en términos internacionales se ha detectado un importante espacio de intercambio en el nivel teórico y político, dado por las vinculaciones que ciertas organizaciones locales han establecido con experiencias de comercio justo y economía social y solidaria de América Latina y el tercer mundo.

Este proyecto de investigación nació con la siguiente pregunta: "cómo han ayudado estas iniciativas a la construcción de nuevas habilidades, ingresos y bloques de poder que favorezcan a los grupos marginalizados" (Ghimire, 2005: 24). La pregunta tiene una respuesta casi negativa. Argentina no tiene tradición en este tipo de intercambio, ingresó a ese mundo en forma reciente, por lo tanto no resulta posible medir la contribución del CJ internacional en un proceso tan incipiente. De momento esta colaboración, es muy puntual y específica.

En cuanto a los ingresos, dado que el piso es muy bajo, no vemos la posibilidad de que haya un impacto económico significativo en las organizaciones involucradas. Los intercambios totales de artesanías, productos primarios y manufacturados han sido de poca frecuencia y escaso volumen. El pedido de producción de cien mil remeras para los integrantes de la cadena productiva textil Justa y Solidaria modifica la situación, pero, en sí mismo, es puntual, acotado, e involucra a varios productores que deben dividirse el ingreso generado. De momento, el comercio justo internacional no resuelve la vida económica de las organizaciones involucradas que necesariamente deben seguir investigando otras alternativas.

Por otro lado, hay que considerar que muchas de las experiencias de economía social han incorporado en su trayectoria una dimensión política muy importante. Ella es el fruto de su interacción conflictiva con el Estado y tiene, por tanto, un fuerte componente local. Muchos de los actores analizados forman parte de bloques políticos que tienen una posición de reclamos frente al Estado, tal es el caso de las empresas recuperadas, organizaciones de desocupados o movimientos campesinos e indígenas. El comercio justo no altera su lugar en el espectro político.

En la historia de las diferentes experiencias, también es muy disímil el tipo de condición social que caracteriza a los miembros de esas organizaciones. A diferencia, por ejemplo, de una comunidad de productores indígenas, los trabajadores de las empresas recuperadas no entran en el rubro "productores marginalizados". Se trata de obreros que hasta hace poco tiempo estaban integrados a la economía formal y que, recuperando empresas, encontraron un modo de no quedar excluidos del mercado. A partir de su lucha lograron establecer vínculos sociales y políticos con diferentes organizaciones de la sociedad civil. También restablecieron lazos económicos con el mercado formal. Su participación en el mercado alternativo local tiene mayor peso político que económico. En esto se diferencian de los pequeños productores agrarios y urbanos que participan de ferias y venden sus productos en locales y eventos creados para tal fin. Las empresas recuperadas fueron creando sus propios espacios de poder a partir de la lucha y, antes de ser tocadas por el comercio justo, ya venían estableciendo contactos para desarrollar proyectos internacionales de cooperación y producción.

De todas formas, la difusión local del comercio justo comienza a producir transformaciones. Se está trabajando en el desarrollo de nuevas habilidades (productivas, de gestión y de comercialización), con el fin de que los pequeños productores puedan ir acrecentando sus posibilidades de venta en el mercado local (que se estima con mayores posibilidades de crecimiento que el internacional). Dado que las ferias y los mercados solidarios crecen (lentamente, pero crecen), al igual que las modalidades de venta directa, es de esperar que estos productores obtengan mayores ingresos a partir del fortalecimiento de estos nuevos canales de comercialización. Toda esta movilización favorece la posibilidad de que se consoliden lazos ya existentes y se generen otros nuevos.

De las iniciativas relevadas se desprende que, aún con tropiezos, va creciendo el mercado local con una definición propia del comercio, visto como solidario, equitativo, responsable y justo. Los actores involucrados tienen interés en potenciar este espacio e invierten energía en fortalecerlo. Al parecer, el éxito de estos emprendimientos depende actualmente del crecimiento y la consolidación de una cultura del consumo sensible y/o responsable en la población urbana de clase media y clase media alta, que posibilite el aumento del consumo interno de este tipo de productos.

En este capítulo hemos presentado una serie de acciones y conceptualizaciones de personas vinculadas a ciertos emprendimientos asociativos que comenzaron a vincularse con el comercio justo (local e internacional). Intentamos, además, referir al encuentro y discusión entre "marcos" globales (originados en el primer mundo, sobre lo justo, los injusto, lo equitativo, lo solidario, etc.), y "esquemas" locales (originados en el seno de las propias experiencias asociativas de este territorio). Para ello el concepto de "escalas" resultó particularmente útil, nos permitió realizar un necesario corrimiento de las concepciones que piensan "lo global" como causa de lo local. En este sentido, reflexiona Marshall Sahlins cuando señala que la historia mundial ha sido marcada por el desarrollo simultáneo de la integración global y la diferenciación local (1988), esta afirmación se aplica tanto al neoliberalismo como a las "alternativas" al mismo surgidas en los propios países avanzados para ayudar al tercer mundo. Más precisamente, esta afirmación se aplica al movimiento internacional de comercio justo.

Esta investigación nos permitió ver cómo los "efectos" de la globalización, dependen de los diversos modos en que son mediados por los esquemas culturales desarrollados históricamente en los contextos locales. La diversidad persiste, tanto en la esfera de la dominación neoliberal como en la esfera de las "alternativas" a la misma.

Documentos consultados

"Memoria. Encuentro Emprendedor de Economía Solidaria y Comercio Justo en América Latina, Cochabamba, Bolivia, 13-14 y 15 de septiembre de 2005.

Bisaillon, Véronique; Gendron, Corinne y Turcotte, Marie-France (2005): *Síntesis de las actividades del Taller Comercio Justo. Propuesta de un plan para la redacción de una obra colectiva. Taller Comercio Justo, Polo de Socioeconomía Solidaria de la « Alianza 21 », con la colaboración de la Cátedra de responsabilidad social y desarrollo sostenible,* Universidad de Québec en Montreal, Septiembre

Declaración de Cochabamba, por Encuentro Emprendedor de Economía Solidaria y Comercio Justo en América Latina, septiembre de 2005, Cochabamba, Bolivia.

Krier, Jean-Marie (2005): *Fair Trade in Europe 2005 – Facts and Figures on Fair Trade in 25 European countries*, published by the Fair Trade Advocacy Office, Brussels, http://www.ifat.org/downloads/marketing/FairTradeinEurope2005.pdf, accessed on 27 February 2006.

Otro Mercado al Sur (2005): *Cadena Productiva Textil Justa y Solidaria*, Buenos Aires, mimeo.

The Fair Trade Federation (2005): *2005 Executive Summary: Fair Trade Trends in North America and the Pacific Rim,* The Fair Trade Federation, http://www.fairtradefederation.com, accessed on 27 February 2006.

Páginas Web locales

Arte y Esperanza: http://www.arteyesperanza.fws1.com/
El Galpón: http://www.elgalpon.org.ar/
Fundación Silataj: http://www.fundacionsilataj.org.ar/
ICECoR: http://www.equitativo.com.ar
La Asamblearia: http://www.asamblearia.com.ar/
LaBase: http://www.labase.org/
Obra del Padre Kolping: http://www.kolpinglinks.net/2002_grafarg.html
Otro Mercado al Sur: http://www.otromercadoalsur.org.ar/
Titrayju: http://www.titrayju.com.ar

Páginas Web Internacionales

ACI (Alianza Cooperativa Internacional) http://www.aciamericas.coop/
Cooperativa Chico Mendes: http://www.chicomendes.it/
Cooperativa Mandacarú: http://www.mandacaru.it/
CTM-Altromercato: http://www.altromercato.it/
EFTA (European Fair Trade Association): http://www.eftafairtrade.org/
FLO (Fairtrade Labelling Organizations International): http://www.fairtrade.net/
FTF (Fair Trade Federation): http://www.fairtradefederation.com

ICEI (Istituto Cooperazione Economica Internazionale): http://www.icei.it/
IDEAS: http://www.ideas.coop/html
IFAT (International Fare Trade Association): http://www.ifat.org/
NEWS!: http://www.worldshops.org/index.html
OXFAM: http://www.oxfam.org/
RELACC: http://www.relacc.org/
RILESS (Red de Investigadores Latinoamericanos de Economía Social y Solidaria): http://www.riless.org/
RIPESS (Red Intercontinental de Promoción de la Economía Social Solidaria): http://www.ripess.net/es/default.htm

La transnacionalización Norte-Sur de los conflictos y sus actores: la experiencia de la red ATTAC en la Argentina*

Federico M. Rossi

Introducción

La concepción de la existencia de una "sociedad civil global" implica la presuposición del descentramiento del Estado nacional como el referente central que moldea las escalas y repertorios de acción de los movimientos sociales. Bajo esta concepción, el Estado nacional como matriz sociopolítica central (Garretón, 2002) es gradualmente reemplazado por los actores globales (corporaciones transnacionales, organismos multilaterales, etc.), así como por los términos en los que se desarrolla la globalización (flujos de los capitales financieros, difusión de las comunicaciones, etc.). Por medio del estudio del nodo argentino de la Asociación por una Tasa a las Transacciones financieras para la Ayuda al Ciudadano (ATTAC), en este capítulo presentaremos un caso que permite oponer fuertes reservas a esta afirmación. Con este fin, mostraremos empíricamente la validez e importancia de dos hipótesis formuladas por S. Tarrow (2003), en referencia al tipo de impacto que la globalización imprime sobre los movimientos sociales y viceversa: 1. "La globalización es un marco efectivo para la beligerancia transnacional porque facilita la condensación de distintos sectores en una misma campaña de protesta" (Tarrow, 2003: 22); sin embargo, 2. "La 'globalización' como marco movilizador carece de capacidad determinativa para producir movilización sostenida en torno a identidades colectivas comunes" (Tarrow, 2003: 22).

---

* El autor agradece a Donatella della Porta, Diana Tussie y José Seoane por su minuciosa lectura y crítica de versiones previas de este capítulo. A su vez, sin los enriquecedores debates con los miembros del equipo de investigación, y en especial las pacientes relecturas de Sebastián Pereyra, las páginas de este trabajo jamás tendrían su actual entidad (más allá de los inevitables e involuntarios errores que aún contuvieran).

Pero, ¿qué sucede cuando fracasan los diversos intentos por expandir globalmente una red, un movimiento o dinámica contenciosa local? Puede haber ciertos factores estructurales que resulten explicativos, aunque estos solos no son suficientes. Entonces, con el fin de dilucidar la trayectoria de ATTAC también nos interrogaremos sobre: "¿qué mecanismos socio-estructurales median la expansión de un movimiento?" (Tarrow y McAdam, 2005: 127). Creemos, por tanto, que el estudio del caso de ATTAC Argentina como ejemplo paradigmático de inserción periférica de una red transnacional, nos permitirá comprender cómo nuevos actores transnacionales surgidos en el Norte se desenvuelven en un contexto nacional del Sur y las dificultades que ello conlleva.

Como veremos en este capítulo, aunque una organización busque definir su escala de acción como trasnacional, inevitablemente el contexto nacional moldeará gran parte de sus características. Esto no significa que todas sean producto de su interacción local, ya que una porción importante dependerá de las características de las redes que le dieron origen y lo sostienen, así como del modo en que fue constituido. En este sentido buscaremos responder a los siguientes interrogantes: ¿Cómo se explica la brecha que existe entre la dinámica del movimiento ATTAC en Francia y su impacto poco significativo en la Argentina?, ¿qué importancia tienen las dinámicas políticas nacionales en la definición de la agenda y repertorios de acción de ATTAC Argentina?, ¿es posible hallar en el desarrollo de estas dinámicas la explicación de su bajo impacto?, ¿o es producto de factores endógenos a ATTAC Argentina y/o a la red a nivel internacional?

El origen nacional de ATTAC

ATTAC es formalmente creada en Francia en 1998, producto de las amplias reacciones que Ignacio Ramonet (director de *Le Monde Diplomatique*) recibe a propósito de un artículo. En éste propone la aplicación de un impuesto a las transacciones financieras –llamada Tasa Tobin– con el fin de evitar la reproducción de crisis especulativas como la que se había vivido en el Sudeste Asiático (1997) y a su vez favorecer la redistribución del Norte al Sur de los recursos obtenidos. La unión para la creación de esta organización de *Le Monde Diplomatique*, diversas centrales sindicales[1], partidos de izquierda franceses[2] y algunas organizaciones sociales, es producto de un proceso de construcción de marcos maestros que se remonta a las huelgas contra las privatizaciones realizadas en 1995 (Ancelovici, 2002). Este ciclo de movilización social que no se vivía desde 1968, llevó a que "Estas huelgas para mucha gente surgieran como la evidencia de que la globalización no era inevitable y de que la política aún era relevante" (Ancelovici, 2002: 432). El marco de las movilizaciones favoreció el contacto y reorganización de diversos sectores de izquierda que se encontraban debilitados.

La crisis de la izquierda era producto, por un lado, de la incapacidad del PCF de rearticularse luego del colapso soviético, y por el otro, de la interpretación por algunos sectores de que el PSF desde la década de 1980 había llevado adelante un giro neoliberal (François Mitterrand y luego, Lionel Jospin). La emergencia de oportunidades políticas para la reunificación de varios sectores en torno al rechazo al rumbo del gobierno francés, y su atribución como producto de un proceso global, favoreció que se constituyeran los cimientos de lo que luego sería ATTAC.

La crisis del Sudeste Asiático de 1997 llevó a que las oportunidades políticas se reabrieran, en el marco maestro que se había reformulado en torno a los efectos nacionales de la globalización y la necesidad de accionar frente a ellos, lo que generó una gran repercusión social a la propuesta de Ramonet (Ancelovici, 2002). Es por ello que los actores que fueron clave en 1995, decidieron aprovechar estratégicamente esta recepción positiva para impulsar una organización que promoviera el debate sobre la Tasa Tobin y la necesidad de su aplicación mundial. Podemos, por tanto, concebir a la creación de ATTAC como la estrategia de *actualización* (llamada *"associational statism"* por Ancelovici, 2002: 449 y 452) de la izquierda francesa ante la crisis de representación e identidad que habían producido en ella el colapso soviético y la interpretación de que el PSF había realizado un viraje hacia el neoliberalismo. Esto llevó a que se apoyara fuertemente en dos elementos clave. Primero, la formulación de un marco maestro laxo. Podemos notar esto en la

---

[1] *Solidaires, Unitaires, Démocratiques* (SUD) y la *Fédération Syndicale Unitaire*.
[2] Partido Comunista Francés (PCF), sectores trotskistas, y disidentes del Partido Socialista Francés (PSF).

inexistencia en su plataforma fundacional de un lenguaje marxista clásico (se evitó hablar de "movimiento obrero", "capitalismo", etc.) y su apelación a un lenguaje más abierto que permitiera la inclusión de sectores diversos (Ancelovici, 2002 y Rucht, 2005). Como segundo elemento debemos notar la búsqueda por evitar estructuras organizativas demasiado rígidas y verticalistas. Es por ello que, a pesar de ser una asociación formal con sede central, y una estructura bifronte (como instancias centrales, por un lado un consejo académico y por el otro un comité de dirección política) se buscó una disposición organizacional relativamente laxa y sostenida principalmente en las tecnologías de las comunicaciones, entendiendo a éstas como fuente de horizontalidad.

Debido a los dos elementos mencionados (marco y organización) ATTAC vive en el curso de 1998 y especialmente a partir de las oportunidades políticas abiertas por los desafíos de las protestas de Seattle contra la Organización Mundial del Comercio (OMC), dos procesos no buscados de expansión. Por un lado, a nivel nacional, se reproducen en todo el país una serie de comités locales autónomos que toman la propuesta de ATTAC, impulsando la diversificación de los temas adoptados originalmente (Bennett, 2003). Por el otro, a nivel internacional, ATTAC comienza a vivir una expansión acelerada en todo el mundo, sostenido principalmente en las redes comunicacionales que había establecido y en las redes de militantes de izquierda. Debido a la apertura ideológica de ATTAC, así como a la carencia de estructuras que contemplaran este proceso, la expansión se produce internacionalmente del mismo modo que a nivel francés: se desarrollan comités (o nodos) locales que buscan impulsar a nivel nacional la propuesta de la Tasa Tobin.

En resumen, ATTAC se expande por un proceso de cambio de escala (*scale shift*). Esto significa un cambio en el número y nivel de las acciones colectivas, llevando al involucramiento de un más amplio espectro de actores. Sin embargo, el proceso de "Cambio de escala no solo expande el conflicto, [sino que también] crea nuevos marcos en torno a los cuales el conflicto es organizado y eleva las apuestas en juego" (McAdam, Tarrow y Tilly, 2001: 331-332). En política internacional, un proceso de *cambio de escala* significa básicamente la expansión de los términos y repertorios de acción del conflicto fuera de las fronteras en las que originalmente se encontraba localizado (Tarrow y McAdam, 2005). Como vimos (y veremos en el caso argentino) este proceso de cambio de escala se desarrollará por un mecanismo de *difusión* (McAdam, Tarrow y Tilly, 2001), es decir, de transferencia de información a través de líneas de interacción (o redes) previamente existentes[3].

La expansión mundial: ATTAC en la Argentina

Debido a la apertura de las oportunidades políticas vividas internacionalmente ante el impacto que generan las protestas en Seattle contra la Organización Mundial de Comercio, su gran repercusión mediática y la expansión de la movilización social llamada "alter-globalización", ATTAC vive un acelerado proceso de cambio de escala por difusión que lleva a la creación de más de treinta ATTAC en el mundo. En el marco de este proceso, en 1999 se funda ATTAC Argentina, uno de los primeros nodos en América Latina.

Durante diciembre de 1998 se realiza el 2° Encuentro por un Nuevo Pensamiento de la Central de los Trabajadores Argentinos (CTA). En el espacio de esta reunión que es organizada por los directores de los centros de estudios de tres sindicatos que conforman la CTA[4], participan miembros de la recientemente creada ATTAC Porto Alegre. Sus representantes en la reunión mencionan por qué se ha creado y qué buscan impulsar con esta red. Durante el mismo año, y paralelamente, uno de los principales dirigentes del Partido Comunista Argentino (PCA) participa en París de una conmemoración realizada por el 150° aniversario del Manifiesto Comunista. Debido a su

---

[3] La definición original del término *diffusion* es aplicada por los autores a la diseminación de política contenciosa y los repertorios de las mismas. A pesar de ello, creemos que el término resulta de utilidad y aplicabilidad para la explicación del mecanismo de expansión transnacional de una red o movimientos sociales. La implicancia que para los autores tiene la diseminación por *difusión* (a diferencia de la por *"brokerage"* o *intermediación*), es -como veremos más adelante- incluso aplicable en el uso que estamos haciendo de estos términos: "La contención que se expanda mayormente por medio de la difusión *casi siempre permanecerá más acotada en sus escalas geográficas y/o institucionales* (…) ¿Por qué? Porque *no trascenderá las líneas de interacción típicamente segmentadas* que caracterizan a la vida social" (McAdam, Tarrow y Tilly, 2001: 333-334, destacado nuestro).

[4] Estos son, la Asociación de Trabajadores del Estado (ATE), la Central de Trabajadores de la Educación de la República Argentina (CTERA) y la Federación Judicial Argentina (FJA).

participación en este encuentro conoce a Bernard Cassin (presidente de *Le Monde Diplomatique*, dirigente del PCF y director ejecutivo de ATTAC Francia). Producto de este contacto el dirigente argentino comienza a integrar una red internacional de economistas de izquierda.

Unos meses más tarde, en abril de 1999, Cassin visita Buenos Aires con motivo de la presentación de un libro. Gracias a los vínculos que había establecido con el líder del PCA y un importante economista de la Facultad de Ciencias Económicas de la Universidad de Buenos Aires (UBA), Cassin decide plantearles la idea de fundar ATTAC en la Argentina.

Aprovechando las redes de economistas que ambos integraban (el primero de académicos, y el segundo de militantes), deciden lanzar virtualmente una red de comunicaciones entre colegas para debatir la propuesta de la Tasa Tobin. Ante al clima de creciente contestación en Europa y Estados Unidos, los fundadores –como dice uno de ellos– interpretaban como estratégico el desafío que presentaba la Tasa Tobin:

"La idea parecía utópica, y de hecho no se ha aplicado pese a que se ha discutido en la Unión Europea y en varios parlamentos. Esto no ha tenido aplicación porque el capital transnacional hegemónico no puede darse el lujo de que su principal línea de acumulación, que tiene que ver con la libre circulación de los flujos de capitales sea afectada por una tasa que puede ser pequeña, pero que mañana puede ser incrementada. El sentido que tenía para muchos de nosotros es simplemente mostrar una idea tan simple como un impuesto pequeño podía resolver temas muy complejos como son los de: alimentación, educación, salud, etc., etc. Era una idea, utópica. Era una idea simple, de fácil divulgación y que mostraba además la avaricia de las clases dominantes que no estaban ni siquiera dispuestas a ceder un 0,1% o cualquier cifra para favorecer la generación de un fondo económico que intentara satisfacer las demandas populares a nivel global" (Miembro de ATTAC, entrevista del autor, mayo de 2005).

Esta red que el mismo dirigente del PCA define de "iniciativa intelectual, político-social", a fin de diferenciarla de algo más "orgánico", es decir de una organización constituida formalmente, se sostiene en sus primeros meses como un mero ámbito de vinculación comunicacional entre expertos.

A mediados del mismo año, se realiza la primera reunión formal de ATTAC, congregando a diecisiete intelectuales. Esta primera cita se produce por la conjunción de tres redes, las de la Mesa de Coyuntura de la CTA (iniciativa de economistas de la central sindical que buscaba proponer alternativas al neoliberalismo), las de la Facultad de Ciencias Económicas de la UBA y las de la red internacional de economistas vinculados al PC que en América Latina –a instancias de José Cademártori[5]– se reunían para debatir teóricamente alternativas para la región. Como vemos, para el caso de la Argentina el nexo conductor inicial son las redes transnacionales de economistas del PC y de izquierda, que luego se expanden a través de las redes nacionales.

Paralelamente, un militante de la Democracia Cristiana (DC) se contacta vía la página de la Internet de ATTAC con el grupo francés, y al proponerse como traductor voluntario del informativo "El Grano de Arena", integra virtualmente ATTAC sin saber de la existencia de la iniciativa en Buenos Aires.

Por el interés creciente que genera la iniciativa, y gracias a la difusión de la existencia de ATTAC Argentina por la revista *Tres Puntos* y *Le Monde Diplomatique* de la Argentina (ambos vinculados al mismo grupo editorial), comienzan a acercarse a las reuniones de la red local personas que exceden el núcleo inicial de economistas. Se acercan mayormente individuos con un perfil de militante, entre ellos, el integrante de la DC.

---

[5] Ministro de Economía durante el gobierno de Salvador Allende, miembro del Partido Comunista Chileno (PCC).

Gráfico 1: Redes individuales de micromovilización para la construcción de ATTAC en la Argentina

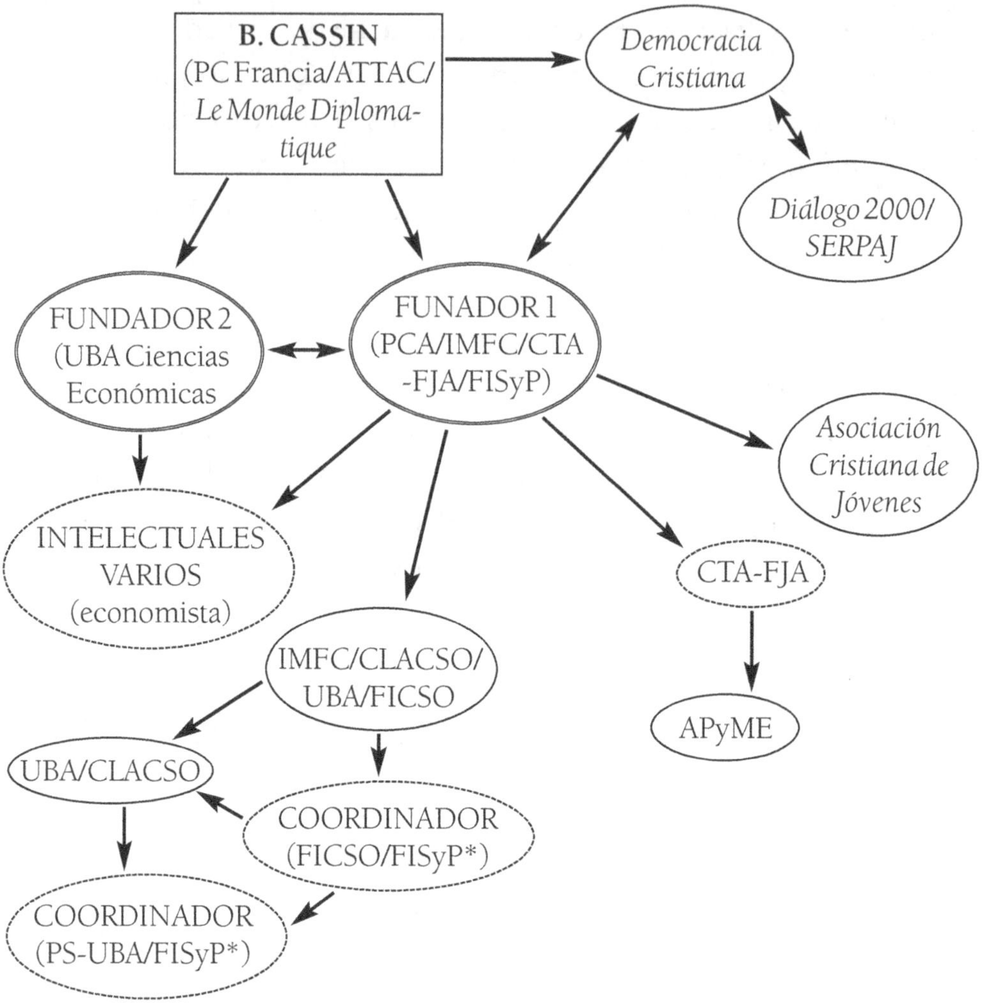

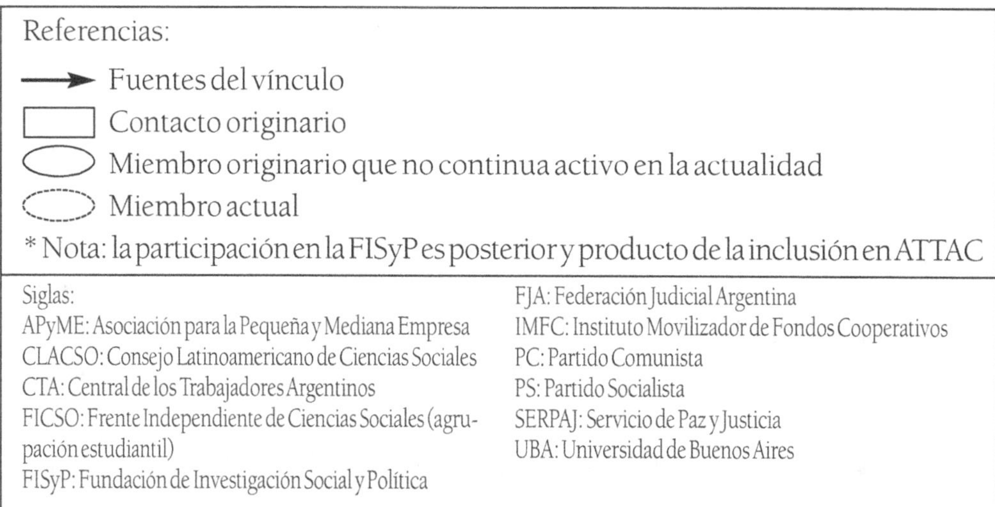

Fuentes: entrevistas, observación de campo y material institucional (diciembre 2004-mayo 2005).

En este caso, y como vemos esquemáticamente en el Gráfico 1, las redes internacionales de economistas, mayormente vinculadas al PC, "transportan" la iniciativa de ATTAC a la Argentina, la que luego continúa sostenida en las redes nacionales de economistas. Éstas se apoyan en tres redes vinculadas a organizaciones nacionales: la UBA, la CTA y el PCA, articuladas en torno al rol de intermediación altamente centralizado en uno de sus fundadores, quien ocupa un lugar de prominencia que irá convirtiéndose en excluyente. Tanto es así que si a la red que presentamos en el Gráfico 1 le extrajéramos la intermediación del *fundador 1*, la misma se desarticularía ya que los nexos son mayormente unidireccionales desde su centro, y el número de vínculos cohesivos de la red se reduce a medida que nos alejamos del centro (excepto por los coordinadores).

Las mismas redes, así como el apoyo de difusión inicial que lleva adelante *Le Monde Diplomatique* –al igual que en Francia– favorece la constitución del nodo local de la red. A pesar de no establecerse un nexo sólido entre *Le Monde Diplomatique* y ATTAC en la Argentina, este vínculo inicial resulta de relevancia para comprender su expansión más allá de lo que el grupo originario intencionalmente impulsaba.

En resumen, la constitución de ATTAC en la Argentina es producto de un acelerado proceso de cambio de escala por difusión que sufre ATTAC a nivel nacional e internacional, el que se sostiene en las redes internacionales de economistas de izquierda (especialmente del PC). Producto de este proceso es que su constitución es mayormente inorgánica, con el objetivo estratégico de insertar el debate sobre la Tasa Tobin en la Argentina. A medida que la iniciativa crece, y por la carencia de estructuras que permitan algún tipo de filtrado en el ingreso de participantes (debido a su carácter de red) y a la laxitud ideológica de la plataforma de ATTAC, el grupo inicial va confundiéndose –como sucede en Francia– con una creciente diversidad ideológica y de origen profesional[6]. Será la misma red que vincula a Cassin con uno de los fundadores en la Argentina, la que luego transportará la iniciativa a Chile, Bolivia y Uruguay. Aunque este proceso no es de una "espontaneidad

---

[6] Se acercan legisladores del Partido Justicialista (PJ), de la Unión Cívica Radical (UCR) y de Afirmación por una República Igualitaria (ARI), militantes de estos partidos, así como de la DC, de sectores vinculados a la Teología de la Liberación y de agrupaciones estudiantiles universitarias de izquierda.

virtual"[7] como menciona Ancelovici (2002: 444), sí es cierto que las relaciones entre los nodos de ATTAC son informales y desestructuradas. A pesar de ello, el grupo que luego funda ATTAC en la Argentina (véase Gráfico 1) tenderá a reproducir las características básicas de Francia: la relativa laxitud ideológica, la constitución en red, su orientación monotemática (i.e. Tasa Tobin) y su estructura organizativa bifronte intelectual-activista.

En el Gráfico 2 se presenta la estructura organizativa en la Argentina (puede ser comparada con la francesa en: Ancelovici, 2002: 442, Figura 1). En el caso argentino, su estructura se reduce a los términos más básicos de la francesa debido a que no posee recursos (principalmente por el distanciamiento inicial de *Le Monde Diplomatique* de la Argentina) y a que no se ha constituido como una organización con capacidad de movilización importante (conserva actualmente menos de diez miembros con algún nivel de participación activa).

Entre los elementos explicativos de la tendencia a la reproducción de las características de la organización madre (ATTAC Francia), deben considerarse como centrales la combinación de los dos siguientes: 1) el proceso de difusión sin adaptación por el que se transporta la iniciativa; y 2) que las redes sociales[8] en las que se sostiene la red favorecen la reproducción de similares patrones aprendidos y compartidos. La conjunción de estos elementos explica la opción estratégica de los fundadores: trasladar sin ajustar localmente una iniciativa surgida en el seno de conflictos nacionales franceses.

---

[7] Sólo un militante conoce y se vincula al núcleo fundador de ATTAC vía la página de Internet de ATTAC Francia.

[8] "... redes sociales pre-existentes en las cuales relaciones de confianza, reciprocidad y de aprendizaje cultural son acumuladas" (Tarrow, 1999: 10), y sobre las que se importan y exportan las iniciativas políticas.

Gráfico 2: Estructura organizativa de ATTAC Argentina (2001-2005)

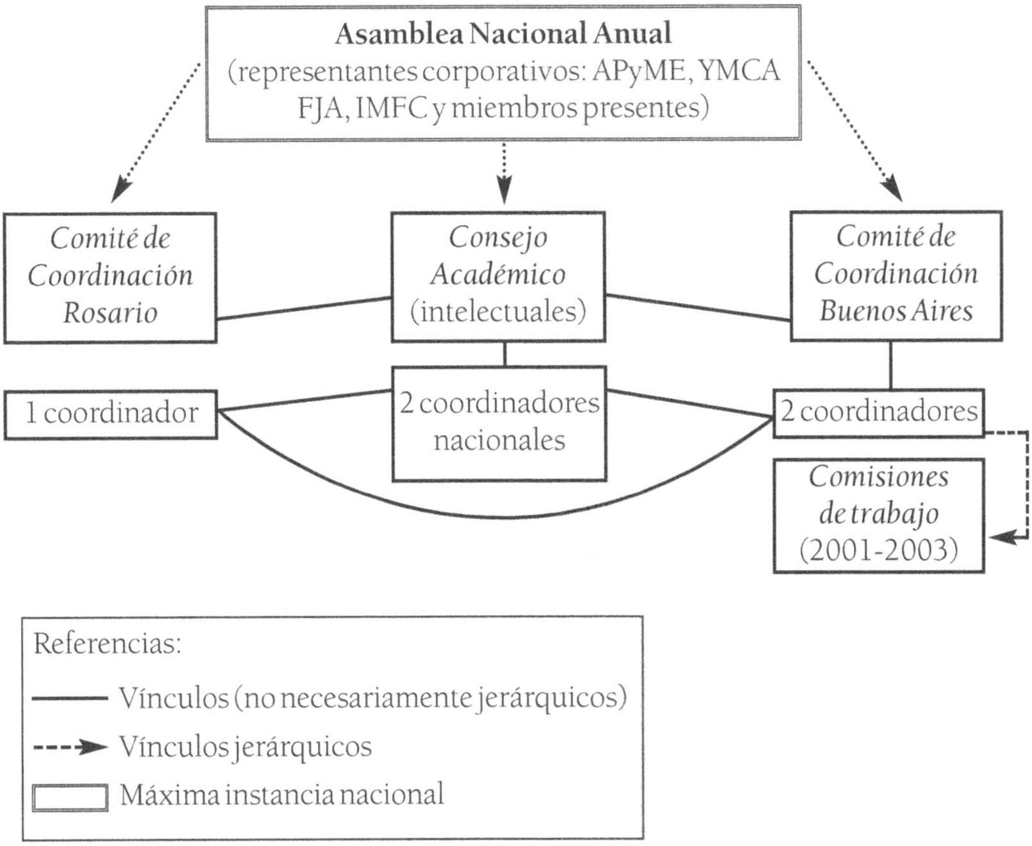

Fuente: Adaptación de Rossi (2006a, Gráfico III)

¿Es ATTAC un movimiento social trasnacional?

Como vimos, ATTAC es fundada en Francia con el objetivo de transformar los términos y naturaleza del debate sobre la libre circulación del capital especulativo y su incidencia sobre las economías nacionales. Con esta finalidad se presenta con una propuesta que busca insertar en la agenda pública y de gobierno la Tasa Tobin. Su núcleo lo constituyen redes de economistas y expertos, cuyos lazos profesionales y conocimiento especializado buscan explotar y potenciar junto con redes de activistas que consideran que esta propuesta implica una importante y novedosa confrontación al neoliberalismo. A pesar de conformarse legalmente como una asociación civil sin fines de lucro, a nivel trasnacional se basa mayormente en las comunicaciones por Internet. Es una red laxa (sin estructuras formales internacionales e ideológicamente abierta) y descentralizada (no posee una oficina internacional, ni coordina acciones conjuntas a nivel trasnacional) (Rossi, 2006a). En este sentido, resulta ilustrativo el modo en que ATTAC Argentina define a la red:

> "...una Red de organizaciones que comparte determinados objetivos, que se reconoce dentro de la plataforma del denominado movimiento internacional ATTAC, adoptada en diciembre de 1998 y cuyo lema difundido es 'Otro mundo es posible'" (página de Internet de ATTAC Argentina, diciembre de 2004).

En la esfera trasnacional, la red es exclusivamente comunicacional, sosteniéndose en Internet y en las reuniones anuales de la Asamblea Mundial (de carácter no resolutiva). En la Asamblea Mundial de 2005, se trabajó en tres grupos sobre los siguientes temas: 1) reforma y actualización de la plataforma mundial, 2) cómo generar más y mejores canales comunicacionales entre los ATTAC, y 3) difusión de las acciones realizadas durante el año pasado. Como podemos notar, la principal inquietud es compartir información más que coordinar acciones trasnacionales. En el nexo entre la Argentina y Francia se traduce en la inexistencia de campañas conjuntas y en escasos vínculos vía Internet. Igualmente, a pesar de ser una red descentralizada, la sede francesa generalmente "marca los tiempos" a escala global, ya que es un punto de referencia ineludible para los otros ATTAC (Rossi, 2006a).

A nivel de América Latina, como fue posible observar durante la reunión anual de los ATTAC de la región, predomina la disparidad de prioridades nacionales de acción y la falta total de comunicación. Por ejemplo, mientras ATTAC Argentina y Porto Alegre (sin acuerdo previo) destacan como central la lucha contra el Área de Libre Comercio de las Américas (ALCA); Bolivia se concentra en la defensa de los bosques nativos; y en Venezuela la prioridad es el apoyo a las políticas nacionales del gobierno de Hugo Chávez. El completo desconocimiento de las acciones concretas en las que cada uno trabaja (e incluso en muchos casos la falta de información sobre la existencia de nodos en otros países) es la característica saliente en América Latina.

Por último, excepto por los nodos de Francia y Alemania (que podrían reputarse movimientos nacionales), no posee capacidad de movilización ni importantes bases sociales como para ser considerada un movimiento trasnacional.

Es por ello que a pesar de las dificultades comunicacionales que actualmente vive, creemos que es posible definirla como una *"transnational advocacy network"* o *red transnacional de activistas* ya que sus vínculos traspasan las fronteras nacionales y son de intercambios de información, basados en discursos compartidos (Sikkink, 2003), a fin de intentar insertar nuevos temas por medio de la búsqueda de transformar los términos y naturaleza de los debates (Sikkink y Keck, 1998). En otras palabras, en ATTAC "Lo central (...) es el intercambio y el uso de información. Las redes no se caracterizan por una coordinación duradera de tácticas como lo hacen las coaliciones, no movilizan a gran número de personas como los movimientos sociales" (Sikkink, 2003: 303-304).

Como a su vez en su origen se constituye para impulsar un único tema (la Tasa Tobin), es igualmente una *red transnacional orientada monotemáticamente* (Rucht, 2005), sin una oficina internacional, coordinada por medio de redes comunicacionales policéntricas (Bennett, 2003) ideológica e identitariamente laxas (Le Grignou y Patou, 2003).

A pesar de su apertura y diversidad, ATTAC crea cada nodo nacional bajo la proposición de la búsqueda de transformar los términos de las premisas sobre la economía internacional. De esta manera intenta favorecer la liberación cognitiva de la ciudadanía, impulsando acciones de formación que lleven al reenmarcamiento de la esencia del modelo económico neoliberal, desnaturalizándolo a fin de estimular el activismo por la transformación de la realidad. Como dice un documento de ATTAC Argentina:

"[ATTAC es] un movimiento de educación popular que busca ser un estimulador democrático de los cambios, empeñado en trabajar en el esclarecimiento de las conciencias populares y en crear las condiciones necesarias para que esos cambios se formulen sobre la base de la convicción y del conocimiento de que la política actual no es la única posible" (página de Internet de ATTAC Argentina, diciembre de 2004).

Este objetivo básico de la red, en Francia y en Alemania se manifiesta en la multiplicidad de comités locales que producen documentos, charlas y campañas de difusión. Mientras esto sucede a su vez en otros ATTAC (como por ejemplo el de Québec), en la Argentina es resignificado como mecanismo de formación de activistas. Como dice uno de los coordinadores entrevistados, la liberación cognitiva significa en el contexto argentino que *"… ayudamos (…) a incorporar ciertas temáticas en otras organizaciones mucho más grandes que ATTAC"*, porque –a diferencia de Francia– *"… sabemos que no va a ser un movimiento de masas en América Latina"* (Miembro de ATTAC, entrevista del autor, abril de 2005). La diferente interpretación de la militancia, y principalmente las dificultades para traducir al contexto argentino el modelo individual-liberal de liberación y los intentos por ensayar en el contexto nacional el modelo francés, se expresan en la búsqueda de introducir la Tasa Tobin en las agendas de los movimientos argentinos. Entendido como un proceso de "educación popular" es reinscrito de modo híbrido en la tradición nacional y popular, modelo de práctica histórica de la militancia de izquierda en la Argentina.

El modo en que los integrantes de ATTAC Argentina manifiestan el rol de *"educación popular para la acción"* se debe a su vez a que aquí –como en toda América Latina con la excepción parcial de Chile– se constituye como un pequeño núcleo en red de intelectuales. En la Argentina, este núcleo está mayormente asentado en Buenos Aires (pero con otro pequeño equipo existente en Rosario, bajo el formato organizativo del Gráfico 2). Es por ello que el esquema bifronte intelectual-activista (tomado del modelo galo) se presenta muy básicamente por la falta de bases y de capacidad alguna de movilización. Este grupo se sustenta en redes de militancia múltiples muy vinculadas nacional e internacionalmente, con un importante capital intelectual (producto de la red originaria de intelectuales y economistas) y en el apoyo que recibe del Instituto Movilizador de Fondos Cooperativos[9] (IMFC). La oficina de ATTAC Argentina se encuentra en un espacio cedido por el IMFC, sede Buenos Aires, además de recibir un aporte mensual del mismo (único ingreso monetario). En Rosario no posee sede formal, pero realiza sus reuniones y actividades en la sede nacional del IMFC. A pesar de los diversos intentos por expandir la red por el país (inspirados por el formato de comités locales autónomos de Francia), sólo pudieron constituirse estos dos pequeños grupos debido a la infraestructura y apoyo brindado por el IMFC.

---

[9] Por más información sobre el IMFC, véase capítulo de Bidaseca y Rossi en este volumen.

No obstante tener personería jurídica, registra un muy bajo nivel de formalidad institucional para ser considerada una ONG (Sikkink, 2003), y no posee bases sociales ni –como veremos más adelante– demasiado arraigo nacional, careciendo de capacidad alguna de movilización para considerarlo un movimiento social (Sikkink, 2003). Por tanto, ATTAC Argentina es un nodo local en red (Gráfico 1) con un importante capital intelectual, miembro autónomo y autárquico de una red transnacional como ya la hemos definido. Siguiendo el análisis de redes, es posible concebir a ATTAC Argentina como una red egocéntrica (Anheier y Katz, 2004: 212) o en forma de estrella o rueda de carreta (Diani, 2003: 310-311). En otros términos, es una red centralizada en un actor prominente que establece vínculos de intermediación de baja equivalencia (relaciones asimétricas) ya que existe una única posición central que domina la coordinación de los intercambios en la red, así como los vínculos con los puntos más periféricos de ésta (los que, excepto por los coordinadores, poseen un bajo compromiso con la temática originaria).

El nivel de arraigo del nodo en red de la Argentina y sus ejes de acción (en especial la Tasa Tobin) es muy bajo (casi nulo), lo que refleja las dificultades que conlleva la importación temático-organizacional por un proceso de cambio de escala por difusión de una red laxa sostenida mayormente en las tecnologías de las comunicaciones. En este caso, y como vimos, a pesar de ser el contexto internacional del ciclo de protesta alter-globalización iniciado en Seattle el que favoreció el surgimiento en la Argentina. Fue, como veremos en la siguiente sección, el contexto nacional el que marcó los límites y dificultades de sus objetivos iniciales. El intento de redireccionar nacionalmente sus intereses estratégicos se debe al creciente cierre de las oportunidades políticas que le dieron origen, junto con lo que interpretaban como la apertura doméstica por una serie de nuevos conflictos locales. El modo en que es realizado se asentará en el tipo de red establecida en la Argentina.

Las escalas descendentes de la acción

En esta sección analizaremos diacrónicamente en el caso de ATTAC Argentina la relación entre las campañas, su impacto y las dinámicas políticas que fueron guiando las distintas escalas de la acción (Jelin, 2003), y el impacto que ha tenido. Dividiremos este análisis en tres etapas, basadas sobre la reformulación que cada una implica de los marcos interpretativos sobre los que se resignifica la respuesta a los siguientes tres ejes (Tarrow, 1999): 1) el tipo de relaciones con los aliados; 2) las formas de definición de los conflictos y 3) las formas de definición de los antagonistas. Veremos de esta manera como ATTAC Argentina vive el paradójico proceso de surgir producto de la importación de temáticas que buscan ser globales, para —compelido por las dinámicas nacionales— sufrir un proceso descendente en sus escalas de la acción.

Primera etapa (1999-2001): período de cambio de escala
por difusión transnacional

Desde el origen mismo de ATTAC en la Argentina, la Tasa Tobin resultó el factor que aglutinaba a la red de economistas y luego al conjunto más amplio de activistas y políticos. Reproduciendo el modo en que fue organizada en Francia y en la gran mayoría de los demás países, se constituyó un consejo académico que se abocó a la formulación de documentos de propuesta y debate que permitieran insertar la temática en las agendas nacionales. A su vez, se desarrollaron paneles y talleres diversos en movimientos sociales (piqueteros, bases locales del Frente Nacional contra la Pobreza[10] [FRENAPO], etc.) y para público en general (en el IMFC). Esta primera tarea, claramente enmarcada en el proyecto de *"educación popular para la acción"* que importan —no sin dificultades— de Francia, buscaba generar en los activistas la inquietud por expandir su repertorio de demandas hacia la propuesta de la Tasa Tobin. Como dice un coordinador, esta era una tarea ardua:

> "La gente si no sabe ni cómo funcionan los mercados financieros, le hablás de un impuesto a los capitales, le hablás ya de un impuesto y se pierde. 'No entiendo, cómo se aplica un impuesto'. Entonces es una cuestión de concientizar" (Miembro de ATTAC, entrevista del autor, abril de 2005).

---

[10] Por más información sobre el FRENAPO, véase capítulo de Bidaseca y Rossi en este volumen.

En parte debido a su complejidad, y pese a los reiterados esfuerzos, la propuesta de la Tasa Tobin no logró una recepción positiva en la comunidad de activistas. Las razones de ello radican en que es una acción propositiva, y por tanto debatible, así como, para muchos actores, ajena y demasiado moderada. También, parece haber influenciado la imagen de ATTAC como una organización extemporánea y con patrones de distribución interna del poder que no correspondían con las expectativas de los movimientos de bases y alter-globalización. Como dice un activista de la red:

"Lo que pasa es que a veces tiene tantas resistencias, no es lo mismo. Porque la Tasa Tobin es una cosa propositiva, no es contra esto. 'No al ALCA', es 'no' a algo que viene impuesto. Tasa Tobin es un impuesto a las transacciones y es algo que vos proponés. Yo no voy y digo: '¡Sí por una integración y no sé qué…!'; digo: '¡No al ALCA!'. Es lo mismo que decir: '¡No al capital financiero!'. Me lo tomarían, ahora la Tasa Tobin ya tiene otra connotación propositiva que tiene que ver con la red internacional ATTAC, cuando hay mucha gente que no le gusta la red ATTAC, cuando los autonomistas odian a ATTAC porque dicen que es un movimiento social, bah, una ONG que es vertical. (…) ATTAC se tuvo que ganar el respeto, no es que vino de cero. En algunos sectores ya era algo negativo ser de ATTAC [por ser considerados reformistas o socialdemócratas]. Se tuvo que ganar el respeto laburando en la calle, (…) paseando por las provincias a dar charlas (…) está bien, pero se tuvo que ganar el respeto" (Miembro de ATTAC, entrevista del autor, abril de 2005).

No obstante la negativa recepción entre los potenciales aliados, simultáneamente y como segunda estrategia, fue constituida una comisión que trabajaba como grupo de relaciones con el parlamento nacional. Esta comisión buscó difundir la propuesta de la Tasa Tobin, logrando que en el 2000 se emitiera un despacho de comisión por parte de los miembros de la Comisión de Economía de la Cámara de Diputados. A pesar del dictamen ser favorable a la aplicación de la Tasa Tobin, como comentan las personas entrevistadas, no traducía el espíritu de la idea: recomendaba que el órgano administrador de los fondos de este impuesto fuera el Fondo Monetario Internacional (FMI). De esta manera, las limitaciones que buscaban establecerse a los patrones del neoliberalismo (y sus instituciones) no se veían reflejadas. Sin embargo, en la Cámara de Senadores de la provincia de Entre Ríos y en diversos concejos deliberantes se emitieron declaraciones favorables a la Tasa Tobin en los términos que ATTAC formulaba. A pesar del escaso impacto nacional y debido a la laxitud ideológica de la propuesta, en la Argentina fue recuperada por sectores diversos (que en esta etapa integraban ATTAC) llevando a que se emitieran dictámenes en la dirección opuesta de la que la red ATTAC esperaba. Es decir, la temática sufrió una *reapropiación por derecha*, causada por la muy exigua representación socialista o de izquierda en el Congreso Nacional y, principalmente, por la laxitud ideológica de la propuesta misma.

Resulta también interesante notar como ATTAC busca reproducir el esquema que en Francia, Canadá, Bélgica y Alemania había dado importantes resultados, a pesar de la Argentina poseer un sistema presidencialista, donde incluso la figura del presidente posee ciertas atribuciones legislativas y es quien define la gran mayoría de la agenda parlamentaria. En otras palabras, la importación de ATTAC implicó incluso la reproducción de sus repertorios de acción (charlas informativas, lobby parlamentario), no obstante las significativas diferencias institucionales con el país originario (semipresidencial) y los otros donde había logrado un éxito relativamente trascendente[11]. En estos casos, a diferencia de la Argentina, el parlamento posee una cuota de poder y capacidad de definición de agenda mucho mayor. Esta importación de los patrones originarios, incluso circunscriptos a los límites del modelo madre, es una de las características centrales de los procesos de cambio de escala por difusión (véase nota 3).

Del mismo modo que ATTAC Argentina no adapta su repertorio de acción en relación con el tipo de sistema de gobierno que debe enfrentar, tampoco lo hace con la sociedad y el abanico de movimientos que lo preexisten en el nivel nacional. Mientras realizan sin éxito las charlas de difusión –inspirados en el proceso galo– buscan fomentar la expansión territorial con comités locales autónomos. Esto, con la excepción de Rosario, fracasa. En este caso el proceso de penetración territorial no es "espontáneo", mientras en Francia sí lo es (Ancelovici, 2002). Principalmente, en este último, a diferencia de la Argentina, es producto de una dinámica nacional que genera las condiciones para su emergencia. Debido a la inexistencia en la Argentina de oportunidades políticas para su penetración territorial, su desarrollo se ve limitado a las redes sobre las que se sostiene

---

[11] Bélgica: parlamentario, Canadá: parlamentario tipo Westmister y Alemania: semiparlamentario.

250

y al apoyo del IMFC. Por ello, no es casual que ATTAC Argentina exista únicamente en Buenos Aires (sede principal del IMFC) y en Rosario (sede central del IMFC).

Esta primera etapa, comprendida entre 1999 y 2001, es posible definirla como una de cambio de escala por difusión porque las escalas de acción de ATTAC Argentina –debido a su importación con las limitaciones ya analizadas– poseen características trasnacionales. Si retomamos los tres ejes de Tarrow (1999), ATTAC Argentina durante esta etapa define a la fuente de los conflictos como transnacionales (las transacciones financieras, en el marco de un modelo neoliberal), pero los destinatarios de sus acciones (antagonistas y aliados) no son el FMI o el Banco Mundial, ni los movimientos globales, sino el Estado argentino y los movimientos piqueteros y otras organizaciones nacionales. Por tanto, el tipo (o escala) de las relaciones que establece son nacionales, persiguiendo objetivos domésticos (aprobación de leyes e insertar la Tasa Tobin en la agenda de las organizaciones argentinas), aunque con efectos transnacionales (las finanzas globales).

Debido al fracaso en los intentos por instaurar los objetivos de ATTAC en la Argentina, el nodo local decide estratégicamente redireccionar su escala y repertorios de acción a la esfera nacional. Como dice Rucht: "… las estrategias y más aún las acciones específicas, no pueden simplemente ser derivadas de propiedades 'internas' de los movimientos sociales, como sus bases sociales, su ideología y sus recursos. Más bien, aquellas son co-dependientes de o están influidas por: 1. las oportunidades estructurales, así como las oportunidades política y culturalmente volátiles; 2. las estrategias y las acciones de los oponentes; y 3. las reacciones de terceros, incluidas las audiencias en conflicto" (2005: 54).

En otras palabras, el redireccionamiento nacional de ATTAC Argentina es producto de la combinación de diversos factores: 1) el rechazo de la Tasa Tobin por los aliados (movimientos sociales), 2) la poca recepción en el Estado por la reproducción de una estrategia sin contemplar diferencias institucionales, y 3) las transformaciones sufridas en el país en el período 2001-2003, radicalizándose y expandiéndose la movilización social, en un ciclo de protesta desencadenado por la más importante crisis en el régimen vivida desde el retorno democrático de 1983. El estallido social del 19 y 20 de diciembre de 2001 que desencadenó la renuncia a la presidencia de Fernando De la Rúa, y la posterior división de las élites en el poder, lo que abrió las oportunidades políticas para la expansión y organización de las revueltas iniciales en el movimiento de las asambleas vecinales y populares (Rossi, 2005a), hizo evidente –para algunos de los miembros de ATTAC– la limitación de las estrategias y focos de acción iniciales. En este sentido, dice uno de los coordinadores al preguntársele por qué se abandonó el trabajo de lobby parlamentario:

"No se volvió a hacer porque después fue el 2001 e imaginate, después del 2001 y el 2002 nosotros reunidos con los parlamentarios, ¡era una locura! Estábamos en la calle con los cacerolazos nosotros, no estábamos adentro con los que tiraban los tiros, estábamos diciendo '¡qué se vayan todos!'. Ese es el tema: ATTAC fue obligado a tomar posiciones con respecto a la realidad nacional (...) los acontecimientos te llevan, no podés seguir rígido atrás de una consigna y no mirar lo que está pasando alrededor tuyo" (Miembro de ATTAC, entrevista del autor, abril de 2005).

El estallido social del 19 y 20 de diciembre y la emergencia de un proceso de reequilibramiento institucional, obligó a definir una postura frente a los acontecimientos. Entonces, la decisión de parte de los miembros fue la radicalización hacia los conflictos nacionales. De esta manera se abandonó el trabajo sobre la Tasa Tobin y las acciones vinculadas al *lobby* y difusión del tema. En su reemplazo, luego de un período de crisis interna que llevó a un paulatino filtrado de miembros, se abocaron a trabajar temas de integración regional y liberalización comercial continental.

En esta etapa, en resumen, vemos que a pesar de ser el contexto internacional el que favoreció su expansión y surgimiento en la Argentina, fue el contexto nacional, así como la emergencia de la crisis de 2001-2003 los que obligaron al nodo nacional a redireccionar sus intereses estratégicos. ATTAC comenzó a abordar una temática que pudiera potencialmente tener más arraigo nacional (por ser reactiva, más radical y, principalmente, por estar directamente relacionada a la coyuntura local) y no estar siendo trabajada como prioridad por ninguna otra organización. Es por ello que un sector interpretó las negociaciones continentales de liberalización comercial, pautadas en el marco del ALCA, como la apertura de oportunidades políticas para la acción:

"En el año 2002 el ALCA se firmaba al año siguiente si salía el *fast-track* a Estados Unidos, y si no le salía el *fast-track* se firmaba el 1º de enero de 2005, y todavía no sabíamos dónde. A posteriori nos enteramos que se firmaba en la Argentina. En ese momento había una posibilidad, *posibilidad* y probable de que saliera el *fast-track* y se firmara el ALCA en el 2003. O sea, había cierta urgencia para hacer algo" (Miembro de ATTAC, entrevista del autor, abril de 2005).

Sin embargo, esta interpretación no era compartida por todos. La puja y división interna que produce la búsqueda de redefinir las escalas, focos y repertorios de acción, lleva a la paulatina pérdida de miembros. Esta decisión estratégica (y el modo inconsulto en que fue tomada por un grupo cercano al núcleo de la red local) conllevó la ruptura de la red plural que constituía en el país, al disolver la originaria diversidad ideológico-organizacional.

Segunda etapa (2002-2005): período de radicalización por localización

En esta segunda etapa ATTAC Argentina concentrará todos sus esfuerzos con exclusividad en el tema ALCA. Junto con otras organizaciones sociales (Diálogo 2000 - Jubileo Sur Américas, Servicio de Paz y Justicia [SERPAJ], Madres de Plaza de Mayo - Línea Fundadora, Barrios de Pie, CTA, etc.[12]) deciden conformar un espacio multisectorial que busque desarrollar una campaña nacional de oposición al ALCA. Este colectivo, teñido por el clima de las asambleas vecinales y populares, se llamará inicialmente "Autoconvocatoria No al ALCA, No a la Militarización y No a la Deuda". Los ejes son producto de los temas de acción que abordan los colectivos fundadores, reflejando el interés que tienen por demostrar su vinculación como elementos de un proceso continental imperialista de los Estados Unidos. Durante este período en ATTAC se abocan con todos sus militantes más activos a esta campaña.

---

[12] Por más información sobre SERPAJ, Madres de Plaza de Mayo – Línea Fundadora, Barrios de Pie y CTA, véase capítulo de Bidaseca y Rossi en este volumen. En cambio, sobre Diálogo 2000 – Jubileo Sur Américas y las movilizaciones contra el pago de la deuda externa de la Argentina, véase capítulo de Rivkin en este volumen.

Como es analizado en el capítulo referido a la Autoconvocatoria No al ALCA (Bidaseca y Rossi en este volumen), se desarrollan una serie de Asambleas Nacionales, principalmente dos Consultas Populares (en 2003 y 2004) y en 2005 la III Cumbre de los Pueblos[13].

Como consecuencia del gran éxito de la Autoconvocatoria, y ante la escasa cantidad de activistas de ATTAC, esta organización se ve absorbida por completo por la coalición contra el ALCA. Tanto es así que durante todo el primer año de existencia de la Autoconvocatoria (2002), su sede de hecho es la misma que la de ATTAC, utilizando la única computadora y recursos disponibles para este espacio multisectorial. Mientras la laxitud que aún perduraba en ATTAC llevó a que se viera subsumida por la coalición de la que participaba, esta situación activó críticas internas sobre la pérdida de especificidad que implicaba. Como sintetiza uno de sus militantes:

"Hubo discusiones muy fuertes, diferencias con respecto a si ATTAC perdía su especificidad o no al entrar a la Autoconvocatoria No al ALCA. Como que ATTAC durante un año se abocó a militar la Consulta Popular (...) Durante ese año ni mencionamos la Tasa Tobin pero tuvo que ver con la estrategia que fue muy fuerte, que gracias a que nos abocamos a full pudimos construir la Consulta Popular en la cual votaron 2.500.000 personas. Y o sea, fue un resultado excelente" (Miembro de ATTAC, entrevista del autor, abril de 2005).

Debido a estas críticas y dificultades internas, uno de los miembros originarios decidió alejarse con fuertes críticas a los modos poco democráticos y escasamente trasparentes con los que, a su entender, se resolvió trabajar sobre este tema y el rumbo del colectivo. Como vemos en el Gráfico 1, desde el origen uno de sus fundadores se presenta como líder de una red jerárquica con un actor prominente, de baja intermediación transnacional, y alta integración (centralizada) a nivel nacional. Aunque en esta etapa compartía con otros dos actores una relación bidireccional con Francia, su posición central en la red argentina le permitió decidir de manera inconsulta la radicalización local de ATTAC. La consecuente acentuación del carácter jerárquico y egocéntrico de la red, eliminándose los dos únicos nodos de intermediación de equivalencia media (por tener un vínculo directo al fundador francés sin re-

---

[13] Contra-cumbre de la Cumbre de las Américas realizada del 1° al 4 de noviembre de 2005 en Mar del Plata, Argentina (véase: Rossi, 2006a).

querir de intermediación) produjo la reducción de la red a flujos unidireccionales del centro a la periferia. Esto provocó una nueva crisis interna, pero, simultáneamente, terminó de favorecer la definición del rumbo y el liderazgo de la organización por el sector dominante.

Una de las principales formas en las que los actores sociales se involucran en acciones transnacionales contenciosas es por medio de la *domestication* o *localización*, es decir: "... realizar reclamos contra actores externos dentro del espacio doméstico, los cuáles son vistos como afectando los intereses propios o de los compatriotas" (Tarrow, 1999: 14). Esto es lo que ATTAC junto con los otros integrantes de la Autoconvocatoria llevan adelante al instituirse como capítulo argentino de la Alianza Social Continental, haciendo propios y reenmarcando nacionalmente los límites de un conflicto que se presenta originariamente como continental. Más allá de no ser el foco de este capítulo el estudio de la coalición contra el ALCA, a los efectos de comprender el proceso de radicalización por localización, resulta de interés el análisis del modo en que ATTAC comprende para sí el tema y su rol en la Autoconvocatoria:

> "¿ALCA (Área de Libre Comercio para las Américas) o 'ACCEU' (Área de Comercio Controlado por los Estados Unidos)?
> El ALCA es el cierre triunfante de las políticas neoliberales de los años 90 que fueron brutalmente aplicadas en la Argentina. (...) El ALCA garantiza todos los derechos de las empresas trasnacionales (...) Esto forzará la baja de salarios, profundizando la flexibilización laboral, y aumentando el desempleo. (...) ALCA es el nombre que adopta la total desregulación de la economía, que forzará la entrada masiva de productos y manufacturas estadounidenses, provocando así el cierre de las pocas pequeñas y medianas empresas nacionales que nos quedan.
> ALCA significa no tener posibilidad de recuperar nuestra industria nacional" (volante "Hablemos con propiedad...", ATTAC, 2004).

Como vemos en la cita de este volante de ATTAC sobre la Autoconvocatoria, el nexo lógico del documento está en que el ALCA, como elemento de dominación imperialista de los Estados Unidos, destruirá la industria nacional y por ende la calidad de vida de los argentinos. Por tanto, en esta etapa es destacable cómo redefinen y toman un conflicto transnacional (el ALCA), para impulsar acciones de carácter nacional, buscando impactar sobre la política exterior de la Argentina, pero no sobre el curso del proceso continental. Es decir, impulsan la *localización* del conflicto y sus términos. Es en este sentido que consideramos que en esta etapa hay un proceso descendente en las escalas de la acción. En otras palabras, mientras la fuente de los conflictos sigue siendo interpretada como nacional, y el destinatario (aliados y antagonistas) continúa siendo nacional, ya en este período el resultado no busca, siquiera indirectamente, trascender las fronteras. Esto no se debe a que el proceso del ALCA carezca de proyección más allá de las fronteras, sino que por el contrario, es un proceso surgido en los Estados Unidos y que implica a todos los actores estatales del continente. No obstante, como vimos en la cita, es reinterpretado en un sentido nacional, comprendido como una violación a los intereses nacionales, los cuales deben ser preservados por sobre los de los Estados Unidos.

En esta etapa ATTAC logra reemplazar el tema Tasa Tobin por el del ALCA, trabajando con exclusividad sobre éste hasta fines de 2005, donde se concentró en la preparación de la III Cumbre de los Pueblos. Ya que, empero, el ALCA aparecía como un proyecto en declive, donde no se ha cumplido la aplicación pactada para el 2005, noviembre se presentaba como un horizonte para el rumbo futuro de ATTAC en la Argentina. Debido a la dependencia monotemática de ATTAC, y a pesar de reconocer que este proceso le permitió sortear el primero de sus problemas (el rechazo de los otros movimientos); es posible observar los indicios del comienzo de una tercera etapa.

Tercera etapa (2005-): período de transición hacia...

A pesar de haber adoptado el tema ALCA y continuar trabajándolo hasta la actualidad[14], ATTAC se enfrenta en este momento al dilema de, por un lado ser *"la organización de la Tasa Tobin"*, y por el otro haberse radicalizado nacionalmente. Esta identidad difusa que aún preserva se debe a la característica abierta y laxa que ya hemos desarrollado, pero también a la intención del

---

[14] Luego de la Cumbre de los Pueblos, y en el marco de la Autoconvocatoria, se incluyó en su reemplazo el tema de los Tratados de Libre Comercio (TLC) bilaterales con los Estados Unidos.

grupo que la dirige actualmente de marcarla con un perfil más radicalizado, es decir anticapitalista.

> "ATTAC a nivel internacional se plantea como un movimiento más anti-neoliberal, y no tanto al sistema capitalista en sí, no cuestiona las relaciones de clase. Y quizás nosotros al meternos dentro de la campaña contra el ALCA, en las cuales también se planteaba el no pago de la deuda externa, no a la militarización, o sea era una postura mucho más antiimperialista, mucho más anticapitalista… era como más jugada la postura; que no sólo estar a favor de la Tasa Tobin, que es generalmente lo que te une como ATTAC. [Aunque] Vos entrás a ATTAC estando primero de acuerdo con la Tasa Tobin (podés no estar de acuerdo con todo el resto, y eso ya te hace miembro de ATTAC) (…) esta era la dirección que estaba tomando la organización (…) en Argentina" (Miembro de ATTAC, entrevista del autor, abril de 2005).

Como puede leerse en el testimonio citado, se reconoce incluso que es una dirección que la red no adopta en el nivel internacional pero que, debido a los amplísimos niveles de discrecionalidad que cada nodo nacional tiene, puede impulsar sin tener por ello que perder su condición de ATTAC. Tanto es así que no parece ser compartida esta intención de radicalización por los pocos miembros que aún están activos en Rosario, los cuales, por ejemplo, aunque también abordan el tema ALCA, lo hacen en el formato originario de la Tasa Tobin: han impulsado con éxito acciones de *lobby* en el consejo deliberante y en la municipalidad para que se declarara el rechazo al proceso de liberalización continental.

Las señales del nuevo rumbo que podría tomar el pequeño colectivo deben rastrearse en dos nuevos ejes que buscan abordar. Aunque aún incipientes, siendo difícil distinguir si son meras reacciones coyunturales, pueden ser –al menos– considerados intentos de definir algún sentido de ser para ATTAC una vez cerradas durante 2006 las oportunidades políticas para trabajar sobre el ALCA. Por un lado han empezado a participar en un espacio multisectorial convocado con el objeto de aunar fuerzas de izquierda para proponer alternativas políticas al gobierno de Néstor Kirchner. Este ámbito se ha dado en llamar "Encuentro por la Soberanía Popular". Debido al carácter abierto y sin representación por organización, ofrece a ATTAC la posibilidad de dialogar de igual a igual con líderes políticos nacionales y grandes organizaciones sociales como algunos grupos piqueteros.

Por el otro lado, ya que la inicial red de economistas está mayormente desactivada, y a que han comenzado a participar cada vez más abogados provenientes de la Federación Judicial Argentina (FJA) o vinculados a ésta, ATTAC se involucró junto con otras veinte organizaciones en una incipiente (y tal vez coyuntural) campaña de rechazo al Centro Internacional de Arreglo de Diferencias Relativas a Inversiones (CIADI), tribunal arbitral del Banco Mundial para la resolución de conflictos económicos internacionales entre Estados e inversores extranjeros. En este caso, como en el del ALCA, han formado la "Convocatoria No al CIADI, Sí a la Soberanía Nacional". La defensa de la soberanía nacional es el *leitmotiv* de este nuevo colectivo, como claramente expresa el volante institucional de la Convocatoria No al CIADI:

> "¿Por qué la República Argentina es demandada ante el CIADI? Porque, a través de la firma de tratados 'bilaterales' de protección 'recíproca' de inversiones u otras leyes o convenios, el gobierno argentino en la década del noventa, permitió que fueran tribunales arbitrales o judiciales extranjeros los que resolvieran los planteos económicos que tales inversiones podrían formular al Estado argentino. Dicha transferencia de jurisdicción a tribunales arbitrales o judiciales extranjeros *aniquila la soberanía de nuestro país*, *es inconstitucional*, es nula, y *tiene consecuencias directas nefastas en el presupuesto nacional*, quebrando cualquier proyecto de realización de los derechos económicos, sociales y culturales de los habitantes de este suelo" (volante: "Convocatoria No al CIADI, Sí a la Soberanía Nacional", 2005, destacado del autor).

Aquí, al igual que en el caso del ALCA, la fuente es transnacional (las empresas trasnacionales), y su destinatario y resultado son claramente nacionales. Es también de destacar la terminología jurídica que predomina en todos los documentos y acciones de la Convocatoria No al CIADI, la que se manifiesta en los principios que sustentan esta acción política: los artículos 27, 29, 31 y 116 de la Constitución Nacional, referidos a leyes y tratados económicos extranjeros, la supremacía de la Constitución, del Poder Judicial y la violación de ellos como un acto de "infames traidores a la patria" (artículo 29). Tanto es así que la acción que han impulsado es la presentación de un *amicus curiae* a fin de apoyar la declaración de inconstitucionalidad de la injerencia del CIADI en la resolución de los conflictos comerciales con empresas extranjeras radicadas en el país. El argumento, como vemos en la siguiente cita de la presentación judicial, es en nombre de la soberanía nacional: *"... afirmamos la jurisdicción nacional para resolver los casos presentados contra la Argentina ante el CIADI en el marco de tratados de aparente inversión recíproca"* (*Amicus curiae*, expediente n° 25.160/04). El tipo de acciones en las que se concentra tiene un carácter técnico y jurídico, no desarrollando ningún tipo de protesta o evento político en el espacio público[15].

Debido a la aparente entidad coyuntural de estos dos espacios en los que ha comenzado a participar, la pregunta central para el futuro de ATTAC en la Argentina es: ¿logrará definir nuevos objetivos estratégicos donde explote su importante capital intelectual a pesar de carecer de bases sociales, o diluirá su especificidad al interior de la Autoconvocatoria?

Comentarios finales

No porque algunos actores enmarquen sus reclamos en términos de la globalización es ésta la causa de la acción colectiva. Muchas veces las redes u organizaciones argumentan sus reclamos en torno a los símbolos de la globalización, pero estos no están determinados por ella, sino por agendas locales (Tarrow, 2002). El caso de ATTAC Argentina resulta un ejemplo interesante en este sentido, ya que como hemos observado no define su agenda en torno a los flujos del mercado mundial y sus actores trasnacionales, sino que el Estado argentino sigue siendo el principal interlocutor en la definición de sus agendas y repertorios de acción, así como la escala en la que enmarcan sus acciones (i.e. la soberanía nacional). Más aún, no son los eventos trasnacionales los que condicionan el rumbo de la red, sino que se vieron mayormente reglados por los ciclos de protesta de la Argentina.

Retomando las hipótesis de Tarrow que hemos presentado en la introducción, la globalización, por un lado, es un elemento que facilita la condensación de diferentes objetivos y actores en una misma red, organizaciones o campaña de protesta. El proceso de cambio de escala por difusión transna-

---

cional de un conflicto definido originalmente en términos del interés estratégico de la izquierda francesa por actualizarse, es un claro ejemplo de condensación de actores para oponerse a la "globalización neoliberal", limitados por un marco y repertorios de acción importados sin readaptación local. Esta misma amplitud e indeterminación es la que caracteriza al tipo de red en que ATTAC se constituye, lo que la ha llevado en la Argentina (pero también en Francia) a vivir el dilema de cómo resolver la gran disparidad de intereses e ideologías que en ella conviven (Le Grignou y Patou, 2003). Como dice uno de los dirigentes de ATTAC Francia: *"el principal problema para ATTAC hoy se refiere a la unificación del movimiento y al modo en que es posible darle un contenido más uniforme"* (citado por Bennett, 2003: 155). El modo en que ATTAC Argentina resolvió esto fue por medio de una intensa puja interna que llevó al filtrado de la diversidad inicial hasta el establecimiento de un grupo que lidera excluyentemente.

Como hemos afirmado en el curso del capítulo, son los factores contextuales en conjunción con los endógenos a la red los determinantes del curso que tomó ATTAC en la Argentina. Desde el fracaso de importación inicial (por las mutaciones en las oportunidades políticas nacionales, la indiferencia y/o rechazo de las demás organizaciones sociales y del Estado a la propuesta de la Tasa Tobin), las fuerzas que guían la acción colectiva son domésticas, siendo los eventos internacionales una manera de adquirir sólo recursos simbólicos adicionales. En otras palabras, y retomando la segunda hipótesis de Tarrow formulada en la introducción, la globalización carece de la capacidad determinativa para producir una acción colectiva sostenida en torno a alguna identidad compartida. La oposición a la "globalización neoliberal" que implicó en esta red a diversos sectores, debido a la indeterminación que conlleva la idea misma de "globalización", imposibilitó la definición compartida del sentido de aquello contra y por lo que se luchaba. Es por ello que el núcleo en red local se vio enfrentado a un fuerte dilema sobre su especificidad. Sin embargo, este dilema no necesariamente debería haber implicado un fracaso de ATTAC en la Argentina. Lo que favoreció las reiteradas pujas y la consecuente pérdida de miembros hasta su condición actual (no más de cinco miembros activos, todos parte de un mismo grupo ideológico cercano al PCA), se debe a una serie de atributos propios de las redes trasnacionales que se asientan casi con exclusividad en las tecnologías de las comunicaciones y al tipo de red conformada en la Argentina: egocéntrica o en forma de estrella/rueda de carreta.

Mayormente las redes transnacionales se constituyen bajo los principios de horizontalidad, descentralización y democracia participativa, características de los movimientos alter-globalización. Sin embargo, como hemos visto en el ejemplo de ATTAC, las redes que buscan expandirse por medio de las comunicaciones policéntricas, bajo una identidad e ideología relativamente laxas, padecen de incoherencia de marcos maestros (Bennett, 2003), que al favorecer la descentralización dificultan la acción colectiva (Tarrow, 2004). A este argumento podemos agregar basándonos en el estudio que hemos realizado, que a su vez en la escala trasnacional favorecen que los nodos constituidos fuera del ámbito originario se *(re)localicen* en busca de definir algún marco que devuelva el sentido (en otro contexto) a la acción.

El modo en que fueron resueltas cada una de las diferencias internas, y en especial la decisión de abandonar el trabajo sobre la Tasa Tobin y su radicalización anticapitalista con foco nacional, es producto de la construcción del nodo en red en nombre de la horizontalidad y descentralización como una entidad sin reglas ni estructuras transparentes de toma de decisiones, selección de coordinadores o dirigentes. El efecto de esto fue que aquellos que dispusieron más tiempo a la militancia (relacionados en un pequeño grupo fuertemente cohesionado en torno a un actor prominente que centralizó la intermediación de todos los flujos externos) tomaran las decisiones de manera inconsulta y poco transparente, no existiendo canales de rendición de cuentas ni de renovación interna del liderazgo. En otras palabras, parafraseando a Tarrow (2004: 18), produjo que los más activos militantes actúen como vanguardia por omisión, en una red enmarcada demasiado genéricamente como para desarrollar una identidad que definiera límites concretos de la acción. La red ATTAC en el nivel internacional es especialmente criticada por esto. Los grupos autonomistas, por ejemplo, tildan a la red de verticalista y poco democrática, ya que –al carecer de estructuras internacionales– Francia resulta un actor prominente estableciendo relaciones asimétricas, no existiendo reglas para obligarla a incluir a los demás ATTAC en el proceso de toma de decisiones. La reforma actual de la plataforma internacional es un ejemplo en este sentido. La idea de la reforma parte de Francia con apoyo de Alemania, quienes lo proponen a los demás ATTAC durante la Asamblea Mundial de 2005. Este proceso no fue consultado con los demás ATTAC, ni saben, al menos en la Argentina, cómo y por qué se resolvió. Igualmente, en la reforma se encuentran integrados comunicativamente todos los ATTAC, debatiendo las propuestas alternativas.

Para concluir, creemos que la explicación de la disolución de la especificidad de ATTAC en la Argentina se debe a la contingente combinación de esta serie de elementos del contexto específico donde la hemos estudiado y de las características de la red en el país y en el mundo.

Referencias bibliográficas

Adamovsky, G. (2002) "La política después de Seattle: el surgimiento de una nueva resistencia global", *El Rodaballo*, N° 14, Año VIII, abril.

Aguiton, Ch. y Cardon, D. (2005) "Le Forum et le Réseau. Une analyse des modes de gouvernement des forums sociaux", trabajo presentado en el Coloquio "Cultures et pratiques participatives : une perspective comparative", LAIOS/AFSP, Paris.

Ancelovici, M. (2002) "Organizing Globalization: The Case of ATTAC in France", *Politics & Society*, Vol. 30, No. 3, September, pp. 427-463.

Anheier, H. y Katz, H. (2004) "Network Approaches to Global Civil Society", en Anheier, H., Glasius, M. y Kaldor, M. (eds.) *Global Civil Society 2004/5*. Londres: Sage.

Appadurai, A. (1996) *Modernity at Large: Cultural Dimensions of Globalization*. Minneapolis: The University of Minnesota Press.

Bandler, M., Eggert N. y Giugni, M. (2004) "The Global Solidarity Movement: How Far Does the Classic Social Movement Agenda Go in Explaining Transnational Contention?", Ginebra, UNRISD, mimeo.

Basombrío, C. (2004) "Intelectuales y poder: la influencia de Carlos Nino en la presidencia de Alfonsín". Tesis de Maestría en Historia. Universidad Nacional de Tres de Febrero. Buenos Aires: mimeo.

Bennett, W. (2003) "Communicating Global Activism", *Information, Communication & Society*, Vol. 6, No. 2, pp. 143-168.

Bergel, M. (2001) "Seattle como desafío. Condiciones y obstáculos para la emergencia de una subjetividad política neointernacionalista en Argentina", en *Revista El Rodaballo*, Año VII, n° 13, Buenos Aires.

Bidaseca, K. (2005) "Desficcionalizando el fin del Estado-nación. El Movimiento de Mujeres Agropecuarias en Lucha", *Conflictos globales, actores locales*, N° 1, octubre, pp.84-88.

Blondiaux, L. (1998) *La fabrique de l'opinion. Une histoire sociale des sondages*. Paris: Seuil.

Boltanski, L. y Chiapello, E. (1999) *Le nouvel esprit du capitalisme*, Paris: Gallimard.

Bourdieu, P. (1990) "Espacio social y génesis de las 'clases'", en *Sociología y cultura*, México: Grijalbo.

Calderón, F. y Jelin, E. (1987) *Clases y movimientos sociales en América Latina: perspectivas y realidades*. Buenos Aires: CEDES.

Calderón, F., Piscitelli, A. y Reyna, J. L. (1992) "Social Movements: Actors, Theories, Expectations", en Escobar, A. y Alvarez, S. (eds.) *The Making of Social Movements in Latin America*. Boulder: Westview Press.

Carozzi, M. J. (1997/1998): "El concepto de marco interpretativo en el estudio de movimientos religiosos, en *Sociedad y Religión*", nº 16/17, pp. 33-52.

Carozzi, M. J. (1999): "La autonomía como religión: la *nueva era*", en *Alteridades*, nº 18, julio-diciembre, pp. 19-38.

Cerrutti, M. y Grimson, A. (2006) "Buenos Aires, neoliberalismo y después", en Portes, A., Roberts, B. y Grimson, A. (eds.) *Ciudades latinoamericanas. Un análisis comparativo en el umbral del nuevo siglo*, Buenos Aires: Prometeo.

Charosky, H. (2002) "Honestos y audaces: realizaciones y límites de la política anticorrupción", en Novaro, M. (comp.) *El derrumbe político en el ocaso de la convertibilidad*, Buenos Aires: Norma.

Coraggio, J. L. (2002): La economía social como vía para otro desarrollo social, Buenos Aires, Documento de lanzamiento sobre "Distintas porpuesta de Economía Social" en Urbared, Red de Políticas Sociales, www.urbared.ungs.edu.ar, último ingreso: 23/03/2005.

Coraggio, J. L. (2004): "Una alternativa socioeconómica necesaria: la economía social", en Danani, C., *Política social y economía política. Debates fundamentales*, Buenos Aires: UNGS- Altamira-Fundación OSDE.

Cotera Fretell, A. y Ortiz Roca, H. (2004) "Comércio Justo", en Cattani, A. D. (org.) *La otra economia*, Buenos Aires: UNGS-Altamira-Fundación OSDE.

de Sousa Santos, B. (2005), *Reinventar la democracia, reiventar el Estado*. Buenos Aires: FLACSO.

Delamata, G. (2004) *Los barrios desbordados*. Buenos Aires: Eudeba-Libros del Rojas.

della Porta, D. (2006) "Las bases sociales del movimiento por la justicia social. Algunas reflexiones teóricas y evidencia empírica del Primer Foro Social Europeo", *Conflictos globales, voces locales*, No. 2, mayo, pp. 5-46.

della Porta, D. y Kriesi, H. (1998) "Movimenti sociali e globalizzazione", *Rivista Italiana di Scienza Politica*, año XXVIII, No. 3, diciembre, pp. 451-482.

della Porta, D. Kriesi, H. y Rucht D. (comps.) (1999) Social Movements in a Globalizing World. Londres: MacMillan.

della Porta, D. y Tarrow, S. (2005) "Transnational Processes and Social Activism: An Introduction", della Porta, D. y Tarrow, S. (eds.) *Transnational Protest & Global Activism*. Lanham: Rowman & Littlefield.

Desir, H. y Ford, G. (2000) *Taxer les transactions financières: la taxe Tobin en Europe. Le débat*. Bruselas: L'intergroupe du Parlement européen sur taxation du capital, fiscalité, mondialisation – ATTAC – War on Want – SOLIDAR.

Dezalay, Y. y Garth, B. G. (2002) *The Internationalisation of Palace Wars. Lawyers, Economists, and the Contest to Transform Latin American States*. Chicago: University of Chicago Press.

Diani, M. (2003) "Networks and Social Movements: A Research Programme", en Diani, M. y McAdam, D. (eds.), *Social Movements and Networks. Relational Approaches to Collective Action*. Nueva York: Oxford UP.

Eigen, P. (1999) *Las redes de la corrupción. La sociedad civil contra los abusos del poder*. Buenos Aires: Planeta/Bronce.

Escobar, A., Alvarez, S.E. y Dagnino, E. (2001) "Introducción: Lo cultural y lo político en los movimientos sociales latinoamericanos", en Escobar et al. (eds.), *Política cultural y cultura política. Una mirada sobre los movimientos sociales latinoamericanos*. Bogotá: Taurus.

Feldman, S. y Murmis, M. (2002) "Las ocupaciones informales y sus formas de sociabilidad: apicultores, albañiles y feriantes" en Feldman, S. y otros, *Sociedad y sociabilidad en la Argentina de los '90*. Buenos Aires: Biblos-UNGS.

Fillieule, O., Blanchard, P., Agrikoliansky, E., Bandier, M., Passy, F., Sommier, I. (2004) "L'altermondialisme en réseaux. Trajectoires militantes, multipositionnalité et formes de rengagement : les participants du contre-sommet du G8 d'Evian", en *Revista Politix*, n° 68, pp. 13-48.

Fontecoba, A. (2003): Economía Solidaria y organizacines Sociales. La experiencia de la cooperativa "La Asamblearia", ISECoR, sección "Documentos": http://www.equitativo.com.ar/icecor/index.htm, último ingreso: 16/03/2006.

Galasso, N. (2002) De la banca Baring al FMI: historia de la deuda externa Argentina 1824-2001. Buenos Aires: Ed. Colihue.

Gamson, W. y Meyer, D. (1999) "Marcos interpretativos de la oportunidad política", en McAdam, Doug, John McCarthy y Mayer Zald (ed.): *Movimientos sociales: perspectivas comparadas*, Madrid: Istmo.

García Hamilton, J. (1990) *Los orígenes de nuestra cultura autoritaria*, Buenos Aires: Sudamericana.

Garretón, M. (2002) "La transformación de la acción colectiva en América Latina", *Revista de la CEPAL*, No. 76, abril, pp. 7-24.

Ghimire, K. (2005): "Los movimientos sociales globales contemporáneos. Propuestas emergentes, implicaciones de desarrollo y conectividad", en *Conflictos globales, voces locales*, n° 1, Buenos Aires, octubre.

Giddens, A. (1991) *Modernity of Self-Identity: Self Society in the Late Modern Age*. Cambridge: Polity Press.

Godio, J. (2000) *Historia del movimiento obrero argentino 1870-2000*. Buenos Aires: Corregidor.

Goffman, E. (1974) *Frame analysis*. Cambridge: Harvard University Press.

Golsberg, C. (2005) "El Movimiento Agrario de Misiones en los nuevos escenarios", en Giarraca, N. y Teubal, M. (coords.), *El campo argentino en la encrucijada. Estrategias y luchas sociales, ecos en la ciudad*. Buenos Aires: Alianza Editorial.

González Bombal, I. y Villar, R. (comps.) (2003) *Organizaciones de la Sociedad Civil e incidencia en políticas públicas*. Buenos Aires: Libros del Zorzal.

Grimson, A. (dir.) (2003): La vida organizacional en zonas populares de Buenos Aires. Informe etnográfico para "The New Comparative Study on Urbanization and Model of Development in Latin America", The Center for Migration and Development, Workins Series Paper, CMD Working Paper *03-15-e, Princeton University, http://cmd.princeton.edu/papers/wp0315e.pdf, último acceso en junio de 2004.

Grimson, A. (2005) *Global Civil Society Movement the case of Argentina. Project proposal for UNRISD*. Buenos Aires: mimeo.

Grimson, A. y Kessler, G. (2005) *Argentina and the Southern Cone. Neoliberalism and National Imaginations*, New York: Routledge.

Guidry, J., Kennedy M., y Zald M. (eds.) (2000) *Globalizations and Social Movements. Culture, Power, and The Transnational Public Sphere*. Michigan: University of Michigan Press.

Harvey, D. (1998): La condición de la posmodernidad. Investigación sobre los orígenes del cambio cultural. Buenos Aires: Amorrortu.

Held, D. (2000) "Regulating Globalization? The Reinvention of Politics", *International Sociology*, Vol. 15, No. 2, pp. 394-408.

Hors, I. (2000) "Can NGOs Make a Difference in the Fight against Corruption? The Experience of *Poder Ciudadano*", Buenos Aires: mimeo.

Jelin, E. (comp.), (1985), *Los nuevos movimientos sociales*. 2 volúmenes, Buenos Aires: CEAL.

Jelin, E. (1995) "La política de la memoria: el Movimiento de Derechos Humanos y la construcción democrática en la Argentina", en AAVV, *Juicio, castigos y memorias. Derechos humanos y justicia en la política argentina*. Buenos Aires: Nueva Visión.

Jelin, E. (2003) *Más allá de la Nación: las escalas múltiples de los movimientos sociales*. Buenos Aires: Libros del Zorzal.

Jelin, E. (2005) "Los derechos humano entre el estado y la sociedad", en Suriano, Juan (dir.) *Dictadura y democracia (1976-2001)*, col. Nueva Historia Argentina, Tomo X. Buenos Aires: Ed. Sudamericana.

Jelin, E. (2005): "Los movimientso sociales en acción. Escalas y escenarios", en *Conflictos globales, voces locales*, n° 1, Buenos Aires, octubre.

Joly, E. (2003) *Impunidad. La corrupción en las entrañas del poder*. Buenos Aires: FCE.

Kaldor, M., Anheier, H. y Glasius, M. (2004) "Introduction", en Anheier, H., Glasius, M. y Kaldor, M. (eds.) *Global Civil Society 2004/5*. Londres: Sage.

Keck, M. y Sikkink, K. (1998) *Activists beyond borders. Advocacy networks in international politics*. Ithaca: Cornell UP.

Keck, M. y Sikkink, K. (1999) "Las redes transnacionales de defensa en la política internacional y regional", *International Social Sciences Journal*, Vol. 51, No. 159, pp. 89-101.

Keraghel, C. y Sen, J. (2004) "Exploraciones en el espacio abierto. El Foro Social Mundial y las culturas de la política", en *Revista Internacional de Ciencias Sociales - UNESCO*, N° 182, pp. 9-23.

Khagram, S., Riker, J.V. y Sikkink, K. (2002) "From Santiago to Seattle: Transnational Advocacy Groups Restructuring World Politics", in *Restructuring World Politics. Transnational Social Movements, Networks, and Norms*. Minneapolis: University of Minnesota Press.

Klitgaard, R. (1988) *Controlling corruption*, Berkeley: University of California Press.

Kolb, F. (2005) "The Impact of Transnational Protest on Social Movement Organizations: Mass Media and the Making of ATTAC Germany", en della Porta, D. y Tarrow, S. (eds.) *Transnational Protest & Global Activism*. Lanham: Rowman & Littlefield.

Korzeniewicz, R. y Smith, W. (2004) "Redes regionales y movimientos sociales transnacionales en patrones emergentes de colaboración y conflicto en las Américas", *América Latina Hoy*, Vol. 36, abril, pp. 101-139.

Lapegna, P. (2005) "Transformaciones socioeconómicas y nuevas articulaciones agroalimentarias. Las ferias francas de la provincia de Misiones", en Giarraca, N. y Teubal, M. (coords.), *El campo argentino en la encrucijada. Estrategias y luchas sociales, ecos en la ciudad*. Buenos Aires: Alianza Editorial.

Le Grignou, B. y Patou, C. (2003) "The Expert Always Knows Best? ATTAC uses of the Internet", Van De Donk, W., Loader, B., Nixon, P. y Rucht, D. (eds.) *Cyberprotest: New Media, Citizens and Social Movements*. Londres: Routledge.

Lerman, G. (2005) *La plaza política: irrupciones, vacíos y regresos en Plaza de Mayo*. Buenos Aires: Ed. Colihue.

Marsal, P. (2005) *¿Cómo se financian las ONG en Argentina?*, Buenos Aires: Biblos.

Martuccelli, D. y Svampa, M. (1997) *La plaza vacía: las transformaciones del peronismo*. Buenos Aires: Losada.

Massetti, A. (2004) *Piqueteros. Protesta social e identidad colectiva*. Buenos Aires: Editorial de las ciencias.

McAdam, D., McCarthy, J. y Zald, M. (1999) *Movimientos sociales: perspectivas comparadas*. Madrid: Istmo.

McAdam, D., Tarrow, S. y Tilly, C. (2001) *Dynamics of Contention*. Nueva York: Cambridge UP.

Melucci, A. (1984) "An end to social Movements?", *Social Science Informantion*, Vol.23, N°4/5.

Melucci, A. (1989) *Nomads of the Present. Social Movements and Individual Needs in Contemporary Society*. Philadelphia: Temple UP.

Melucci, A. (1994), "Asumir un compromiso: identidad y movilización en los movimientos sociales", *Zona Abierta*, No. 69, pp. 153-180.

Merino, S. (2001) *La Tasa Tobin. Tres años de historia*. Buenos Aires: ATTAC Argentina – Peña Lillo – Ediciones Continente.

Merklen, D. (2005) *Pobres ciudadanos. Las clases populares en la era democrática (Argentina, 1983-2003)*. Buenos Aires: Gorla.

Moreno Ocampo, L. (1993) *En defensa propia*. Buenos Aires: Ed. Sudamericana.

Motta, E. (2004): *A outra economia. Um olhar etnográfico sobre a Economia Solidária*. Dissertação de Mestrado, PPGAS, Museu Nacional, UFRJ, Rio de Janeiro, http://www.cultura-economia.com/textos.htm, último acceso el 27/08/2004.

Motta, E. (2006): O Sistema Nacional de Informações em Economia Solidária: quantificando uma "outra economia", ponencia presentada en las *I Jornadas de Estudios Sociales de la Economía*, IDAES/UNSAM.

Muraro, H. (1997) *Políticos, periodistas y ciudadanos,* Buenos Aires: FCE.

Murillo, M. V. (1997) "La adaptación del sindicalismo argentino a las reformas de mercado en la primera presidencia de Menem", en *Desarrollo Económico* N° 147, Buenos Aires.

Nino, C. S. (1992) *Un país al margen de la ley,* Buenos Aires. EMECE.

Nino, C. S. (1997) *Juicio al mal absoluto*. Buenos Aires: EMECE.

Olmos Gaona, A. (2004) *Todo lo que usted quiso saber sobre la deuda externa y siempre se lo ocultaron. Quiénes y cómo la contrajeron*. Buenos Aires: Ediciones Continente.

Olmos Gaona, A. (2005) *La deuda odiosa: el valor de una doctrina jurídica como instrumento de solución política*. Buenos Aires: Ediciones Continente.

Oyhanarte, M. (1992) *Como ejercer su poder ciudadano,* Buenos Aires: Tesis-Norma.

Pereyra, S. (2005) "¿Cuál es el legado del movimiento de derechos humanos? El problema de la impunidad y los reclamos de justicia en los '90", en Schuster, F. y otros (comps.) *Tomar la palabra. Estudios sobre protesta social y acción colectiva en la Argentina contemporánea*. Buenos Aires: Prometeo.

Pereyra, S. (2005): "*Informe Workshop on Research and Methodology*, proyecto Global Civil Society Movements: Dynamics in International Campaigns and National Implementation", UNRISD, Buenos Aires, 25 y 26 de noviembre de 2004 .

Reisman, W. M. (1981) *¿Remedios contra la corrupción?: coecho, cruzadas y reformas,* México DF: Fondo de Cultura Económica.

Robertson, R. (1995) "Glocalization: Time-Space and Homogeneity-Heterogeneity", Featherstone, M., Lash, S. y Robertson, R. (eds.) *Global Modernities*. Londres: Sage.

Rose-Ackerman, S. (1978) *Corruption: a study in political economy,* New York: Academic Press.

Rossi, F. (2005a) "Aparición, auge y declinación de un movimiento social: las asambleas vecinales y populares de Buenos Aires, 2001-2003", *European Review of Latin American and Caribbean Studies*, No. 78, abril, pp. 67-88.

Rossi, F. (2005b) "Crisis de la República Delegativa. La constitución de nuevos actores políticos en la Argentina (2001-2003): las asambleas vecinales y populares", *América Latina Hoy*, Vol. 39, abril, pp. 195-216.

Rossi, F. (2006a), La participacieon de los Jóvenes en ATTAC de Argentina. París: Fondation Charles Léopold Mayer pour le Progrès de l'Homme. Edición electrónica: http://base.d-p-h.info/fr/fiches/dph/fiche-dph-6875.html

Rossi, F. (2006b) "La disputa por el espacio en la Cumbre de los Pueblos: la importancia simbólica de la geografía en la definición de los conflictos políticos", *Conflictos globales, voces locales*, No. 2, mayo, pp. 84-94.

Rucht, D. (1999): "El impacto de los contextos nacionales sobre la estructura de los movimientos sociales", en McAdam, D., McCarthy, J. D. y Zald, M. N. (eds.) *Movimientos Sociales: perspectivas comparadas*. Istmo, Madrid.

Rucht, D. (2005) "Movimientos transnacionales. El desafío de y la adaptación a un medioambiente cambiante", *Conflictos globales, voces locales*, No. 1, octubre, pp. 42-69.

Saba, R. (2002) "El movimiento de derechos humanos, las organizaciones de participación ciudadana y el proceso de construcción de la sociedad civil y el Estado de derecho en Argentina", en Panfichi, Aldo (ed.) *Sociedad civil, esfera pública y democratización en América Latina*. Buenos Aires: FCE.

Sahlins, M. (1988) "Cosmologies of Capitalism: The Trans-Pacific Sector of the World System", *Proceedings of the British Academy*, vol. LXXIV, pp. 1-51.

Sassen (2007)

Schuster, F. y Pereyra, S. (2001) "La protesta social en la argentina democrática: Balance y perspectivas de una forma de acción política." en Giarracca, N. y colaboradores, *La protesta social en la Argentina: transformaciones económicas y crisis social en el interior del país*, Buenos Aires: Alianza Editorial.

Schuster, F. L., Pérez, G. J., Pereyra, S., Armesto, M., Armelino, M., García, A., Natalucci, A., Vázquez, M. y Zipcioglu, P. (2006) Transformaciones de la protesta social en Argentina 1989-2003. [en línea]. Buenos Aires: Instituto de Investigaciones Gino Germani, Facultad de Ciencias Sociales, Universidad de Buenos Aires (IIGG Documentos de Trabajo, N° 48). Disponible en la www: http://www.iigg.fsoc.uba.ar/Publicaciones/DT/DT48.pdf.

Seoane, J. y E. Taddei (eds.), (2001) *Resistencias Mundiales. De Seattle a Porto Alegre*. Buenos Aires: CLACSO.

Sikkink, K. (2003) "La dimensión transnacional de los movimientos sociales", en Jelin, E. (ed.) *Más allá de la Nación: las escalas múltiples de los movimientos sociales*. Buenos Aires: Libros del Zorzal.

Sikkink, K. y Smith, J. (2002) "Infraestructures for Change: Transnational Organizations, 1953-93", en Khagram, S., Riker, J. V. y Sikkink, K. (eds.), *Restructuring World Politics. Transnational Social Movements, Networks, and Norms*. Minneapolis: University of Minnesota Press.

Singer, Paul (2003): "Economia solidária: um modo de preodução e distribução", en Singer, Paul y De Souza André Ricardo (Orgs.) *A economia solidaria no Brasil. A autogestão como resposta ao desemprego*, Editora Contexto, San Pablo.

Singer, P. (2004): "Economia Solidária", en Cattani, Antonio David (Org.), *La otra economia*, Buenos Aires, UNGS-Altamira-Fundación OSDE.

Smith, J. y Johnston, H. (2002) *Globalization and Resistance: Transnational Dimensions of Social Movements*. Lanham: Rowman and Littlefield.

Snow, D., Rochford, B., Worden, S. y Benford, R. (1986) "Frame alignment processes, micromobilization and movement participation", *American Sociological Review* n° 51, p 464-481.

Snow, D. y Benford, R. (1988) "Ideology, frame resonance and participant mobilization", en *International Social Movement Research* n° 1, p 197-217.

Snow, D. y Benford, R. (1992) "Master frames and cycles of protest". en Morris, A. y McClurg Mueller, C. (orgs.) *Frontiers in Social Movement Theory*. New Haven: Yale University Press. p. 133-155.

Svampa, M. (2005) *La sociedad excluyente. La Argentina bajo el signo del neoliberalismo*. Buenos Aires: Taurus.

Svampa, M. y Pereyra, S. (2003) *Entre la Ruta y el Barrio. La experiencia de las organizaciones piqueteras*. Buenos Aires: Biblos.

Tarrow, S. (1997) *El Poder en Movimiento. Los movimientos sociales, la acción colectiva y la política*. Madrid: Alianza.

Tarrow, S. (1999) "International Institutions and Contentious Politics: Does Internationalization Makes Agents Freer – or Weaker?", *American Sociological Association Annual Meeting*, 6 de agosto de 1999, Chicago.

Tarrow, S. (2002) "From Lumping to Splitting: Inside 'Globalization' and 'Resistance'", Smith, J. y Johnston, H. (eds.) *Globalization and Resistance*. Lanham: Rowman & Littlefield.

Tarrow, S. (2003) "'Global' Movements, Complex Internationalism, and North-South Inequality", *Workshop on Contentious Politics*, 27 de octubre de 2003, Columbia University.

Tarrow, S. (2004) "The Dualities of Transnational Contention: 'Two Activist Solitudes' or a New World Altogether?", manuscrito inédito.

Tarrow, S. y McAdam, D. (2005) "Scale Shift in Transnational Contention", della Porta, D. y Tarrow, S. (eds.) *Transnational Protest & Global Activism*. Lanham: Rowman & Littlefield.

Thompson, A. (1994) *"Think Tanks" en Argentina. Conocimiento, instituciones y política*. Buenos Aires: documento CEDES (61 p.), http://168.96.200.17/ar/libros/argentina/cedes/thom1.rtf

Tilly, Ch. (1986) *The Contentious French. Four Centuries of Popular Struggles*. Cambridge: Harvard UP.

Tilly, Ch. (1990) "Modelos y realidades de la acción colectiva popular", *Zona Abierta*, No. 54/55, pp. 167-195.

Tilly, Ch. (1995) "Contentious Repertories in Great Britain, 1758-1834", en Traugott, M. (ed.), *Repertories and Cycles of Collective Action*, Durham: Duke UP.

Toussaint, E. y Zacharie, A. (2004) *Salir de la crisis: deuda y ajuste*. Buenos Aires: La Fragua.

Vargas, P. y Zenobi, D. (2006) "Reflexiones sobre el sentido social del dinero a partir de una aproximación etnográfica al mundo de los *diseñadores* de la Ciudad de Buenos Aires", ponencia presentada en las *I Jornadas de Estudios Sociales de la Economía*, IDAES/UNSAM

Verbitsky, H. (1997) *Un mundo sin periodistas. Las tortuosas relaciones de Menem con la prensa, la ley y la verdad.* Buenos Aires: Ed. Planeta.

Vommaro, G. (2004) *Les sondages d'opinion et la dynamique de l'espace de la communication politique en Argentine depuis le début de la transition démocratique*, Mémoire de DEA en Sociología, Paris: EHESS.

Waisbord, S. (2002) "Interpretando los escándalos. Análisis de su relación con los medios y la ciudadanía en la Argentina contemporánea", en Peruzzotti, E. y Smulovitz, C. (eds.) *Controlando la política. Ciudadanos y medios en las nuevas democracias latinoamericanas*, Buenos Aires: Temas.

Wautier, A. M. (2004) "Economía social en Francia", en Cattani, Antonio David (Org.), *La otra economia*, Buenos Aires: UNGS-Altamira-Fundación OSDE.

Yilmaz, M. (2004) "Le Commerce Equitable", Ginebra: UNRISD-mimeo.

El **Instituto de Investigación de las Naciones Unidas para el Desarrollo Social (UNRISD)** es una agencia autónoma que se encarga de hacer investigación multidisciplinaria sobre las dimensiones sociales de los problemas contemporáneos que afectan al desarrollo. Su labor se guía por la convicción de que para formular políticas de desarrollo efectivas es crucial comprender el contexto sociopolítico. El Instituto trata de ayudar a los gobiernos, agencias de desarrollo, organizaciones de base y académicos, a entender mejor cómo las políticas de desarrollo y los procesos de cambio económico, social y del medio ambiente afectan a diferentes grupos sociales. Trabajando con una extensa red de colaboración de centros de investigación nacionales, UNRISD tiene como meta promover estudios originales y fortalecer la capacidad de investigación en los países en desarrollo.

Actualmente, las áreas de investigación son las siguientes: Política social y desarrollo; Democracia, gobierno y bienestar; Mercados, empresas y regulación; Sociedad civil y movimientos sociales; Identidades, conflicto y cohesión; y Género y desarrollo.

UNRISD
Palais des Nations
1211 Ginebra 10
Suiza

Teléfono: 0041 (0)22 9173020
Fax: 0041 (0)22 9170650
info@unrisd.org
www.unrisd.org